Computer für Senioren

Die Anleitung in Bildern

von
Sabine Drasnin

Vierfarben

Wir hoffen, dass Sie Freude an diesem Buch haben und sich Ihre Erwartungen erfüllen. Ihre Anregungen und Kommentare sind uns jederzeit willkommen. Bitte bewerten Sie doch das Buch auf unserer Website unter **www.rheinwerk-verlag.de/feedback**.

An diesem Buch haben viele mitgewirkt, insbesondere:

Lektorat Maike Lübbers
Korrektorat Annika Holtmannspötter, Münster
Herstellung Melanie Zinsler
Typografie und Layout Vera Brauner
Einbandgestaltung Nadine Kohl
Coverbilder Shutterstock: 553627801, 552961756, 553627837 © goodluz, 119507401 © ESB Professional, 12556972 © blueeyes, 122988100 © Daniel Prudek, 101523292 © Anastasiia Markus; iStock: 492697216 © CreativeNature_nl, 6739668 © Jeremy_Edwards; 931761 © shaunl; Fotolia: 180014874 © Syda_Productions;
Satz Kamelia Brendel
Druck und Bindung Media-Print Informationstechnologie GmbH, Paderborn

Dieses Buch wurde gesetzt aus der Linotype Syntax (10,25 pt/14,25 pt) in InDesign CC. Gedruckt wurde es auf mattgestrichenem Bilderdruckpapier (115 g/m²). Hergestellt in Deutschland.

Bibliografische Information der Deutschen Nationalbibliothek:
Die Deutsche Nationalbibliothek verzeichnet diese Publikation in der Deutschen Nationalbibliografie; detaillierte bibliografische Daten sind im Internet über *http://dnb.d-nb.de* abrufbar.

ISBN 978-3-8421-0488-4

2., überarbeitete und aktualisierte Auflage 2018
© Rheinwerk Verlag, Bonn 2018

Vierfarben ist eine Marke des Rheinwerk Verlags. Der Name Vierfarben spielt an auf den Vierfarbdruck, eine Technik zur Erstellung farbiger Bücher. Der Name steht für die Kunst, die Dinge einfach zu machen, um aus dem Einfachen das Ganze lebendig zur Anschauung zu bringen.

Informationen zu unserem Verlag und Kontaktmöglichkeiten finden Sie auf unserer Verlagswebsite **www.rheinwerk-verlag.de**. Dort können Sie sich auch umfassend über unser aktuelles Programm informieren und unsere Bücher und E-Books bestellen.

Liebe Leserin, lieber Leser,

nun ist für Sie der richtige Zeitpunkt gekommen, um sich mit Ihrem Computer anzufreunden! Mit diesem Buch bringen Sie sich alles einfach selbst bei. Sie lernen Schritt für Schritt, ohne umständliche Erklärungen und vor allem ohne unverständliche Fachbegriffe, wie Sie sicher mit Ihrem Gerät umgehen. Egal ob Sie mit einem PC, einem Notebook oder Ihrem Tablet, mit Tastatur oder am Touchscreen arbeiten.

Sabine Drasnin gibt seit vielen Jahren Computerkurse für Einsteiger. Sie weiß ganz genau, welche Fragen Sie bewegen und wo die Stellen sind, die vielen Menschen Schwierigkeiten bereiten. Sie zeigt Ihnen, wie Sie Ihren Computer sicher bedienen. Sie lernen, sich im Internet zu bewegen, Briefe und E-Mails zu schreiben, Fotos zu speichern und zu bearbeiten, Dateien zu kopieren und weitere Geräte anzuschließen. Bild für Bild werden Sie geübter und können schon bald geschickt mit Ihrem Computer umgehen.

Dieses Buch wurde mit größter Sorgfalt geschrieben und hergestellt. Sollten Sie dennoch einmal einen Fehler bemerken oder eine wichtige Information vermissen, freue ich mich, wenn Sie mit mir in Kontakt treten. Für konstruktive Kritik bin ich dabei ebenso offen wie für lobende Worte. Doch zunächst einmal wünsche ich Ihnen viel Freude beim Lesen und Ausprobieren!

Ihre Maike Lübbers
Lektorat Vierfarben

maike.luebbers@rheinwerk-verlag.de

Inhalt

Inhalt

Inhalt

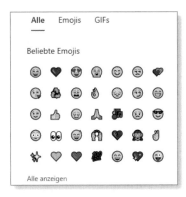

8 Rechnen mit dem Computer 198

9 Dateien und Ordner verwalten 230

Inhalt

Kapitel 1
PC oder Notebook?

Notebooks sind tragbare Computer, die sich je nach Größe und Ausstattung zum Surfen im Internet, Schreiben von Texten und E-Mails oder zum Musikhören eignen. Der Vorteil aller Notebooks ist ihre Handlichkeit und der Akkubetrieb: Ob im Zug, im Hotel oder auf dem Balkon – Sie können überall mit einem Notebook arbeiten oder spielen. Je nach gewünschter Anwendung können Sie weitere Geräte anschließen. Ein PC bietet mehr Anschlussmöglichkeiten; hier können Sie sich Tastatur, Maus und Bildschirm selbst aussuchen.

Den passenden Computer auswählen
Klein, mittel oder groß, zum Spielen, Internetsurfen oder Bearbeiten von Fotos: Für jeden Zweck gibt es den passenden Computer. Lernen Sie die verschiedenen Computertypen kennen.

Maus, Drucker & Co. richtig anschließen
Ein Computer hat viele Anschlussplätze (Buchsen), um verschiedene Kabel einzustecken. Dabei sind je nach Gerät unterschiedliche Kabel und Stecker zu benutzen.

Den Computer schlafen legen
Wenn Sie nicht am Computer arbeiten, können Sie ihn ausschalten oder in den Energiesparmodus versetzen, sozusagen schlafen legen.

① Gewicht und Größe
bestimmen die Wahl
des Computers mit.

② Damit alle Geräte funktionieren, müssen die Stecker
in die richtigen Buchsen.

③ Der Computer macht auch
mal Pause: Versetzen Sie
ihn in den Energiesparzu-
stand, oder fahren Sie ihn
ganz herunter.

Welches Gerät für welchen Zweck?

Sie haben die Qual der Wahl. Orientieren können Sie sich an den Kriterien Mobilität, Größe, Bildschirmgröße, Gewicht und Leistung.

Schritt 1

Netbooks sind ideal für unterwegs: Leicht, flach und klein (Bildschirmgröße 11 bis 13 Zoll; 1 Zoll = 2,54 cm) sind sie auf Balkon oder Sofa schnell einsatzbereit. Nachteile: Weil sie so klein sind, ist kein DVD-Laufwerk eingebaut; sie sind nicht sehr leistungsstark und haben wenig Speicherplatz.

Schritt 2

Leistungsfähig bei kleinem, flachem Gehäuse sind *Subnotebooks* oder *Ultrabooks*. Das geringe Gewicht erleichtert das Mitnehmen. Nachteile sind ein fehlendes DVD-Laufwerk und der kleine Bildschirm (10,6 bis 13,4 Zoll).

Schritt 3

Notebooks mit einer Bildschirmgröße von 14 bis 16 Zoll haben eine Tastatur in angenehmer Größe, auf der man auch längere Texte tippen kann. Sie verfügen über ein DVD-Laufwerk und sind zum ausgiebigen Surfen im Internet sehr gut geeignet.

Schritt 4

Größere Notebooks, *Laptops* genannt, bieten einen großen Bildschirm und einen Zahlenblock rechts auf der Tastatur. Sie eignen sich gut zum Surfen im Internet, für Multimediaanwendungen – beispielsweise zum Filmeschauen –, zum Texteschreiben usw. und können einen PC ersetzen.

Schritt 5

Ein *PC* kommt erst einmal als Kiste daher, auch wenn die »Kisten« immer kleiner werden. Da lässt sich viel einbauen, z. B. mehrere Festplatten oder ein großer Lüfter. An die »Kiste« müssen Bildschirm, Tastatur und Maus angeschlossen werden, sie sind also »extern«.

Schritt 6

Wollen Sie Ihren Computer unterwegs dabeihaben, greifen Sie zu einem Netbook oder kleineren Notebook. Möchten Sie zu Hause einen Computer nutzen, ihn aber auch mitnehmen können, kaufen Sie ein Mittelklasse-Notebook. Benötigen Sie einen großen Bildschirm, aber kein mobiles Gerät, ist ein PC für Sie das Richtige.

Notebook und PC

In den weiteren Kapiteln dieses Buchs verwenden wir den Begriff *Notebook* als Oberbegriff für alle gerade vorgestellten tragbaren Computer, und *PC* für die Desktop-Computer, also die in Schritt 5 beschriebenen »Kisten«.

Welche Anschlüsse hat ein PC?

Ein PC bringt sehr viele Möglichkeiten mit, Geräte anzuschließen.

Schritt 1

Ohne Strom geht nichts – der Stromstecker muss beim PC immer eingesteckt und mit Strom verbunden sein, da PCs keinen Akku haben. Der Anschluss befindet sich hinten am PC. Der Stecker ist ziemlich groß und passt nur in die dafür vorgesehene Anschlussbuchse.

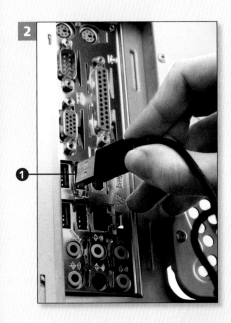

Schritt 2

Jeder Computer hat mehrere *USB-Anschlüsse* (vorn und hinten). PCs haben in der Regel viel mehr USB-Buchsen ❶ als Notebooks. Hier können viele sogenannte *Peripheriegeräte* durch Einstecken angeschlossen werden (*Plug & Play*): Bildschirm, Tastatur, Maus, Drucker, externe Festplatte und vieles mehr.

Schritt 3

USB-Sticks kommen ebenfalls in die USB-Buchsen; auf ihnen können Sie Daten speichern und sie an Dritte weitergeben. Achten Sie beim Einstecken darauf, dass die richtige Steckerseite oben ist, nur dann passt der Stecker genau in die Buchse.

Schritt 4

Über *USB-Anschlüsse* werden Daten übertragen. PCs haben mehrere USB-3.0- oder -3.1-Anschlüsse, die einen schnellen Datenaustausch ermöglichen. Die USB-3-Schnittstellen und die Innenseite der Stecker an den USB-Kabeln sind blau.

Schritt 5

Um einen Bildschirm (Monitor) anzuschließen, nutzen Sie einen *HDMI-*, einen *VGA-* oder einen *DVI-Anschluss* ❷. Schrauben Sie den Bildschirmstecker am PC-Anschluss fest, damit es nicht zu Wackelkontakten kommt.

Schritt 6

Mit dem *HDMI-Anschluss* ❸ können sowohl Ton- als auch Bilddaten in hoher Qualität übertragen werden. So kann nicht nur der Monitor, sondern auch ein Fernseher an den PC angeschlossen werden. Neuere *Beamer* (Projektoren) verwenden ebenfalls die HDMI-Schnittstelle.

VGA, DVI, HDMI oder Displayport?

Diese Monitoranschlüsse unterscheiden sich in der Auflösung: Die schlechteste Auflösung bietet der VGA-Anschluss, die beste der Displayport. VGA überträgt keinen Ton mit, HDMI und Displayport dagegen schon.

Welche Anschlüsse hat ein PC? (Forts.)

Schritt 7

Router und PC verbinden Sie mit einem speziellen Netzwerkkabel und stellen so eine lokale Internetverbindung her. Diese kabelgebundene Verbindung wird auch *LAN-Verbindung* genannt (siehe Kapitel 4, »Internet zu Hause und unterwegs«, ab Seite 66). Beim drahtlosen Internet benötigen Sie entsprechend kein Kabel (*WLAN*).

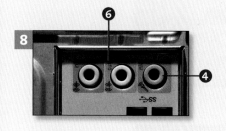

Schritt 8

Ein *Mikrofon* bringen die PCs nicht mit; wenn Sie skypen (siehe dazu den Abschnitt »Übers Internet telefonieren mit Skype« auf Seite 104) oder Cortana nutzen möchten, müssen Sie ein externes Mikrofon anschließen. Viele PCs haben sowohl vorn als auch hinten am Gehäuse passende Anschlüsse ❹.

Schritt 9

Kopfhörer schließen Sie über die Kopfhörer-Schnittstelle ❺ an Ihren Computer an. So können Sie in Ruhe Musik hören oder skypen. Wie beim Mikrofon ist die Anschlussbuchse klein und rund. Sie trägt ein Kopfhörersymbol oder die Bezeichnung **Out** ❻. Sie finden Sie vorn und hinten am PC-Gehäuse. Hier lassen sich auch Lautsprecher anschließen.

Schritt 10

Wenn Sie *digital fotografieren*, können Sie Ihre Bilder ganz einfach auf den PC übertragen. Dazu verwenden Sie das mit der Kamera mitgelieferte USB-Kabel oder stecken die *SD-Karte* aus der Kamera in den entsprechenden Schlitz ❼ am PC (siehe dazu den Abschnitt »Fotos auf den Computer kopieren« auf Seite 138).

Schritt 11

Die meisten PCs haben ein *DVD-* oder *Blu-ray-Laufwerk*. Es spielt die qualitativ besseren Blu-ray-Discs ab, aber auch CDs und DVDs. Mit dem DVD- und Blu-ray-Laufwerk können Sie Ihre Daten auf CD- oder DVD-Rohlingen speichern.

Schritt 12

Ihr PC hat an den Seiten und hinten Lüftungsgitter. Der Computer erwärmt sich beim Arbeiten. Durch das geräumige Gehäuse hat ein PC normalerweise genug Luft. Hat er aber viel Arbeit, setzt der Lüfter ein und kühlt den Computer. Die Lüftungsgitter setzen sich mit der Zeit mit Staub zu. Achten Sie daher darauf, dass die Lüftungsgitter nicht so verstopfen wie auf dem Bild.

Welche Anschlüsse hat ein Notebook?

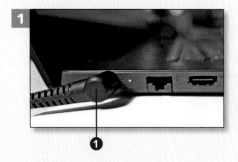

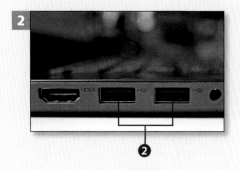

Lernen Sie alle Anschlüsse am Beispiel eines Notebooks kennen.

Schritt 1

Wichtigster Anschluss ist der für das *Netzteil*, also für den Stroman-schluss ❶. Er befindet sich an der rechten oder linken Seite, jeweils hinten, oder an der Rückseite des Notebooks. Der Stecker ist meist rund und passt nur in diese An-schlussbuchse.

Schritt 2

Jedes Notebook hat mehrere *USB-Anschlüsse* ❷: Hier können viele Geräte durch einfaches Einstecken angeschlossen werden (*Plug & Play*): eine Maus, ein Drucker, eine externe Festplatte und vieles mehr (siehe Kapitel 11, »Zusätzliche Geräte verwenden«, ab Seite 262).

Schritt 3

Achten Sie beim Einstecken des USB-Steckers darauf, dass die richtige Seite oben ist (meist die beschriftete Seite) ❸. Der Stecker passt dann ge-nau in die Buchse. Achten Sie darauf, die richtige Buchse zu verwenden, damit weder Stecker noch Buchse beschädigt werden und das ange-schlossene Gerät funktioniert.

Schritt 4

Über die USB-Anschlüsse werden Daten übertragen. Neuere Notebooks haben mindestens einen USB-3.0-Anschluss, der einen schnellen Datenaustausch ermöglicht. Die USB-3-Schnittstellen ❹ und die Steckerinnenseite sind in der Regel blau.

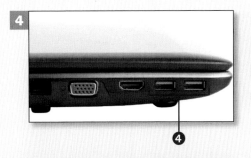

Schritt 5

Um einen *Beamer* (der Nachfolger der Overhead-Projektoren) oder einen externen Monitor anzuschließen, nutzen Sie den *HDMI-Anschluss* ❺.

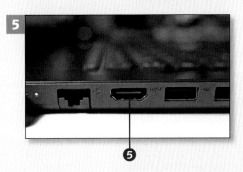

Schritt 6

Per HDMI können Ton- und Bilddaten in hoher Qualität übertragen werden. So kann z. B. ein Fernseher an das Notebook angeschlossen werden. Auch viele Beamer verwenden die HDMI-Schnittstelle. Je nach Ausstattung hat das Notebook auch einen *Displayport* ❻, der ebenfalls dem Anschluss von Monitoren usw. dient.

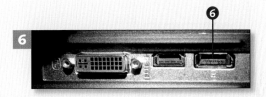

Datenübertragung mit Bluetooth

Bluetooth ist eine drahtlose Möglichkeit, Daten auf Ihren Computer bzw. von Ihrem Computer auf ein anderes Gerät (z. B. Mobiltelefon) zu übertragen. Bluetooth arbeitet nur auf kurzen Distanzen. Ihr Notebook hat in der Regel schon einen Bluetooth-Empfänger eingebaut; bei PCs ist evtl. ein Adapter nötig. Sobald über die Windows-Einstellungen das Gerät »virtuell« hinzugefügt wurde, können Sie Daten zwischen den Geräten austauschen. Weitere Stecker sind dann nicht nötig.

Welche Anschlüsse hat ein Notebook? (Forts.)

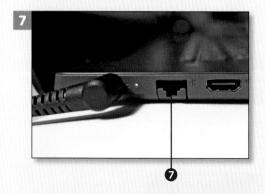

Schritt 7

Notebooks haben eine Netzwerkbuchse **7**, in die nur Kabel mit speziellen Steckern passen. Mit ihnen kann eine Verbindung zu einem *Router* und somit eine lokale Internetverbindung (*LAN*) hergestellt werden (siehe Kapitel 4, »Internet zu Hause und unterwegs«, ab Seite 66).

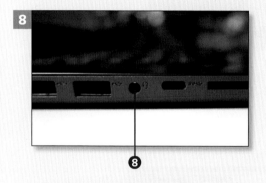

Schritt 8

Auch ein *Mikrofon* kann an das Notebook angeschlossen werden. Die meisten Notebooks haben zwar ein eingebautes Mikrofon – ebenso wie eine Kamera –, manchmal ist aber ein Mikrofon vorm Mund vorteilhaft. Der Anschluss ist klein und rund und zeigt meist ein Mikrofonsymbol. Manche Notebooks haben einen Kombianschluss **8** für ein *Headset*, bei dem ein Mikrofon direkt am Kopfhörer befestigt ist.

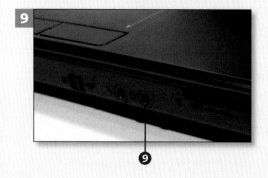

Schritt 9

Einen *Kopfhörer* schließen Sie über die Kopfhörer-Schnittstelle **9** an Ihr Notebook an. So können Sie in Ruhe Musik hören oder *skypen* (siehe dazu den Abschnitt »Übers Internet telefonieren mit Skype« auf Seite 104). Die Anschlussbuchse ist klein, rund und trägt ein Kopfhörersymbol.

Schritt 10

Die Bilder Ihrer *Digitalkamera* übertragen Sie ganz einfach auf das Notebook. Dazu verwenden Sie das mit der Kamera mitgelieferte USB-Kabel oder stecken die SD-Karte aus der Kamera in den entsprechenden Schlitz am Notebook (siehe auch Seite 138).

Schritt 11

Die großen Notebooks haben ein CD-/DVD- bzw. ein Blu-ray-Laufwerk. Es spielt sowohl die qualitativ besseren Blu-ray-Discs ab als auch CDs und DVDs. Mit diesem Laufwerk können Sie Ihre Daten auf CD- oder DVD-Rohlingen speichern.

Schritt 12

Schließlich finden Sie bei größeren Notebooks an der Unterseite den Akku, der Ihr Notebook mit Strom versorgt, wenn das Netzteil nicht angeschlossenen ist. Mit dem Schiebeschalter ❿ lösen Sie die Halterung und können den Akku dann herausnehmen, um ihn beispielsweise bei einem Defekt auszutauschen. Das geht bei Netbooks und Ultrabooks nicht.

Akku herausnehmen oder nicht?

Bei den neueren Notebooks ist es nicht nötig, den Akku herauszunehmen, um ihn zu schonen. Sie können ihn nicht überladen, da die Lithium-Ionen-Batterien von selbst aufhören, sich weiter zu laden, sobald sie komplett aufgeladen sind. Nur eine völlige Entladung mögen die Akkus nicht – spätestens bei 10 % sollte das Notebook wieder an den Strom.

Den Computer ein- und ausschalten

Mit Windows 10 sind Sie flexibel. Ihr Computer fährt schnell hoch und lässt sich ebenso schnell ausschalten.

Schritt 1

Zum Einschalten drücken Sie die Betriebstaste ❶. Bei den meisten Notebooks ist sie über der Tastatur zu finden; bei einigen Modellen sitzt sie rechts, quasi im Scharnier. Bei PCs befindet sich der Einschaltknopf vorn oben.

Schritt 2

Zum »Aufwecken« des Computers aus dem Energiesparmodus drücken Sie eine beliebige Taste oder bewegen die Maus. Der Computer zeigt zunächst den Sperrbildschirm. Zum Entsperren drücken Sie irgendeine Taste und geben – falls vergeben – Ihr Passwort oder Ihre PIN ein. Die Anwendungen, mit denen Sie vor dem »Schlaf« gearbeitet haben, sind direkt geöffnet.

Schritt 3

Das Ausschalten wird beim Computer *Herunterfahren* genannt. Rufen Sie dazu das Startmenü auf: Klicken Sie unten links auf das Windows-Logo, oder drücken Sie die Taste ▦ (links unten auf Ihrer Tastatur).

Schritt 4

Klicken Sie im Startmenü in der linken Spalte auf **Ein/Aus** und dann auf **Herunterfahren**. Der Computer schaltet sich ganz aus. Sie brauchen *nicht* den Netzschalter zu drücken!

Schritt 5

Verwenden Sie die Einstellung **Energie sparen**, wenn Sie das Notebook bis zur nächsten Nutzung nicht transportieren und schnell wieder weiterarbeiten möchten. Bei PCs können Sie diese Einstellung immer verwenden. Ausnahme: Es gab ein Update, das einen Neustart erfordert.

Schritt 6

Je nach gewählter Einstellung reicht es bei einem Notebook aus, es einfach zuzuklappen. Es schaltet sich dann selbst aus und versetzt sich in den Energiesparmodus ❷. Den PC können Sie wie in Schritt 5 beschrieben »schlafen legen«.

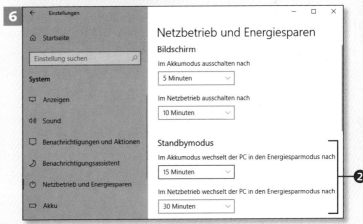

Stand-by (Energiesparmodus) ist kein Tiefschlaf

Wenn Sie Ihren Computer in den Energiesparmodus versetzt haben, reicht schon eine Mausbewegung, um ihn wieder aufzuwecken. Bei PCs ist das kein Problem. Ein Notebook sollten Sie aber stets herunterfahren, wenn Sie es in einer Tasche transportieren wollen, damit die Festplatte nicht durch Erschütterungen beschädigt wird.

Kapitel 2
Erste Schritte mit dem Computer

Den PC bedienen Sie mit Tastatur und Maus, das Notebook mit Tastatur, Touchpad und – wenn Sie möchten – der Maus. Mit dieser Anleitung und vielen hilfreichen Tipps werden Sie schnell mit den Bedienelementen zurechtkommen.

Die Tastatur benutzen
Text tippen, Zahlen eingeben, E-Mails schreiben – all dies erledigen Sie mit der Tastatur. In diesem Kapitel erfahren Sie, wie Sie Text eingeben, Befehle bestätigen und mit den Sondertasten beispielsweise auch die Bildschirmhelligkeit regeln.

Das Notebook mit einem Fingerwisch bedienen
Sensibel, aber sehr leistungsfähig ist das Touchpad an Ihrem Notebook. Damit erreichen Sie jeden Punkt auf dem Bildschirm, können aber auch klicken und navigieren. Lernen Sie das Touchpad und seine Benutzung kennen.

Die Maus über den Bildschirm laufen lassen
Ganz gleich, ob etwas anzuklicken, zu verschieben oder zu markieren ist: Die Maus unterstützt Sie mit Leichtigkeit bei diesen Aufgaben. Lesen Sie, wie Sie das Notebook mit der Maus bedienen.

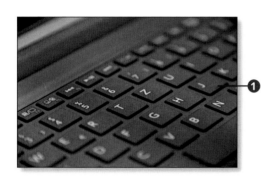

❶ Die Notebooktastatur bietet Tasten zum Tippen, aber auch zum Regeln der Helligkeit des Bildschirms und der Lautstärke der Lautsprecher.

Das Touchpad wird mit den Finger- kuppen bedient. Sie bewegen damit den Cursor, klicken und scrollen, kurz: Sie bedienen mit dem Touch- pad alles auf dem Bildschirm. ❷

❸ Auch mit der Maus steuern Sie alles auf dem Bildschirm an; mit ihr verschieben Sie beispiels- weise ganz einfach Elemente.

Die Tastatur benutzen

Die Tastatur benötigen Sie, um dem Computer zu sagen, wonach Sie im Internet suchen wollen, und um eine E-Mail oder einen Text zu schreiben.

Schritt 1

Bei Windows erleichtert Ihnen eine einzelne Taste die Arbeit besonders: die *Windows-Taste* ⊞ ❶. Sie finden sie links unten auf Ihrer Tastatur. Drücken Sie ⊞. Sie gelangen zum *Startmenü*. Drücken Sie die Taste erneut, dann verschwindet das Start-menü wieder.

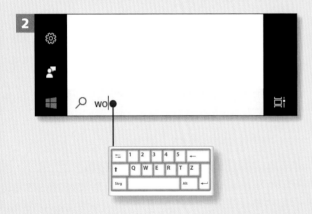

Schritt 2

Machen Sie sich mit der Tastatur vertraut, indem Sie etwas schreiben (tippen). Dazu öffnen Sie *WordPad*: Rufen Sie wieder das Startmenü auf, indem Sie ⊞ drücken. Tippen Sie dann einfach »wo«. Sie brauchen vorher nicht an eine bestimmte Stelle zu klicken.

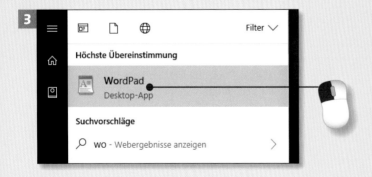

Schritt 3

Das Startmenü verwandelt sich in eine Liste mit Suchergebnissen; zuoberst sehen Sie die Programme (*Apps* genannt), die mit *wo* begin-nen. Im Beispiel ist dies nur Word-Pad. Klicken Sie auf **WordPad**.

Schritt 4

Das Schreibprogramm wird geöffnet;
Sie sehen ein leeres »Blatt«. Hier
können Sie Text und Zahlen eintippen; der Computer setzt den Text da
auf das »Blatt«, wo ein senkrechter
Strich – der Cursor (*Schreibmarke*) –
blinkt. Durch *kurzes* Drücken z.B. der
Taste ⊤ erscheint auf dem Bildschirm ein kleines t. Tippen Sie ein
Wort ein.

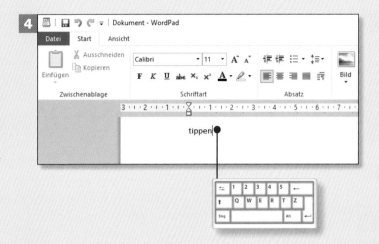

Schritt 5

Ein Leerzeichen fügen Sie ein, indem
Sie die große Taste am unteren Rand
der Tastatur drücken: die *Leertaste*.
Achten Sie immer auf den Cursor ❷.
Wo der Cursor blinkt, schreiben Sie.

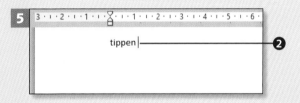

Schritt 6

Um einen Buchstaben großzuschrei-
ben, halten Sie ⇧ gedrückt und
tippen den Buchstaben. Lassen Sie
⇧ los, und tippen Sie den Rest des
Wortes ein. Diese *Umschalt-Taste*,
auch *Shift-Taste*, finden Sie jeweils
links und rechts am Rand des Buchstabenblocks.

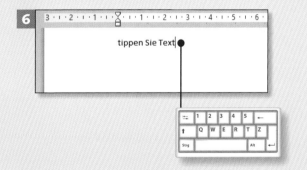

Der Cursor

Cursor ist das englische Wort für Schreibmarke; es
hat sich auch im deutschen Sprachraum durchgesetzt.
Der Cursor zeigt immer die Stelle an, an der Sie aktuell auf dem Bildschirm arbeiten. Damit man ihn gut
sieht, blinkt der Cursor.

Die Tastatur benutzen (Forts.)

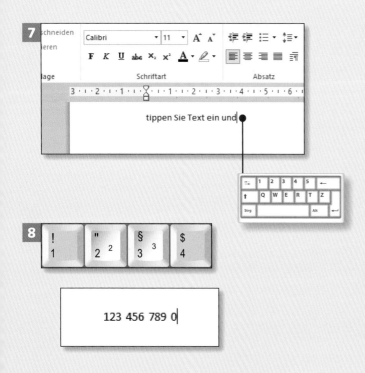

Schritt 7

Der Cursor »wandert« mit Ihrem Text mit. Tippen Sie weitere Wörter und Leerzeichen ein – Sie sehen, der Cursor befindet sich stets hinter dem zuletzt geschriebenen Wort und »wartet« blinkend auf weitere Eingaben von Ihnen.

Schritt 8

Punkt und Komma finden Sie unten rechts auf Ihrer Tastatur. Die Ziffern 0 bis 9 sind je nach Computer an zwei Stellen vorhanden: bei kleineren Notebooks nur über dem Buchstabenblock, bei PC-Tastaturen und größeren Notebooks auch rechts daneben im Nummernblock.

Schritt 9

Damit das auch beim Nummernblock rechts klappt, muss dieser eingeschaltet sein. Über oder unter Ihrer Tastatur leuchtet ein kleines Schlosszeichen oder ein Punkt ❸, wenn der Nummernblock eingeschaltet ist. Ist er ausgeschaltet, drücken Sie einmal Num bzw. Num Lock.

Der Cursor hüpft einfach weg!

Bei Notebooks mit Touchpad (siehe den Abschnitt »Das Touchpad bedienen« auf Seite 32) kommt es vor, dass Sie aus Versehen die Fläche des Touchpads berühren. Für den Computer reicht das schon als Befehl, und er versetzt den Cursor an eine andere Stelle. Führen Sie dann den Cursor wieder mit Maus oder Touchpad an die richtige Stelle und klicken Sie hier.

Schritt 10

Die Tasten über dem Buchstabenblock tragen über den Ziffern auch
noch andere Zeichen: Ausrufezeichen, Anführungsstriche, Klammern
usw. Um diese Zeichen zu tippen,
drücken Sie gleichzeitig ⟨⇧⟩ und
die entsprechende Taste über dem
Buchstabenblock.

Schritt 11

Die *Enter-Taste* ⟨↵⟩ am rechten
Rand des Buchstabenblocks und
rechts unten am Nummernblock hat
mehrere Aufgaben: Erstens erzeugen
Sie mit ihr beim Schreiben von Text
neue Absätze (siehe Kapitel 7, »Texte
schreiben«, ab Seite 158). Zwei-
tens bestätigen Sie damit Eingaben
(*Befehle*), z. B. im Internet (siehe
Kapitel 4, »Internet zu Hause und
unterwegs«, ab Seite 66).

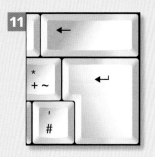

Schritt 12

Ein Wort, eine Zahl oder eine ganze
Datei können Sie natürlich auch wieder löschen. Dazu bietet Ihr Notebook zwei Tasten: ⟨Entf⟩ (»Entf«
steht für »Entfernen«) und ⟨←⟩.
Bei Text gibt es eine Löschrichtung
(siehe dazu den Abschnitt »Den Text
korrigieren« auf Seite 172).

Die Spezialtasten am Notebook verwenden

Bildschirmhelligkeit regeln, WLAN ein- und ausschalten: Bei Notebooks und vielen PCs gibt es für diese Einstellungen eigene Tasten.

Schritt 1

Am oberen Rand der Tastatur sehen Sie eine Reihe von Funktionstasten, auf denen F1 bis F12 steht. Sie sind – bei Notebooks – doppelt belegt und haben verschiedene Funktionen, abhängig vom Programm, in dem Sie gerade arbeiten.

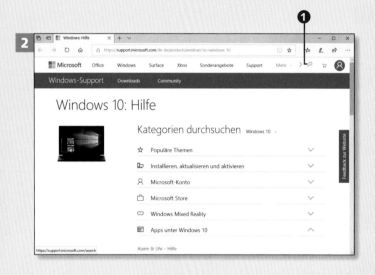

Schritt 2

Eine Ausnahme bildet die Taste F1, die in der Regel zu einer passenden Hilfeseite führt. Hier können Sie eines der angebotenen Themen anklicken oder nach einem Klick auf die Lupe ❶ einen Suchbegriff eingeben (siehe dazu den Abschnitt »Die Windows-Hilfe nutzen« auf Seite 296).

Schritt 3

Die Zeichen auf den Funktionstasten unterscheiden sich je nach Notebook. Bei vielen Notebooks lassen sich diese Spezialfunktionen nur gemeinsam mit der Fn -Taste nutzen. Die beiden Tasten mit der kleinen Sonne regeln z. B. die Bildschirmhelligkeit.

Schritt 4

Drücken Sie `Fn` und die kleinere Sonne (hier auf der Taste `F5`). Der Bildschirm wird dunkler. Um den Bildschirm jetzt wieder heller werden zu lassen, drücken Sie `Fn` und die Taste mit der größeren Sonne (im Beispiel ist das die Taste `F6`).

Schritt 5

Zur Lautstärkeregelung nutzen Sie die Tasten mit den Lautsprechern: Der Lautsprecher mit Minuszeichen oder kleinen Schallwellen macht den Ton leiser, die Taste mit Pluszeichen oder größeren Schallwellen erhöht die Lautstärke. Eine dritte Taste mit durchgestrichenem Lautsprecher schaltet den Ton aus.

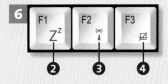

Schritt 6

Die weiteren Tasten können bei Ihrem Notebook folgende Aufgaben haben: das Notebook in den Schlafmodus versetzen ❷, WLAN ein- und ausschalten ❸, das Touchpad ein- und ausschalten ❹.

Spezialfunktionen aufrufen

Probieren Sie aus, ob an Ihrem Notebook die Tasten `F1` bis `F12` direkt ihre Spezialfunktion ausführen oder ob Sie dafür gleichzeitig `Fn` drücken müssen. In diesem Fall drücken Sie auch bei der Hilfetaste `F1` zusätzlich `Fn` (siehe Schritt 2).

Das Touchpad bedienen

Um Ihr Notebook bequem nutzen zu können, haben Sie neben der Tastatur auch noch das Touchpad.

Schritt 1

Unterhalb der Tastatur befindet sich das *Touchpad*. Es besteht aus einer größeren abgegrenzten Fläche, über die Sie mit dem Finger streichen, und zwei Tasten. Je nach Modell sind die beiden Tasten deutlich erkennbar, bilden eine Fläche wie hier zu sehen oder sind als »Wippe« in das Touchpad integriert.

Schritt 2

Setzen Sie den Zeigefinger auf das Touchpad, und bewegen Sie ihn über die ganze Fläche. Der Zeiger ❶ auf dem Bildschirm folgt dabei der Bewegung Ihres Fingers.

Schritt 3

Führen Sie den Zeiger über den Desktop und hier auf das Windows-Logo ❷. Klicken Sie mit der linken Taste auf dem Touchpad einmal, während der Zeiger weiter auf das Symbol zeigt: So klicken Sie etwas auf dem Bildschirm an. Hier wird das Startmenü wird geöffnet. Klicken Sie das Logo erneut an. Das Startmenü wird geschlossen.

Schritt 4

Sie können auch direkt auf dem Touchpad »klicken«, müssen also nicht unbedingt die Tasten des Touchpads drücken. Führen Sie den Zeiger über das blaue Symbol ❸ des Programms *Microsoft Edge* am unteren Rand Ihres Bildschirms. Tippen Sie jetzt mit dem Zeigefinger mittig oder links auf das Touchpad. Drücken Sie nicht, sondern lassen Sie die Fingerspitze einmal schnell und kräftig auf das Touchpad tippen.

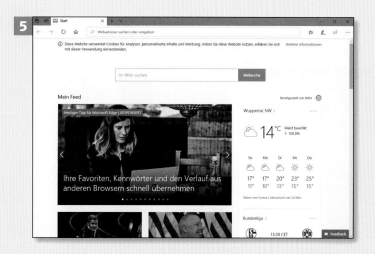

Schritt 5

Das mit dem Zeiger ausgewählte (markierte) Programm öffnet sich: der Internetbrowser Edge.

Schritt 6

Führen Sie den Zeiger jetzt in die obere rechte Ecke des Internetfensters. Klicken Sie das *Schließkreuz* ❹ an – entweder mit der linken Touchpad-Taste oder durch Tippen auf das Touchpad. Edge wird wieder geschlossen. Klappt es nicht direkt beim ersten Mal, probieren Sie es einfach noch einmal.

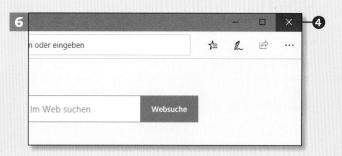

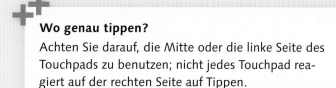

Wo genau tippen?

Achten Sie darauf, die Mitte oder die linke Seite des Touchpads zu benutzen; nicht jedes Touchpad reagiert auf der rechten Seite auf Tippen.

Das Touchpad bedienen (Forts.)

Noch mehr Fläche zum Tippen: der Touchscreen

Bei Computern mit *Touchscreen* (berührungsemp-
findlichem Bildschirm) können Sie direkt auf dem
Bildschirm mit Fingerspreizen oder -zusammenziehen
die Ansicht vergrößern oder verkleinern. Mit zwei
Fingern parallel »schieben« Sie die aktuelle Ansicht
nach oben oder unten.

Schritt 7

Die *rechte* Taste ❺ des Touchpads
öffnet ein *Kontextmenü*: Je nachdem,
wo Sie sich gerade befinden (Desktop, Startbildschirm, im Internet,
in WordPad usw.), wird ein anderes
Menü geöffnet, wenn Sie die rechte
Taste drücken. Führen Sie den Zeiger
über den Desktop, und drücken Sie
die rechte Taste auf dem Touchpad.

Schritt 8

Das Kontextmenü wird geöffnet,
das für die aktuelle Situation – hier
Desktop – passende Befehle be-
reithält: Sie können jetzt z.B. den
Desktop-Hintergrund ändern, wenn
Sie auf **Anpassen** klicken. Achtung:
Im Kontextmenü wählen Sie die gewünschte Aktion durch Klicken mit
der *linken* Taste aus.

Schritt 9

Wollen Sie keine Aktion aus dem
Kontextmenü ausführen, schließen
Sie es einfach, indem Sie Esc ❻
oben links auf Ihrer Tastatur drücken. Alternativ klicken Sie mit der
linken Taste an irgendeine Stelle auf
dem Desktop.

Schritt 10

Viele Touchpads können noch mehr: Wenn Sie zwei Finger in der Mitte des Touchpads aufsetzen und auseinanderspreizen, wird die Bildschirmansicht vergrößert. Probieren Sie es im Internetbrowser Edge aus. Zum Verkleinern der Ansicht ziehen Sie die beiden Finger wieder zusammen.

Schritt 11

Mit dem Touchpad können Sie sich auch durch lange Texte oder Internetseiten mit viel Inhalt bewegen (*scrollen*). Dazu setzen Sie Zeigefinger und Mittelfinger an den unteren Rand des Touchpads und »schieben« die Finger zum oberen Rand. So sehen Sie auf dem Bildschirm die Inhalte, die weiter unten stehen. Ziehen Sie die Finger in die umgekehrte Richtung, um wieder an den Seitenanfang zu gelangen.

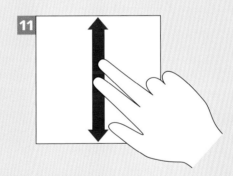

Schritt 12

Für manche Aktionen, z. B. Bilder anzeigen lassen, müssen Sie doppelt klicken: Zweimal auf das Touchpad tippen, und das Bild öffnet sich.

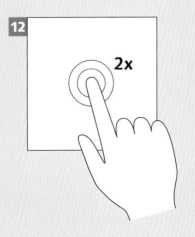

Eine Maus anschließen

Alles, was Sie mit dem Touchpad machen können, lässt sich auch mit einer Maus erledigen. Die Maus lässt sich dabei genauer steuern.

Schritt 1

Haben Sie eine Maus mit Kabel, dann stecken Sie den USB-Stecker in einen freien USB-Anschluss an Ihrem Computer.

Schritt 2

Sobald Sie den USB-Stecker angeschlossen haben, ertönt ein Signalton. Windows öffnet unten rechts auf Ihrem Bildschirm ein kleines Fenster, in dem Sie lesen können, dass das Gerät installiert wird ❶.

Schritt 3

Nach einer kurzen Zeit teilt Ihnen Windows mit, dass die Maus installiert ist, und Sie können sie verwenden. Halten Sie die Maus so, dass Ihr Zeigefinger möglichst weit vorn auf der linken Maustaste locker aufliegt.

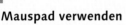

Mauspad verwenden

Wenn Sie Ihre Maus auf einem Glastisch oder einer anderen glatten Oberfläche verwenden, sollten Sie ein *Mauspad* verwenden. Diese meist aus Kunststoff bestehenden Unterlagen sorgen für fehlerfreies Arbeiten mit der Maus.

Schritt 4

Eine kabellose Maus bezieht ihre Energie aus Batterien, daher müssen Sie bei einer neuen Maus zuerst die Batterien einlegen. An der Unterseite der Maus ist entweder ein Schiebeschalter, mit dem Sie das Batteriefach öffnen können, oder Sie schieben einen Teil der Abdeckung nach außen. Legen Sie die Batterien ein, und schließen Sie das Fach wieder sorgfältig.

Schritt 5

Achten Sie darauf, dass die Maus eingeschaltet ist: An der Unterseite ist ein Schieber ❷, der auf **On** oder **An** stehen muss.

Schritt 6

Stecken Sie nun den USB-Stecker ❸, der die Maussignale an das Notebook überträgt, in eine USB-Buchse am Notebook. Windows lässt wieder einen Signalton hören und zeigt evtl. ganz kurz das Installationsfenster. Nach wenigen Augenblicken können Sie die Maus verwenden.

Welche Maus ist die richtige?

Eine Maus sollte weder zu groß noch zu klein für Ihre Hand sein. Sie sollten die Fingerkuppe des Zeigefingers möglichst weit vorn auf der linken Maustaste platzieren können. Gleichzeitig sollte Ihr Handballen auf dem Mauspad oder Tisch aufliegen. Müssen Sie die Hand stark krümmen, ist die Maus zu groß. Eine Handgelenkablage kann hier Abhilfe schaffen.

Mit der Maus arbeiten

Mit der Maus bewegen Sie den Mauszeiger; mit den Maustasten klicken Sie etwas an oder öffnen ein Kontextmenü; mit dem Mausrad scrollen Sie.

Schritt 1

Bewegen Sie die Maus. Sie sehen, wie sich der *Mauszeiger* ❶ parallel auf dem Bildschirm bewegt.

Schritt 2

Rufen Sie das Startmenü durch Drücken von ⊞ auf. Klicken Sie eine Kachel an; halten Sie die Maustaste gedrückt.

Schritt 3

Ziehen Sie die Kachel mit gedrückter Maustaste an einen anderen Platz; lassen Sie die Maustaste dann los. Dieses Ziehen mit der Maus (*Drag & Drop*) benötigen Sie auch beim Verschieben von Text oder Dateien.

Klicken = einmal links klicken
Wenn von Klicken die Rede ist, ist immer das Klicken mit der *linken* Maus- bzw. Touchpad-Taste gemeint, und zwar einmal. Wenn zweimal schnell geklickt werden soll, heißt das *Doppelklick*. Um ein Kontextmenü zu öffnen, machen Sie einen *Rechtsklick*.

Schritt 4

Klicken Sie auf den Desktop; das Startmenü wird geschlossen. Links oben auf dem Desktop sehen Sie den *Papierkorb*; klicken Sie ihn mit der *rechten* Maustaste an.

Schritt 5

Aus dem Kontextmenü wählen Sie **Papierkorb leeren**. Wenn Windows Sie fragt, ob Sie wirklich alles löschen wollen, klicken Sie auf **Ja**. Das Kontextmenü wird wieder geschlossen. Wenn die Möglichkeit **Papierkorb leeren** *ausgegraut* (= nicht anklickbar) ist, war der Papierkorb noch leer.

Schritt 6

Der Papierkorb lässt sich mit einem Doppelklick auch öffnen. So können Sie sehen, was darin ist. Zum Leeren klicken Sie oben links auf **Papierkorb leeren**, zum Schließen auf das Schließkreuz oben rechts.

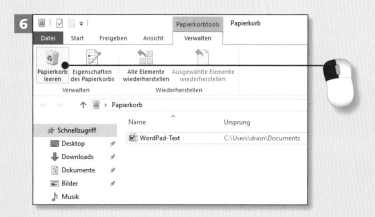

Wo steht denn »Papierkorb leeren«?

Beim ersten Öffnen des Papierkorbs sehen Sie die Schaltfläche **Papierkorb leeren** evtl. gar nicht. Dann ist das Menüband nicht eingeblendet. Klicken Sie oben rechts auf den kleinen Pfeil neben dem Fragezeichen, um es sichtbar zu machen.

Energieoptionen einstellen

Computer arbeiten mit Energie-sparoptionen, um nicht unnötig Energie zu verbrauchen. Lesen Sie hier, wie Sie die Einstellungen Ihren Bedürfnissen anpassen.

Schritt 1

Öffnen Sie das Menü **Einstellungen**, indem Sie die Tasten ⊞ und Ⅰ drücken. Klicken Sie bei den Einstellungen auf **System**.

Schritt 2

Lassen Sie sich nicht von der folgenden Auflistung der Einstellungskategorien irritieren; klicken Sie in der Leiste links auf **Netzbetrieb und Energiesparen**.

Schritt 3

Schauen Sie sich die Einstellungen für den Betrieb am Stromnetz (**Netzbetrieb**) an: Wenn Sie 10 Minuten ➊ am Computer nichts gemacht haben, schaltet sich der Bildschirm aus, aber der Computer läuft noch. Hat sich insgesamt 30 Minuten lang nichts getan, versetzt sich der Computer selbst in den Energiesparmodus.

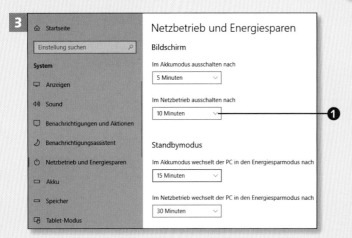

Schritt 4

Für Notebooks gibt es zusätzliche Einstellungen, da sie auch mit Akku-Energie laufen: Hier wird im **Akku-modus** der Bildschirm nach fünf Minuten ❷ ausgeschaltet, und der Computer wird nach 15 Minuten in den Energiesparmodus versetzt.

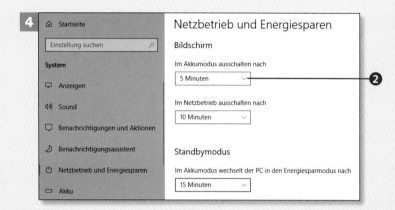

Schritt 5

Fünf Minuten sind schnell vergangen; vielleicht möchten Sie nicht, dass der Bildschirm dann schon ausgeschaltet wird? Ändern Sie diese Einstellung: Klicken Sie auf den kleinen Pfeil ❸ neben **5 Minuten**, und wählen Sie aus der Liste durch Klicken einen anderen Zeitraum aus.

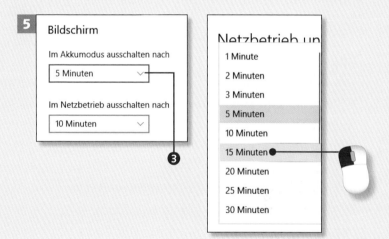

Schritt 6

Ändern Sie auch die anderen beiden Einstellungen, wenn Ihnen ein längerer Betrieb lieber ist. Die Änderungen werden sofort übernommen. Schließen Sie die Einstellungen mit einem Klick auf das Schließkreuz oben rechts.

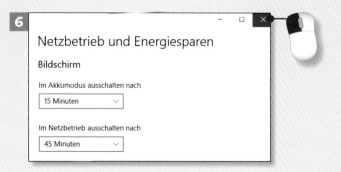

Kapitel 3
Am Bildschirm zurechtfinden

Ihr Computer ist flexibel und vielseitig, daher können Sie verschiedene Anwendungen gleichzeitig geöffnet haben. In diesem Kapitel lernen Sie, wie Sie Programme und die Apps genannten Anwendungen öffnen und zwischen ihnen wechseln.

Desktop und Startmenü einsetzen

Windows bringt eine leistungsfähige Steuerzentrale mit: das Startmenü. Von hier aus können Sie Apps und Programme öffnen, Einstellungen vornehmen und vor allem den Computer ausschalten.

Apps effizient nutzen

Die Apps (Anwendungen aus dem Microsoft Store) bringen nicht nur Farbe auf den Bildschirm. Sie sind auch leicht zu nutzen und können nach Wunsch personalisiert werden, sodass Sie schon beim Start sehen, was in Ihrem Kalender steht und wie das Wetter heute wird.

Apps und Programme öffnen und wechseln

Texte schreiben, Fotos auf dem Notebook sortieren oder im Internet surfen: Für all das öffnen Sie Apps oder Programme. Windows verwendet die Bezeichnung *App* meistens als Oberbegriff für Programme und Apps. Sie können mehrere Apps gleichzeitig geöffnet lassen, z. B. um beim Briefeschreiben etwas im Internet nachzuschauen oder einen Termin in den Kalender einzutragen.

1 Das Startmenü ist Ihre Steuerzentrale auf dem Computer.

2 Apps werden mit einem Klick
geöffnet und bieten, thematisch
sortiert, übersichtliche Inhalte.

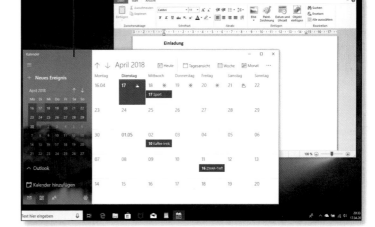

Programme sind vielseitiger als
Apps, lassen sich aber genauso
zügig starten. Über die Taskleiste
wechseln Sie schnell zwischen den
geöffneten Apps und Programmen.

3

Bei Windows anmelden

Windows merkt sich die Einstellungen, die Sie beim ersten Start vorgenommen haben. Lesen Sie hier, wie Sie Ihren Computer starten.

Schritt 1

Haben Sie beim ersten Start von Windows ein Passwort vergeben, werden Sie jedes Mal beim Start Ihres Computers aufgefordert, das Passwort einzugeben.

Schritt 2

Schalten Sie Ihren Computer ein. Er fährt hoch. Windows zeigt zuerst den *Sperrbildschirm* mit Datum und Uhrzeit. Windows nutzt dabei wechselnde Hintergrundbilder. Klicken Sie an eine Stelle auf dem Bildschirm, oder drücken Sie eine beliebige Taste.

Schritt 3

Jetzt erscheint Ihr Benutzername oder die E-Mail-Adresse Ihres Microsoft-Kontos – im Beispiel *drasnin@outlook.de* – mit einem weißen Eingabefeld darunter. Hier ist die Eingabe Ihres Passworts erforderlich, und zwar exakt so, wie Sie es beim Einrichten festgelegt haben. Falls hier **Gesperrt** steht, drücken Sie ⏎ .

ℹ Herunterfahren oder Energie sparen?
Die Optionen **Herunterfahren** und **Neu starten** brauchen Sie bei Ihrem Computer nur nach Windows-Updates, ansonsten reicht das Versetzen in den Energiesparzustand. Dazu klicken Sie im Startmenü auf **Ein/Aus ▸ Energie sparen**. Notebooks sollten vor einem Transport stets heruntergefahren werden.

Schritt 4

Bestätigen Sie die Eingabe mit einem Klick auf den Pfeil rechts neben dem Eingabefeld; dann wird der Startbildschirm angezeigt. Alternativ können Sie nach der Eingabe des Passwortes auch einfach ⏎ drücken.

Schritt 5

Haben Sie beim Einrichten des Computers statt des Passworts eine PIN (Zahl) vergeben ❶, geben Sie bei Schritt 3 diese PIN ein und drücken Sie ⏎.

Schritt 6

Der Desktop wird angezeigt. Zusätzlich wird das Startmenü bei den meisten Nutzern direkt eingeblendet – dies hängt von der jeweiligen Einstellung ab. Wenn Sie bei der Computereinrichtung kein Passwort vergeben haben, zeigt Ihr Notebook nach dem Hochfahren direkt den Desktop und (evtl.) das Startmenü.

Nach dem Aufwachen ...

Wurde kein Passwort vergeben, steht nach dem Start auf dem Sperrbildschirm unter Ihrem Namen bzw. der E-Mail-Adresse **Anmelden**. Drücken Sie dann ⏎. Windows wechselt in beiden Fällen genau zu dem Programm, mit dem Sie zuletzt gearbeitet haben.

Windows kennenlernen – der Desktop

Vom Desktop aus (das ist die »Schreibtischoberfläche«) können Sie viele Programme schnell starten, z. B. Microsoft Edge (Internet). Unter dem Desktop finden Sie die nützliche Taskleiste und den Infobereich – beides stellt Ihnen dieser Abschnitt vor.

Schritt 1

Der Computer zeigt Ihnen nach dem Starten den *Desktop*. Sie können ihn jederzeit wieder aufrufen, auch wenn Sie z. B. gerade im Internet unterwegs sind: Nutzen Sie dazu entweder die Tastenkombination ⊞ + Ⓜ, oder klicken Sie ganz unten rechts auf Ihrem Bildschirm auf den schmalen Streifen.

Schritt 2

Neu installierte Programme und Apps legen eine *Verknüpfung* ❶ auf dem Desktop an. Mit dieser Verknüpfung lassen sie sich schnell vom Desktop aus starten.

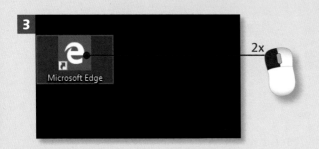

Schritt 3

Zum Öffnen einer App oder eines Programms klicken Sie doppelt auf das Symbol (die Verknüpfung). Oder Sie klicken das Symbol einmal an und drücken dann ⏎.

Schritt 4

Die Leiste am unteren Bildschirmrand des Desktops ist die *Taskleiste*. Dort sehen Sie ebenfalls Programmsymbole. Alle Programme und Apps auf der Taskleiste werden mit *einem* Klick geöffnet – anders als bei den Programmsymbolen auf dem Desktop, die mit Doppelklick geöffnet werden.

Schritt 5

Rechts unten am Desktop finden Sie im *Infobereich* einige wichtige Symbole. Mit dem Pfeil blenden Sie weitere, zurzeit ausgeblendete Symbole ein. Ein Klick auf **Neue Benachrichtigungen ❷** führt zum Info-Center.

Schritt 6

Das Symbol **Batterie ❸** ist nur bei Notebooks zu sehen und meldet, dass das Notebook Strom erhält; eine Batterie allein zeigt den Akku-Stand an. Am Viertelkreis ❹ lesen Sie die WLAN-Verbindungsstärke ab, während Sie über das Lautsprechersymbol ❺ die Lautstärke regeln. Mit einem Klick auf das Figuren-Symbol ganz links ❻ rufen Sie Ihre Kontakte auf.

Bei mir fehlen Symbole?!

Je nach Version werden auf Ihrem Computer im Infobereich weniger oder andere Symbole angezeigt. Durch einen Klick auf den Pfeil können Sie die anderen Symbole aufrufen (Schritt 5).

Windows kennenlernen – das Startmenü

Auch über das Startmenü lassen sich Programme und Apps öffnen. Außerdem finden Sie hier alle Apps und damit viel mehr als auf dem Desktop.

Schritt 1

Je nach Einstellung sehen Sie beim Start des Computers direkt das *Startmenü*. Wenn nicht, rufen Sie es über einen Klick auf das Windows-Logo auf. Sie können alternativ auch die Taste ⊞ auf Ihrer Tastatur drücken.

Schritt 2

Das Startmenü ist eine kleine Steuerzentrale. Achten Sie zunächst auf den linken unteren Teil: Hier schalten Sie den Computer aus ❶, öffnen die Einstellungen ❷, finden einen schnellen Weg zu Ihren Bildern ❸ und Dokumenten ❹ sowie zu Ihrem Benutzerkonto ❺. Klicken Sie auf **Ein/Aus**.

Schritt 3

Sie haben nun drei Möglichkeiten ❻: den Computer in den Energiesparmodus zu versetzen (hieraus startet er schneller), ihn herunterzufahren – also auszuschalten –, oder ihn neu zu starten. Im Moment soll der Computer angeschaltet bleiben, also klicken Sie an eine »leere« Stelle im Startmenü.

Schritt 4

Schauen Sie jetzt auf die Spalte neben den kleinen Symbolen: Hier finden Sie alle Anwendungen, also die Apps und Programme. Um die zunächst nicht sichtbaren Apps zu sehen, führen Sie den Mauszeiger über die Liste der Apps und drehen dann das Mausrad zu sich hin (so *scrollen* Sie). Wenn Sie ohne Maus arbeiten, klicken Sie auf die *Bildlaufleiste* **❼** direkt rechts neben der App-Liste.

Schritt 5

Ein Klick auf den Namen einer Anwendung öffnet sie sofort, hier den *Kalender*.

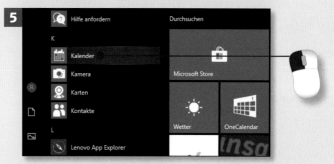

Schritt 6

Das Startmenü schließt sich, sobald Sie von hier aus eine App oder ein Programm gestartet haben. Öffnen Sie es wieder mit **⊞**. Links oben sehen Sie die mit **A** beginnenden Apps **❽**. Im Laufe der Zeit steht hier der Abschnitt **Meistverwendet** mit den Apps, die Sie wirklich häufig brauchen. Sie rufen Sie mit einem Klick schnell auf.

App = Programm?

App ist kurz für *Application*, das bedeutet *Anwendung* und steht somit auch für *Programm*. Windows benutzt im Startmenü für alles den Begriff *App*.

Windows kennenlernen – das Startmenü (Forts.)

Schritt 7

Im rechten Teil des Startmenüs sehen Sie viele bunte *Kacheln*. Jede Kachel steht für eine Anwendung, und jede Anwendung öffnen Sie mit einem Klick auf die entsprechende Kachel. Wenn Sie Anwendungen hinzufügen, werden für sie ebenfalls kleine Kacheln angelegt.

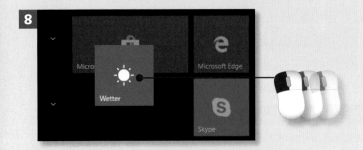

Schritt 8

Möchten Sie die Kacheln anders anordnen, dann ziehen Sie mit gedrückter Maustaste eine Kachel an den neuen Ort (siehe den Abschnitt »Mit der Maus arbeiten« auf Seite 36). Die anderen Kacheln machen dabei automatisch Platz. Die so entstehenden Lücken können Sie wieder füllen, indem Sie andere Kacheln dorthin ziehen.

Schritt 9

Den rechten Teil der Kacheln (**Wiedergaben**) können Sie in den linken schieben: Führen Sie den Mauszeiger so auf die äußere rechte Linie, dass Sie einen Doppelpfeil sehen. Ziehen Sie mit gedrückter Maustaste die Linie nach links, bis die bisher rechte Spalte nicht mehr zu sehen ist. Lassen Sie die Maustaste los.

Schritt 10

Die Größe der Kacheln ändern Sie so: Klicken Sie mit der rechten Maustaste auf die Kachel. Vor der Kachel erscheint ein kleines Menü. Hier klicken Sie auf **Größe ändern**. Klicken Sie z. B. auf **Breit**, wenn die Kachel die Breite zweier »normaler« Kacheln haben soll.

Schritt 11

Apps, die Sie nicht brauchen, deinstallieren Sie einfach. Klicken Sie die App mit rechts an, und wählen Sie **Deinstallieren**. Bestätigen Sie die erscheinende Information mit Klick auf **Deinstallieren**. Bei Programmen wird Ihnen diese Option meist nicht angezeigt, dann müssen Sie das Programm über das Menü **Einstellungen** deinstallieren.

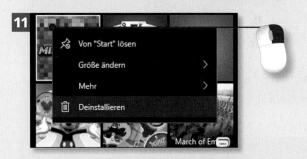

Schritt 12

Je mehr Apps Sie neu installieren, desto unübersichtlicher wird es. Blenden Sie dann die Apps, die Sie »vielleicht später einmal« benötigen, aus: Klicken Sie die App mit rechts an, und wählen Sie **Von "Start" lösen**.

Links oder rechts?

Apps starten Sie im Startmenü mit einem Linksklick. Soll eine App aber deinstalliert, verkleinert, vergrößert, zum Startmenü hinzugefügt oder davon entfernt werden, drücken Sie die rechte Maustaste.

Cortana einsetzen

Windows 10 hält für Sie eine Sprach-assistentin bereit: Cortana. Mit ihr können Sie auf die Suche gehen oder Apps öffnen. Voraussetzung: ein an-geschlossenes Mikrofon.

Schritt 1

Mit Cortana sprechen oder schreiben Sie. Wenn Sie sprechen, hören und lesen Sie Cortanas Antwort; wenn Sie tippen, lesen Sie die Antwort. Klicken Sie zum Sprechen auf das Mikrofon in der Taskleiste.

Schritt 2

Bei der ersten Nutzung müssen Sie mehrmals den Bedingungen zustim-men, wenn Sie mit Cortana sprechen möchten; klicken Sie dazu jeweils auf **OK**. Möchten Sie das nicht, kli-cken Sie auf **Vielleicht später**. Dann können Sie aber Befehle und Fragen an Cortana nur eintippen.

Schritt 3

Fragen tippen Sie in das Feld mit der Bezeichnung **Zur Suche Text hier eingeben**. Sobald Sie in das Feld klicken, wird Cortana geöffnet. Im Beispiel fragten wir nach dem Wetter morgen in Köln. Groß- und Klein-schreibung sind für Cortana egal.

Und der Datenschutz?

Um Cortana z. B. mit Ihrem Kalender nutzen zu können, müssen Sie auch hier ihrer Datensammel-leidenschaft zustimmen. Aber Windows 10 bringt zahlreiche Möglichkeiten mit, Ihre Daten vor seinen neugierigen Blicken zu schützen. Lesen Sie dazu den Abschnitt »Datenschutzeinstellungen« auf Seite 280.

Schritt 4

Sie erhalten sofort ein schriftliches Ergebnis, das Ihnen rechts neben dem Cortana-Fenster angezeigt wird. Um Internetergebnisse zu sehen, klicken Sie beim Suchergebnis auf die Weltkugel. Je nach Frage öffnet Cortana auch direkt eine Seite mit Suchergebnissen im Internet.

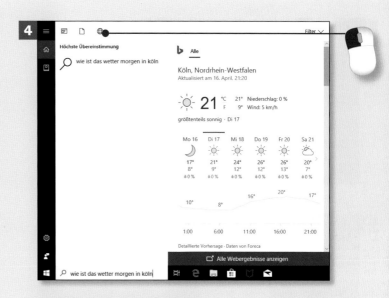

Schritt 5

Wenn Sie mit Cortana sprechen, erhalten Sie auch eine gesprochene Antwort. Lassen Sie Cortana einen Termin eintragen: Klicken Sie auf das Mikrofon und sagen Sie z. B. »Trage einen Termin ein«. Nach einer (einmaligen) Zustimmung zur Datennutzung fragt Cortana die Termindetails ab.

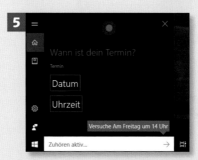

Schritt 6

Sind alle Details erfasst, fragt Cortana, ob sie den Termin in den Kalender eintragen soll. Sagen Sie »Ja«, oder klicken Sie auf **Eintragen**.

! Cortana schreibt mit

Auch wenn Sie die Diktierfunktion nutzen, schreibt Cortana Ihre Frage oder Anmerkung meistens auf; Sie diktieren ihr sozusagen. Das hat für Sie den Vorteil, dass Sie eventuelle Verständnisfehler im Fragefeld korrigieren können.

Apps starten, nutzen und beenden

Jede App hat einen eng begrenzten Zweck, eine bestimmte Aufgabe. Die Handhabung beim Starten und Schließen ist jedoch bei allen gleich.

Schritt 1

Rufen Sie das Startmenü auf. Jede Kachel steht für eine installierte App. Alle Apps starten und beenden Sie gleich. Wie Sie sich innerhalb einer App bewegen, erfahren Sie am Beispiel der *Kalender*-App. Klicken Sie also auf die Kachel **Kalender**.

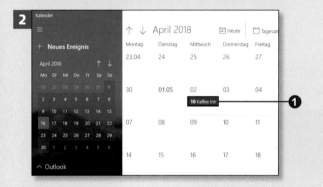

Schritt 2

Der Termin, den Sie eben mit Cortanas Hilfe eingetragen haben, ist rot hervorgehoben ❶.

Schritt 3

Einen neuen Termin tragen Sie ein, indem Sie auf das Feld mit dem entsprechenden Datum klicken. Einmal noch entscheiden, ob *Mail* und *Kalender* auf Ihre genaue Position zugreifen dürfen, dann können Sie den Termin in das kleine Formular eintragen.

Etwas Geduld ...

Wenn Sie auf eine App-Kachel klicken, vergrößert sich das Bild der Kachel und füllt den Bildschirm. Je nach App und Schnelligkeit Ihrer Internetverbindung kann es eine Weile dauern, bis die App geöffnet wird.

Schritt 4

Geben Sie den Namen des Termins ein, z. B. »ZWAR-Gruppe«. Entfernen Sie das Häkchen bei *Ganztägig* ❷, wenn der Termin zu einer bestimmten Uhrzeit beginnt.

Schritt 5

Legen Sie die Uhrzeit fest: Klicken Sie auf den kleinen Pfeil ❸ neben dem linken Uhrzeitfeld, der Startzeit. Eine kleine Liste mit Uhrzeiten klappt auf. Führen Sie den Mauszeiger über die Liste und drehen Sie das Mausrad zu sich hin, bis die richtige Zeit erreicht ist. Alternativ schieben Sie zwei Finger auf dem Touchpad nach oben; dabei müssen Sie je nach Uhrzeit mehrmals neu ansetzen. Klicken Sie die gewünschte Uhrzeit an.

Schritt 6

Jetzt klicken Sie auf den kleinen Pfeil rechts neben dem zweiten Uhrzeitfeld und stellen die (ungefähre) Endzeit ein.

Wo kommen die Apps her?

Kalender, *Mail*, *Wetter* und einige andere Apps sind auf Ihrem Computer schon vorinstalliert. Weitere Apps, die kleinen Anwendungen für einen begrenzten Zweck, gibt es im Microsoft Store. Teilweise sind sie kostenlos, teilweise nicht. Das Symbol **Store**, das eine Tasche mit vier Farbfeldern zeigt, finden Sie unten auf Ihrem Bildschirmrand.

Apps starten, nutzen und beenden (Forts.)

Schritt 7

Wenn Sie möchten, tragen Sie noch den Veranstaltungsort ein. Sie erhalten einige Vorschläge zum Ort. Treffen sie alle nicht zu, drücken Sie einfach die Eingabetaste ⏎ . Ist der richtige Ort dabei, klicken Sie ihn an. Klicken Sie schließlich auf **Fertig ❹**.

Schritt 8

Sie sehen Ihren Termin jetzt in der Monatsübersicht. Klicken Sie ihn erneut an; die Detailansicht wird geöffnet.

Schritt 9

Oben rechts ❺ steht die Anzahl Minuten, die Sie vor dem Termin an ihn erinnert werden. Klicken Sie darauf und in der Liste auf Ihre gewünschte Zeitspanne. Klicken Sie nach Ihren Änderungen links auf **Speichern und schließen**. Der Kalender erscheint wieder in der Monatsansicht.

! Apps ohne Internetverbindung?
Einige Apps lassen sich ohne Internetverbindung starten, z. B. die *Fotos*-App, der *Reader* oder die *Kamera*-App. Die meisten anderen Apps benötigen aber eine Internetverbindung, um ihre Inhalte anzuzeigen, da sie online aktualisiert werden.

Schritt 10

Um die Ansicht zu ändern, klicken Sie oben rechts auf **Heute**, **Tages-ansicht**, **Woche**, **Monat** oder **Jahr** (je nach Bildschirmgröße verbirgt sich **Jahr** hinter den drei Punkten rechts ❻). Schließen Sie die App mit einem Klick auf das Schließkreuz oben rechts.

Schritt 11

Rufen Sie das Startmenü auf und klicken Sie wieder auf die Kachel **Kalender**. Die Ansicht hat sich etwas geändert: Jetzt sehen Sie bei den nächsten Tagen Wettersymbole ❼. Wenn Sie der Verwendung Ihres Standorts zugestimmt haben (siehe Kasten), wird Ihnen das örtliche Wetter angezeigt.

Schritt 12

Die Hintergrundfarbe des Kalenders ändern Sie bei den Einstellungen. Klicken Sie auf das Zahnrad und dann rechts auf **Personalisierung**. Wählen Sie eine Farbe ❽ aus, und schließen Sie den Kalender mit dem Schließ-kreuz ❾.

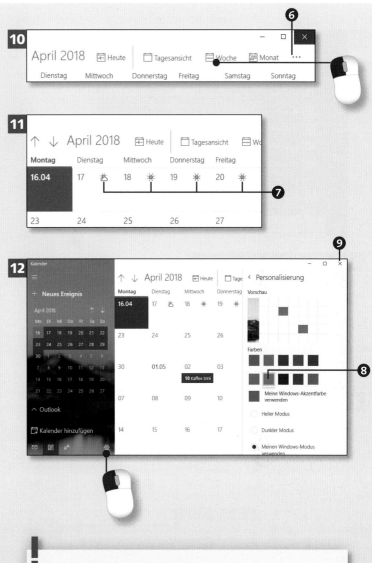

Der erste Start der Wetter-App

Rufen Sie über das Startmenü die *Wetter*-App auf. Wenn Sie möchten, klicken Sie in den Kreis vor **Standort erkennen**. Im nächsten Schritt erlauben Sie – wenn Sie möchten – MSN Wetter den Zugriff auf Ihre Position, damit auch das Wetter bei Ihnen im Ort angezeigt wird. Alternativ geben Sie einen Ort in das Suchfeld ein und drücken dann ⏎ .

Programme öffnen und beenden

Programme haben einen größeren Leistungsumfang als Apps und brauchen deutlich mehr Speicherplatz auf Ihrem Computer.

Schritt 1

Rufen Sie wieder das Startmenü auf, z. B. durch Klicken auf das Windows-Logo. In der mittleren Spalte sehen Sie die Liste der Apps und Programme. Einige Einträge haben rechts einen kleinen Pfeil ❶, z. B. die vorinstallierte Testversion des Virenschutzprogramms.

Schritt 2

Im Beispiel öffnen wir *McAfee*. Klicken Sie auf den kleinen Pfeil und dann auf den Programmnamen. Jetzt ist etwas Geduld gefragt. Das Öffnen von Programmen dauert meist länger als bei Apps.

Schritt 3

Beim ersten Start eines Programms müssen Sie sich wieder mit den Datenschutzbestimmungen und anderen Starteinstellungen befassen. Viele Programme bieten eine Einführungstour an, um Sie mit dem Programm vertraut zu machen.

Apps und Programme auf dem Smartphone?

Apps werden speziell für mobile Geräte wie Smartphones – »schlaue« Handys – und Tablets entwickelt; viele funktionieren aber auch auf Notebooks und PCs. Programme dagegen laufen nur auf Notebooks und PCs, nicht auf Mobilgeräten.

Schritt 4

Programme bieten zahlreiche Anwendungsmöglichkeiten, die Sie über ein Menü aufrufen können. Unser Beispiel-Virenschutzprogramm hat fünf Hauptmenüpunkte. Jeder steht für andere Aufgaben. Unter **PC-Sicherheit** z. B. können Sie eine Untersuchung des Computers starten.

Schritt 5

Ein weiteres Beispiel: WordPad (siehe den Abschnitt »Die Tastatur benutzen« auf Seite 26) ist ein Schreibprogramm. Mit ihm können Sie Texte schreiben, formatieren (»verschönern«), mit Bildern versehen und drucken. Hinter den Menüpunkten ❷ stecken weitere Befehle.

Schritt 6

Programme beenden Sie wie Apps: Oben rechts finden Sie das *Schließkreuz*. Klicken Sie darauf, und das Programm wird geschlossen.

Wo kommen die Programme her?

Programme werden nicht wie Apps über den Microsoft Store installiert, sondern von der Hersteller-Homepage heruntergeladen oder mit einer Programm-CD aufgespielt. Ein Beispiel finden Sie im Abschnitt »Einen Drucker installieren« auf Seite 272.

Mit mehreren geöffneten Programmen umgehen

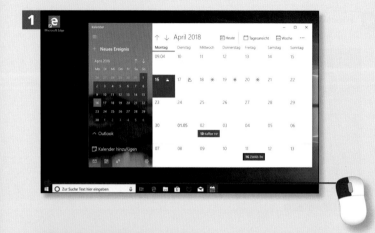

Sie können leicht von einer App zur anderen wechseln, von Apps zu Programmen oder auch von Apps und Programmen zum Desktop.

Schritt 1

Öffnen Sie eine App. Lassen Sie sie geöffnet. Rufen Sie wieder das Startmenü auf, z. B. durch Klicken auf das Windows-Logo.

Schritt 2

Öffnen Sie eine zweite App, z. B. *Microsoft Edge*, mit einem Klick auf die entsprechende Kachel im Startmenü.

Schritt 3

Das Fenster, das sich öffnet, kann viel mehr anzeigen, als auf den ersten Blick zu sehen ist; dieser Inhalt ist unterhalb des am Anfang sichtbaren Fensters angeordnet. Um ihn zu sehen, *scrollen* Sie nach unten oder oben.

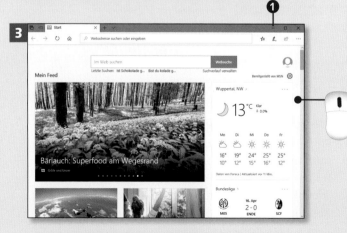

Schließen nicht nötig!

Wenn Sie im Internet surfen und mal eben nach einer E-Mail schauen wollen, müssen Sie das Internetfenster nicht schließen. Verkleinern Sie es einfach durch einen Klick auf das Minus ❶ oben rechts. Es steht für *Minimieren*.

Schritt 4

Am unteren Bildschirmrand sehen Sie auf der Taskleiste das Symbol der *Kalender*-App, da die App noch geöffnet ist. Sie ist sozusagen in den Hintergrund gewandert. Um die App wieder in den Vordergrund zu holen, klicken Sie auf der Taskleiste auf das App-Symbol.

Schritt 5

Wollen Sie den Desktop sehen, die Apps aber geöffnet lassen, drücken Sie Strg + M . Alternativ klicken Sie ganz rechts unten auf den schmalen Balken. Auch so sind die Symbole der geöffneten Apps weiterhin auf der Taskleiste zu sehen. Dass diese Apps im Hintergrund geöffnet sind, erkennen Sie an dem hellen Strich unter dem Symbol ❷.

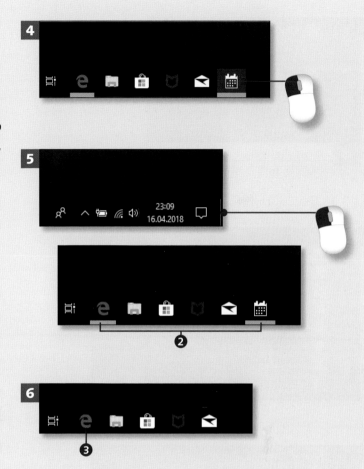

Schritt 6

Um eine App wieder in den Vordergrund zu holen, klicken Sie einmal auf das Symbol in der Taskleiste. Sobald Sie eine App geschlossen haben, verschwindet das Symbol aus der Taskleiste. Nur bei dort angehefteten Apps bleibt das Symbol stehen ❸, nun aber ohne den Strich darunter.

Zwischen Apps mit der Tastatur wechseln

Drücken Sie die Alt -Taste, und halten Sie sie gedrückt. Drücken Sie zusätzlich einmal ⇆ : Windows zeigt alle geöffneten Apps verkleinert in der Bildschirmmitte an. Mit jedem Drücken der ⇆ -Taste wird zwischen den Apps hin- und hergewechselt. Ist Windows bei der gewünschten App angelangt – sie ist von einem weißen Rahmen umgeben –, lassen Sie Alt los.

Programme im Startmenü und Taskleiste anzeigen

Windows wird auf Ihrem Notebook mit einer Auswahl an Apps und Programmen installiert. Einige davon sehen Sie in der Taskleiste und im Startmenü, aber es gibt noch mehr Anwendungen.

Schritt 1

Um alle installierten Anwendungen zu sehen, rufen Sie das Startmenü auf. Klicken Sie dazu auf das Windows-Logo, oder drücken Sie die Taste ⊞. In der zweiten Spalte von links sehen Sie die Liste der installierten Apps und Programme in alphabetischer Reihenfolge.

Schritt 2

Scrollen Sie nach unten, um alle Apps zu sehen. Ist ein kleiner Pfeil ❶ neben einem Eintrag zu sehen, gibt es unter dem Oberbegriff mehrere Apps oder Programmteile.

Schritt 3

Um eine Anwendung als Kachel an den rechten Teil des Startmenüs anzuheften, klicken Sie mit der *rechten* Maustaste auf den Namen. Im Beispiel ist das Schreibprogramm *WordPad* in der Gruppe **Windows-Zubehör** markiert.

Schritt 4

Nach dem Rechtsklick erscheint wieder ein Kontextmenü, klicken Sie hier auf **An "Start" anheften**.

Schritt 5

Windows erstellt eine Kachel und sortiert sie rechts im Startmenü an der ersten freien Stelle ein ❷. Möchten Sie die Kachel an einer anderen Stelle platzieren, ziehen Sie sie mit gedrückter Maustaste an die Stelle. Die anderen Kacheln machen Platz (siehe auch den Abschnitt »Mit der Maus arbeiten« auf Seite 38).

Schritt 6

Auch an die Taskleiste lassen sich Apps und Programme heften. Klicken Sie in der App-Liste wieder mit der rechten Maustaste auf den App- oder Programmnamen. Im Kontextmenü klicken Sie auf **Mehr ▸ An Taskleiste anheften**.

Symbole auf den Desktop legen
Auch über den Desktop haben Sie schnellen Zugriff auf Ihre Programme und Apps. Rufen Sie den Desktop auf (⊞ + Ⓜ). Öffnen Sie das Startmenü. Um ein Symbol auf den Desktop zu legen, ziehen Sie es aus der App-Liste mit gedrückter Maustaste auf den Desktop. Lassen Sie die Maustaste los, wenn sich das Symbol außerhalb des Startmenüs befindet.

Mit Fenstern umgehen

Apps und Programme werden in Fenstern geöffnet. Daher kommt der Name Windows (engl. Fenster). Sie können mehrere Fenster gleichzeitig geöffnet haben.

Schritt 1

Wenn Sie ein Programm oder eine App öffnen, wird sie meist nicht bildschirmfüllend angezeigt. Sie sehen das Programmfenster, die Taskleiste am unteren Bildschirmrand und ein Stück vom Desktop. So sehen Sie nicht so viel, wie möglich wäre.

Schritt 2

Um die beste Übersicht zu haben, vergrößern Sie das Fenster. Klicken Sie dazu auf das Quadrat rechts oben. Diese Schaltfläche heißt **Maximieren** und ist in allen Apps und Programmen in der rechten oberen Ecke zu finden.

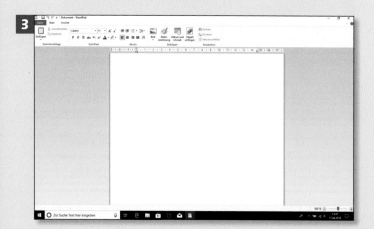

Schritt 3

Das Programm- oder App-Fenster füllt nun bis auf die Taskleiste den ganzen Bildschirm aus. Die Taskleiste ist immer zu sehen.

Schritt 4

Um zum Desktop zu wechseln, ohne die App zu schließen, klicken Sie auf den **Minimieren**-Strich. Das Fenster wird verkleinert und erscheint als Symbol ❶ auf der Taskleiste.

Schritt 5

Je nach Einstellung ist in der Taskleiste nicht nur das Symbol zu sehen, sondern auch der Name ❷ der App oder der darin geöffneten Datei bzw. Internetseite. Auch hier zeigt der schmale Strich darunter an, dass die App geöffnet ist.

Schritt 6

Wenn mehrere Anwendungen (Apps oder Programme) geöffnet sind und eine im Vordergrund maximiert ist, sehen Sie von den anderen nur das Symbol in der Taskleiste. Um zu einer anderen Anwendung zu wechseln, klicken Sie auf deren Symbol in der Taskleiste. Wenn Sie den Mauszeiger über einem Symbol schweben lassen, sehen Sie eine Miniaturansicht.

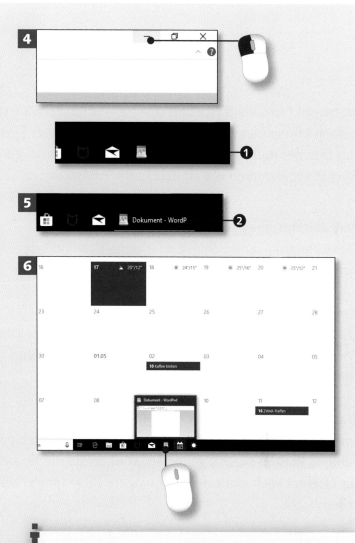

ℹ Fenstergröße ist nicht gleich größere Ansicht

Der Klick auf das Quadrat oben rechts in einem Fenster bewirkt, dass dieses Programmfenster den ganzen Bildschirm ausfüllt. Das bedeutet aber nicht, dass der Fensterinhalt größer dargestellt wird – Sie sehen also mehr, aber nicht vergrößert. Zum Vergrößern nutzen Sie den *Zoom*: Strg drücken und mit dem Mausrad nach oben scrollen. Alternativ drücken Sie gleichzeitig Strg und +.

Kapitel 4
Internet zu Hause und unterwegs

Notebooks und viele PCs sind so ausgestattet, dass sie sich schnell mit dem Internet verbinden können. In diesem Kapitel erfahren Sie, was Sie noch dazu benötigen, und wie Sie das Internet nutzen können. Die Sicherheit ist dabei genauso ein Thema wie der Spaß, den Sie mit Programmen wie Google Earth Pro haben.

Mit dem Internet verbinden
Der Computer kann sich mit oder ohne Kabel mit dem Internet verbinden. Richten Sie die richtige Verbindung für Ihren Computer ein.

Regeln beachten
Das Internet bietet viele Informationen, eine Menge Unterhaltung und unendlich viele Möglichkeiten zum Zeitvertreib. Damit Ihre Daten und Ihr Computer geschützt sind, sollten Sie ein paar grundlegende Regeln beachten.

Das Internet umfangreich nutzen
Im Internet finden Sie Informationen zu den unterschiedlichsten Themen. Mit einer gehörigen Portion Skepsis genossen, können Sie die für sich nutzen. Außerdem können Sie im Internet auch einkaufen und weitere Programme, wie z. B. Google Earth Pro, herunterladen.

① Der Computer und Ihre Zugangs-
daten ermöglichen Ihnen die
Verbindung mit dem Internet.

Ihre Daten schützen Sie mit ver-
antwortungsbewusstem Verhal-
ten im Internet und der Schutz-
App *Defender*.

②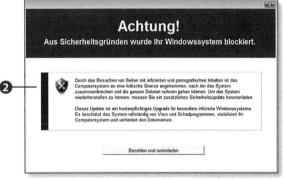

③ Im Internet finden Sie Informationen zu unendlich vielen Themen,
zahlreiche Einkaufsmöglichkeiten
und viele Serviceangebote wie
beispielsweise Google Earth Pro.

Den Computer mit dem WLAN verbinden

Notebooks und die meisten PCs sind so gebaut, dass sie selbst versuchen, eine WLAN-Verbindung herzustellen. Lesen Sie hier, worauf Sie achten sollten.

Schritt 1

Beim ersten Start von Windows wurden Sie gefragt, ob Sie jetzt eine Internetverbindung einrichten möchten. Haben Sie das bereits getan, lesen Sie bitte ab Seite 72 weiter.

Schritt 2

Stellen Sie sicher, dass Sie einen Router haben, der mit dem Internet verbunden und WLAN-fähig ist. Sie erkennen dies an der Option **WLAN ❶** auf dem Router.

Schritt 3

Rufen Sie den Desktop auf. Am unteren rechten Bildschirmrand befindet sich ein Viertelkreis-Symbol ❷. Zeigt der Viertelkreis keine zusätzlichen Symbole, ist eine funktionierende Verbindung hergestellt.

WLAN-Empfänger einschalten

Windows versucht, sich schnell mit dem Internet zu verbinden. Wenn aber am Computer WLAN ausgeschaltet ist, kann das nicht klappen. Klicken Sie also auf den Viertelkreis oder das Flugzeugsymbol unten rechts auf der Taskleiste und dann auf die WLAN-Kachel. Sie muss farbig hinterlegt sein.

Schritt 4

Ist auf dem Viertelkreis ein weißes Kreuz in einem roten Kreis ❸ zu sehen, sind keine Verbindungen verfügbar. Dann ist der Router, die WLAN-Verbindung oder der WLAN-Empfänger am Computer ausgeschaltet (siehe dazu den Kasten auf der linken Seite).

Schritt 5

Sitzt ein Sternchen auf dem Viertelkreis, ist zwar eine Verbindung verfügbar, aber sie wurde nicht hergestellt. Klicken Sie dann auf den Viertelkreis. Windows zeigt Ihnen die möglichen Verbindungen (Netzwerke) an. Wenn mehrere Netzwerke angezeigt werden, suchen Sie Ihres. Der Name steht auch auf der Rück- oder Unterseite Ihres Routers.

Schritt 6

Klicken Sie den Namen an und aktivieren Sie das Kästchen bei **Automatisch verbinden**; das Häkchen ist dann sichtbar. Klicken Sie auf **Verbinden**. Geben Sie in das weiße Textfeld das WLAN-Kennwort ein; es steht in der Regel ebenfalls auf dem Router. Klicken Sie dann auf **Weiter**; die Verbindung wird nun hergestellt.

Auf dem Router steht nicht »WLAN-Name«?
Viele Router bezeichnen den WLAN-Namen nicht so, sondern nennen ihn *SSID* (*Service Set Identifier*).

Den Computer per Kabel verbinden

Steht Ihr Computer in der Nähe des Routers und legen Sie Wert auf eine schnellere und verlässlichere Verbindung als beim WLAN, nutzen Sie ein Kabel, um Computer und Router zu verbinden.

Schritt 1

Stehen Router und Computer nicht weit auseinander, verbinden Sie die Geräte mit einem LAN-Kabel. Schließen Sie das Kabel an den Router an ❶. Das Kabel hat an beiden Seiten typische Stecker, die nur in bestimmte Buchsen am Router und am Computer passen.

Schritt 2

Stecken Sie das andere Ende des Kabels in die Netzwerkbuchse ❷ des Notebooks oder des PCs.

Schritt 3

Im Regelfall müssen Sie dann nichts weiter tun; der PC verbindet sich automatisch. Dass Sie mit dem Router verbunden sind und über ihn mit dem Internet, erkennen Sie am Verbindungssymbol ❸ in der Taskleiste.

WLAN oder LAN: mehr als Buchstabensalat?
WLAN steht für »kabelloses lokales Netzwerk«, LAN für »lokales Netzwerk«. WLAN macht Sie räumlich flexibler; LAN bietet eine verlässlichere und schnellere Verbindung zum Router.

Schritt 4

Sollten Sie doch ein Passwort eingeben müssen, finden Sie es auf der Rückseite des Routers ❹.

Schritt 5

Bei PCs passt der LAN-Kabel-Stecker ❺ direkt in die Buchse (siehe Schritt 2), bei vielen Notebooks ist die Buchse unten mit einer beweglichen Klappe ❻ versehen, die Sie erst vorsichtig nach unten ziehen, um Platz für den Stecker zu schaffen.

Schritt 6

Die sehr dünnen Ultrabooks (siehe den Abschnitt »Welches Gerät für welchen Zweck?« auf Seite 12) haben aus Platzgründen keine Buchse für das Netzwerkkabel. Hier benötigen Sie einen LAN-Adapter ❼, um Computer und Router per Kabel zu verbinden. Der Adapter-Stecker kommt auf Computerseite in eine USB-Buchse.

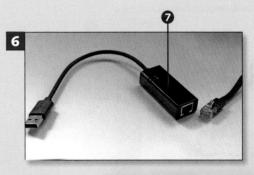

Kein Internet?

Router haben manchmal Aussetzer. Dann bricht die Internetverbindung ab. Schalten Sie den Router in diesem Fall aus, warten Sie 30 Sekunden, und schalten Sie ihn wieder ein.

Sicherheit im Internet

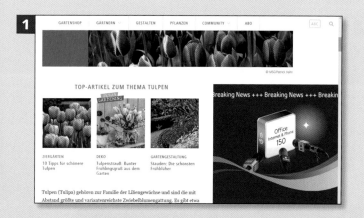

Sicherheit im Internet ist extrem wichtig, damit Ihre Daten und Ihr Computer geschützt sind. Damit sie auch sicher bleiben, sollten Sie sich an einige Verhaltensregeln halten.

Tipp 1

Das Internet ist bunt und manchmal auch laut. Versuchen Sie trotzdem immer, sich auf die Inhalte zu konzentrieren, die Sie wirklich finden wollen. Ignorieren Sie die Werbung.

Tipp 2

Oft erscheinen kleinere Fenster vor der Internetseite. Sie werden *Pop-ups* genannt. Manche sind Werbung, manche bieten Newsletter (Informationsbriefe per E-Mail) an, aber die meisten sind rechtlich nötige *Cookie-Hinweise*. Klicken Sie auf **OK**.

Tipp 3

Werbefenster dagegen sind rechtlich nicht nötig; klicken Sie sie weg. Achten Sie genau darauf, *wo* Sie klicken. Mal gibt es ein Schließkreuz, mal einen Pfeil, mal steht dort **Nein danke** oder **Jetzt nicht**.

»Ich habe doch nichts zu verbergen«
Den »bösen Buben« des Internets geht es auch nicht um genau Ihre Daten, sondern darum, Ihren Computer zu missbrauchen, z. B. als Virenschleuder.

Tipp 4

Achten Sie bei Suchergebnissen immer darauf, ob Sie auch auf der Internetseite landen werden, zu der Sie wollen (siehe dazu den Abschnitt »Mit Google im Internet suchen« auf Seite 86). Klicken Sie nicht einfach das erste Ergebnis an, nur weil dort Ihr Suchbegriff erscheint. Oft sind die ersten Ergebnisse Werbeanzeigen ❶.

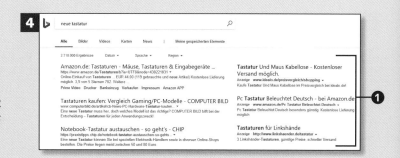

Tipp 5

Dank der Datenschutzgrundverordnung (DSGVO), die seit dem 25. Mai 2018 in Kraft ist, müssen Internetnutzer deutlich weniger Daten angeben, wenn sie z.B. einen Newsletter abonnieren möchten. Auch wenn die Anbieter im Internet nach dem Grundsatz »So wenig Daten wie möglich erheben« handeln müssen, seien Sie selbst auch sparsam mit der Angabe von Name, Adresse und E-Mail-Adresse.

Tipp 6

Klicken Sie alle Pop-up-Fenster weg, die Ihnen erzählen wollen, Ihre Sicherheit wäre bedroht und Sie sollten hier klicken, um den Computer zu schützen. Meldungen, die Sie verunsichern wollen, schaden meistens.

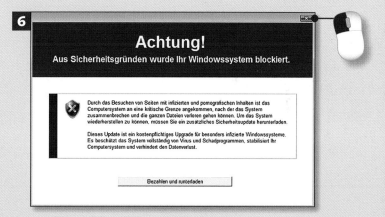

Pop-up-Blocker

Einige Browser haben einen eingebauten Pop-up- und Anzeigenblocker. Sie zeigen unerwünschte Popups erst gar nicht an.

Sicherheit im Internet (Forts.)

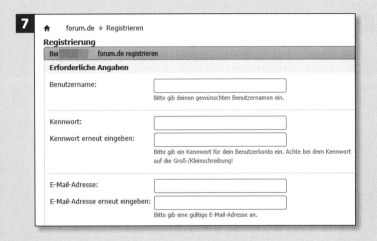

Tipp 7

Im Internet gibt es viele Foren zum Austausch von Erfahrungen und Informationen. Meist müssen Sie sich mit Nutzernamen und E-Mail-Adresse registrieren. Richten Sie sich eine zweite E-Mail-Adresse nur für Foren und Newsletter ein.

Tipp 8

Glauben Sie nicht jede Bewertung und jede Geschichte, die im Internet steht. Besonders bei Restaurant- und Arztbewertungen und bei Krankheitsberichten schreiben oft nur diejenigen, die schlechte Erfahrungen gemacht haben. So entsteht ein schiefes Bild.

Tipp 9

Seien Sie misstrauisch bei angeblichen Mails von Großunternehmen. Bei vielen Mailprogrammen können Sie sich die Absenderadresse anzeigen lassen: Gehen Sie – ohne zu klicken! – mit dem Mauszeiger über den Absendernamen; jetzt wird die Adresse angezeigt. Im Beispiel ist sie schlecht gefälscht: *appel.com* statt *apple.com*.

!

Nicht ohne Virenschutz!

Schon bevor Sie die erste Internetverbindung herstellen, haben Sie ein Schutzpaket an Bord: den *Windows Defender*. Stellen Sie nie ohne Schutz eine Internetverbindung her (siehe den Abschnitt »Die vorinstallierte Schutz-App ›Defender‹« auf Seite 76)!

Tipp 10

Klicken Sie in E-Mails nie auf den *Link*, in dem Sie dann Ihre persönlichen Daten eingeben sollen. In den allermeisten Fällen handelt es sich um *Phishing-Mails*, die nur an Ihre Daten kommen wollen. Wenn Sie mit dem Mauszeiger über solch einen Link gehen (nicht klicken!), sehen Sie am unteren Bildschirmrand das tatsächliche Ziel.

Tipp 11

Benutzen Sie für Ihr E-Mail-Konto und für Seiten wie Amazon sichere Passwörter. Diese haben mehr als zehn Zeichen. Sie enthalten Groß- und Kleinschreibung, Zahlen und Sonderzeichen wie ! oder #. Sie bilden kein sinnvolles Wort. Die Kombination versetzter Buchstaben und Zahlen von Name und Geburtsdatum ist *nicht* sicher!

Tipp 12

Verwenden Sie ein Passwort nur für eine Website, also ein Passwort für Ihr E-Mail-Konto, ein anderes Passwort für Ihr eBay-Konto usw. Wenn ein Hacker ein Passwort herausbekommt, sind die anderen noch geschützt.

! Das kann ich mir nie merken!

Sie können ein Passwort auch so gestalten: Sagen Sie sich einen Satz, den Sie sich gut merken können, und nehmen Sie nur den zweiten Buchstaben jedes Wortes. »Ein« ersetzen Sie durch die Ziffer »1« usw. Schreiben Sie sich das Passwort auf, aber legen Sie den Zettel nicht offen neben den Computer.

Die vorinstallierte Schutz-App »Defender«

Eine Antiviren-App sollte Trojaner und Ransomware fernhalten und vor Viren schützen. All das bietet der Windows Defender.

Schritt 1

Rufen Sie den Defender über das Startmenü auf. Tippen Sie »def« ein; in der App-Auswahl oben klicken Sie auf **Windows Defender Security Center**.

Schritt 2

Die Startansicht des Defenders zeigt Ihnen auf einen Blick, ob Ihr Computer sicher ist und ob der Defender richtig arbeitet. Grün bedeutet »alles in Ordnung«. Klicken Sie in der Leiste links auf **Viren- & Bedrohungsschutz**.

Schritt 3

Im Hauptbereich rechts sehen Sie die Ergebnisse der letzten Untersuchung. Um eine neue zu starten, klicken Sie auf **Neue erweiterte Überprüfung ausführen ❶**. Eine vollständige Systemuntersuchung dauert lange, ist aber gründlicher. Mindestens einmal wöchentlich sollten Sie den Computer vollständig ❷ untersuchen lassen. Klicken Sie auf **Jetzt überprüfen**.

Schritt 4

Das Defender-Fenster zeigt den Untersuchungsfortschritt an ❸. Es meldet auch erkannte Bedrohungen. Lassen Sie den Computer während der Untersuchung an. Sie können in dieser Zeit an anderen Dingen arbeiten.

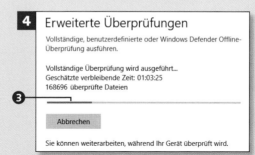

Schritt 5

Nach Abschluss der Untersuchung erhalten Sie einen kurzen Bericht ❹. Im Fall einer Bedrohung teilt der Defender Ihnen mit, was er unternommen hat und was Sie tun sollten.

Schritt 6

Der Windows Defender schützt gut, wenn er aktuell ist. Im Bereich **Viren- & Bedrohungsschutz** ❺ wird das Datum der letzten Aktualisierung ❻ angegeben. Um auf Aktualisierungen zu prüfen, klicken Sie auf **Updates für Viren- & Bedrohungsschutz ▸ Nach Updates suchen**.

Defender ist nicht aktiv?

Auf Ihrem Computer wurde evtl. eine Testversion eines anderen Virenschutzprogramms installiert. Der Defender erkennt das und schaltet sich deshalb nicht ein. Sie können die Testversion, die meist nach einem Monat zum Kauf des Programms aufruft, deinstallieren und den Defender aktivieren. Zum Aktivieren setzen Sie im Defender-Fenster (auf dem Reiter **Einstellungen**) das entsprechende Häkchen.

Im Internet surfen mit Microsoft Edge

Windows hat von Beginn an Microsoft Edge an Bord. Lesen Sie hier, wie Sie damit im Internet »surfen«.

Schritt 1

Öffnen Sie vom Desktop aus *Microsoft Edge*, indem Sie in der Taskleiste unten auf das blaue Programmsymbol klicken.

Schritt 2

Edge bietet eine Menge Fotos und Meldungen verschiedener Herkunft an, aber jetzt wollen Sie ja selbst aktiv werden. Dazu steht Ihnen das Eingabefeld zur Verfügung, die *Adressleiste* ❶. Maximieren Sie das Fenster, falls es nicht sowieso schon bildschirmfüllend angezeigt wird. Klicken Sie dazu ganz oben rechts auf das Quadrat.

Schritt 3

Zum Suchen geben Sie oben in die Adressleiste – ein kombiniertes *Such- und Adressfeld* – einen Suchbegriff ein. Klicken Sie dazu einmal in die Adressleiste auf den Text **Webadresse suchen oder eingeben**. Sobald Sie tippen, verschwindet dieser Text.

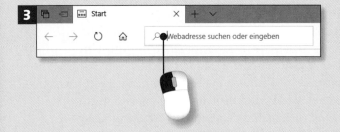

Schritt 4

Mit dem Tippen erhalten Sie gleichzeitig erste *Suchvorschläge* (siehe dazu den Kasten auf dieser Seite). Tippen Sie ruhig den ganzen Suchbegriff ein, auch wenn er aus mehreren Wörtern besteht. Drücken Sie dann ⏎.

Schritt 5

Jetzt erhalten Sie die *Suchergebnisse* in einer langen Liste. Diese sind noch *nicht* die eigentlichen Internetseiten, sozusagen Ihr Ziel. Suchergebnis heißt noch nicht Zielseite!

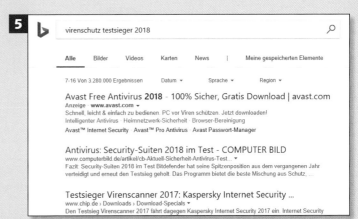

Schritt 6

Zur Internetseite (Ihrer Zielseite) kommen Sie, indem Sie auf den blauen Text – den *Link* – klicken. Jede Internetseite hat eine genaue Adresse, und der Link führt zu dieser Adresse. Wenn Sie den Mauszeiger über einen blauen Link führen, verwandelt er sich in eine Hand. Klicken Sie ein Suchergebnis an.

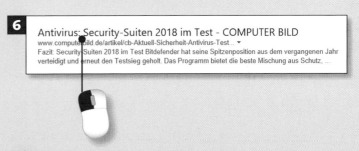

Selbst tippen oder Suchvorschlag anklicken?

Entweder geben Sie ein paar Buchstaben des Suchbegriffs ein und klicken dann auf einen der Suchvorschläge, oder Sie tippen den ganzen Suchbegriff ein und drücken dann ⏎. In beiden Fällen kommen Sie zu den Suchergebnissen. Suchvorschläge können aber auch von Ihrer eigenen Suche ablenken, hier hat das Eintippen des ganzen Suchbegriffs Vorteile.

Im Internet surfen mit Microsoft Edge (Forts.)

Schritt 7

Microsoft Edge öffnet die Internetseite. Im Beispiel ist es ein Artikel über verschiedene Virenschutzprogramme. Innerhalb von Internetseiten gibt es zahlreiche Möglichkeiten, weiter zu klicken, *sich durchzuklicken*. Im Beispiel stehen Ihnen oben ein Menü mit Oberbegriffen ❷ zur Verfügung.

Schritt 8

Möchten Sie zurück zur vorherigen Seite, klicken Sie oben links auf den Pfeil nach links.

Schritt 9

Sie wollen noch etwas anderes anschauen, aber die gerade geöffnete Internetseite dafür nicht schließen? Kein Problem, öffnen Sie einfach noch einen *Tab* (eine *Registerkarte*). Klicken Sie dazu auf das Plus neben dem ersten Tab. Auch die Tastenkombination ⌗Strg⌗ + ⌗T⌗ öffnet einen neuen Tab.

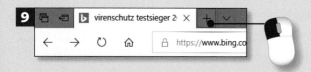

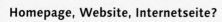

Homepage, Website, Internetseite?

Eine *Internetseite* ist Teil einer *Website*. Jede Internetseite hat eine Internetadresse (*URL*). Eine *Website* (nicht Webseite!) ist der gesamte Internetauftritt. Die Website besteht aus mehreren (Internet-)Seiten. Die *Homepage* ist eigentlich nur die Startseite eines Internetauftritts, wird aber oft als Oberbegriff für die gesamte Website verwendet.

Schritt 10

Auch hier sehen Sie die Adressleiste. Wenn Sie die Adresse einer Website kennen, die Sie aufrufen möchten, tippen Sie die Adresse dort ein. Im Beispiel wird »www.rheinwerk-verlag.de« eingegeben. Das Symbol vor der Adresse ist jetzt eine Weltkugel ❸; d.h. nach einem Klick auf den Link landen Sie direkt auf der Internetseite und nicht erst bei den Suchergebnissen.

Schritt 11

Zum Aufrufen der Seite klicken Sie auf den blau unterlegten Websitenamen oder drücken ⏎.

Schritt 12

Zum Beenden von Microsoft Edge klicken Sie oben rechts auf das Schließkreuz ❹; das Programm wird geschlossen. Haben Sie mehrere Tabs geöffnet, fragt Edge nach, ob alle geschlossen werden sollen; bestätigen Sie das mit einem Klick auf **Alle schließen**.

ℹ Suchbegriff

Ein Suchbegriff kann aus einem oder mehreren Wörtern, einer Frage oder einem Satz bestehen. Je genauer der Suchbegriff ist, desto mehr passende Ergebnisse werden Ihnen angezeigt.

Einen anderen Browser nutzen: Firefox

Falls Microsoft Edge mal hakt, ist es gut, einen anderen Browser auf dem Computer zu haben, mit dem Sie ins Internet gehen können. Wir stellen Ihnen hier Mozilla Firefox vor.

Schritt 1

Installieren Sie Firefox, wie im Abschnitt »Programme aus dem Internet herunterladen« auf Seite 96 beschrieben. Klicken Sie doppelt auf die orange-blaue Verknüpfung von Firefox auf Ihrem Desktop.

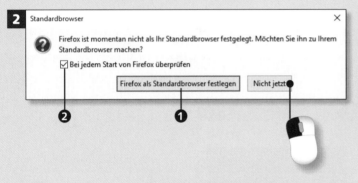

Schritt 2

Firefox fragt nach, ob Sie künftig immer mit Firefox im Internet surfen möchten. Wenn ja, klicken Sie auf **Firefox als Standardbrowser festlegen** ❶. Soll Microsoft Edge weiter Ihr Browser sein, entfernen Sie das Häkchen neben **Bei jedem Start von Firefox überprüfen** ❷ mit einem Klick und wählen dann **Nicht jetzt**.

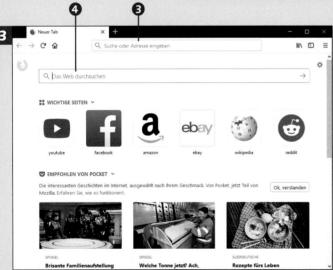

Schritt 3

In Firefox können Sie Ihren Suchbegriff an zwei Stellen eingeben: oben in der Adressleiste ❸ oder im Suchfeld in der Bildschirmmitte ❹. Tippen Sie einen Begriff ein, z. B. »Wikipedia« (das große Online-Lexikon).

Schritt 4

Auch bei Firefox erhalten Sie bereits während der Eingabe Suchvorschläge. Klicken Sie entweder auf einen Suchvorschlag, oder geben Sie Ihren Suchbegriff selbst ein. Drücken Sie dann ⏎ , oder klicken Sie auf den Pfeil ❺ rechts am Suchfeld.

Schritt 5

Möchten Sie direkt eine Internetseite aufrufen und haben ihre genaue Adresse, tippen Sie sie oben in die Adressleiste ein. Das funktioniert auch, wenn Sie noch eine andere Seite geöffnet haben. Firefox bietet Ihnen bereits während der Eingabe an, die Internetseite zu öffnen ❻.

Schritt 6

Einen neuen Tab öffnen Sie wie in Edge: Klicken Sie auf das Pluszeichen ❼ neben dem aktiven Tab. Firefox zeigt Ihnen »wichtige Seiten« ❽ als Kacheln an. Ein Klick auf die entsprechende Kachel öffnet die Internetseite. Zum Schließen eines Tabs klicken Sie auf dessen Schließkreuz.

Groß oder klein?

Bei der Suche im Internet ist es egal, ob Sie den Suchbegriff groß- oder kleinschreiben. Wenn es Ihnen lieber ist, können Sie also ruhig alle Suchbegriffe in Kleinbuchstaben eintippen.

Die Internet-Startseite ändern

Zurück zu Microsoft Edge: Der Browser öffnet nach dem Start die Microsoft-Seite. Sie können aber auch eine andere Seite als Startseite festlegen, z. B. den Suchanbieter Google.

Schritt 1

Ersetzen Sie die wuselige Internet-Startseite in Microsoft Edge. Damit Ihnen künftig immer als Erstes die Google-Startseite mit dem großen Suchfeld angezeigt wird, klicken Sie oben rechts auf die drei Punkte; sie stehen für das Menü **Einstellungen und mehr**. Im Menü klicken Sie unten auf **Einstellungen**.

Schritt 2

Klicken Sie auf den Pfeil am Feld **Microsoft Edge öffnen mit** und wählen Sie **Bestimmte Seiten** aus dem Menü.

Schritt 3

Klicken Sie in das Feld mit dem Text **URL eingeben** und tippen Sie die Adresse »www.google.de« ein.

Gibt es auch andere Suchmaschinen?

Google ist eine Suchmaschine: Sie durchkämmt das Internet nach Ihren Suchbegriffen. Das machen auch andere Suchmaschinen, z. B. DuckDuckGo, Metager oder Qwandt, diese sammeln jedoch alle weniger persönliche Daten als Google. Den größten Suchkomfort bietet zugegebenermaßen dennoch Google. dann auf **Einstellungen ▸ Erweiterte Einstellungen anzeigen**. Eine neue Liste öffnet sich; hier klicken Sie bei **In Adressleiste suchen mit Bing** auf **Ändern**. Klicken Sie dann auf **Google-Suche (erkannt) ▸ Als Standard**.

Schritt 4

Jetzt klicken Sie auf das **Speichern**-Symbol. Schließen Sie Edge, indem Sie oben rechts auf das Schließkreuz ❶ klicken.

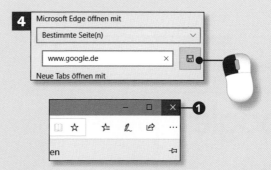

Schritt 5

Öffnen Sie Edge wieder, z. B. durch einen Klick auf das Symbol in der Taskleiste. Die Google-Startseite wird geöffnet. Nach dem ersten Start können Sie die Datenschutzbestimmungen annehmen; klicken Sie auf **Jetzt ansehen** und unten auf **Ich stimme zu**. Damit Edge wirklich immer mit Google sucht, führen Sie die im Kasten auf dieser Seite beschriebenen Schritte aus.

Schritt 6

Rechts sehen Sie hin und wieder den Hinweis auf Google Chrome; klicken Sie auf **Nein danke**. Wichtig: Auch wenn rechts immer **Anmelden** ❷ steht – Sie müssen sich *nicht* bei Google anmelden!

Lieber Google als Standard

Damit Microsoft Edge nach der Eingabe eines Begriffs in der Adressleiste nicht immer auf Bing umspringt, legen Sie Google als Standard fest. Klicken Sie auf das Menü **Einstellungen und mehr** (siehe Schritt 1), dann auf **Einstellungen ▸ Erweiterte Einstellungen anzeigen**. Eine neue Liste öffnet sich; hier klicken Sie bei **In Adressleiste suchen mit Bing** auf **Ändern**. Klicken Sie dann auf **Google-Suche (erkannt) ▸ Als Standard**.

Mit Google im Internet suchen

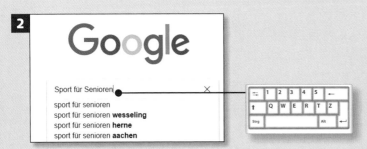

Damit Sie im Internet finden, was Sie suchen, und nicht auf unpassenden Seiten landen, finden Sie hier einige Tipps für die Suche.

Schritt 1

Suchbegriffe schreibt man in Google entweder in das große Suchfeld oder oben in die Such- und Adressleiste ❶. Klicken Sie also in die Leiste oder das Suchfeld, und tippen Sie Ihren Suchbegriff. Sobald Sie etwas eintippen, verschwindet der Eintrag *https://www.google.de/...*

Schritt 2

Findet sich Ihr Suchbegriff nicht unter den ersten Vorschlägen, tippen Sie ihn ganz ein. Er kann auch aus mehreren Wörtern bestehen. Drücken Sie zum Start der Suche ⏎.

Schritt 3

Gab es zu Ihrem Suchbegriff viele Treffer, werden je elf untereinander angezeigt. Scrollen Sie, um auch die Ergebnisse weiter unten zu sehen. Alternativ ziehen Sie den *Scrollbalken* auf der *Bildlaufleiste* nach unten. Auch die Tastatur kann hier helfen: Drücken Sie die Leertaste.

Auf gut Glück?

Google bietet die Möglichkeit an, **Auf gut Glück!** zu suchen. Wenn Sie nach der Eingabe Ihres Suchbegriffs auf diese Option klicken, öffnet Google nicht erst die Liste der Suchergebnisse, sondern direkt eine (evtl.) passende Internetseite.

Schritt 4

Alle über die ersten elf hinausgehenden Treffer werden auf den folgenden Ergebnisseiten angezeigt. Klicken Sie unten auf die nächste Seitenzahl oder auf **Weiter ❷**.

Schritt 5

Schauen Sie sich nun die Suchergebnisse genauer an: Den blauen Link kennen Sie schon; damit gelangen Sie zur gewünschten Internetseite. Wenn Sie einen Link schon einmal angeklickt haben, wird er in Lila angezeigt ❸.

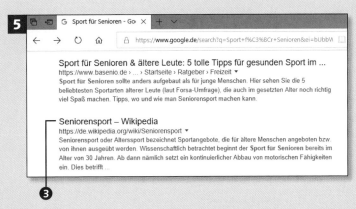

Schritt 6

Unter dem Link steht jeweils eine grün geschriebene Zeile ❹. Sie lässt sich nicht anklicken, enthält aber wichtige Informationen: Sie gibt die Internetadresse an, auf der Sie beim Klick auf die blaue Zeile landen werden. Lesen Sie immer, was dort steht, und klicken Sie nur auf den blauen Link, wenn Ihnen die grüne Adresse seriös und passend erscheint.

Mit Google im Internet suchen (Forts.)

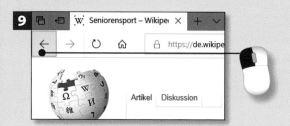

Schritt 7

Der schwarz geschriebene Teil der Ergebnisse ist der *Vorschautext* ❺. Er zeigt eine kurze Beschreibung der Internetseite, die Ihnen auch bei der Auswahl hilft. Lesen Sie ihn durch, um unpassende Seiten gar nicht erst anzuklicken.

Schritt 8

Klicken Sie auf das Suchergebnis, das Ihnen am passendsten erscheint. Der Inhalt der Internetseite ändert sich; Sie sehen die eigentliche Internetseite und nicht mehr die Suchergebnisliste.

Schritt 9

Um zu den Suchergebnissen zurückzukehren, klicken Sie links oben auf den Pfeil zum Zurückblättern. Je nachdem, wie viele Seiten Sie in der Zwischenzeit angeklickt haben, müssen Sie mehrmals klicken.

Ich habe mich vertippt!

Suchmaschinen wie Google oder Bing sind in der Lage, Suchbegriffe auch mit Tippfehlern richtig zu erkennen und Ihnen passende Suchergebnisse zu präsentieren. Genau auf Ihre Eingabe achten sollten Sie aber bei Internetadressen: Es besteht ein deutlicher Unterschied z. B. zwischen *www.google.de* und *www.gogel.de*!

Schritt 10

Zum Start einer neuen Suche klicken Sie oben in die Adressleiste. Der Text dort wird blau hinterlegt (markiert), Sie können ihn einfach mit Ihrem Suchbegriff überschreiben. Sie brauchen also *nicht* Microsoft Edge bzw. Firefox zu schließen und neu zu öffnen, wenn Sie etwas anderes suchen möchten.

Schritt 11

Damit nur Bilder zu einem bestimmten Begriff angezeigt werden, geben Sie erst Ihren Suchbegriff ein ➏. Wenn Google Bilder findet, blendet es diese direkt ein. Klicken Sie auf **Mehr Bilder** ➐. Andernfalls klicken Sie auf das Wort **Bilder** direkt unter dem Suchfeld; schon werden die Textergebnisse durch Bilder ersetzt. Auch sie führen zu Internetseiten: erst auf das Bild, dann auf **Besuchen** klicken.

Schritt 12

Das Google-Logo kann sich übrigens ändern: Zu besonderen Anlässen wird es angepasst, z. B. an Feiertagen oder Geburtstagen berühmter Künstler. In den Beispielen wurden der Tag der Erde 2018 mit einem Filmchen und die Deutsche Einheit mit einem Bild (»Doodle«) gewürdigt.

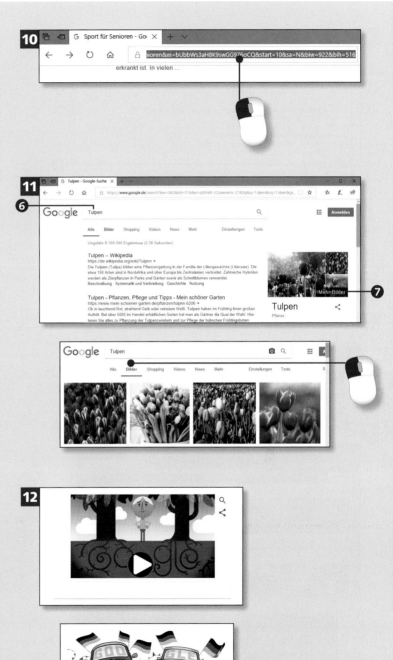

Nachrichten im Internet lesen

Das Internet bietet Unmengen an Informationen, darunter natürlich auch von Nachrichtenseiten und Nachrichtensendungen.

Schritt 1

Nachrichten, z. B. von *FAZ.NET* oder *ARD.de*, rufen Sie über das Internet auf. Starten Sie Edge mit einem Klick auf das Symbol in der Taskleiste. Geben Sie als Suchbegriff z. B. »ard« ein und drücken Sie ⏎ – Sie können natürlich auch die Lokalzeitung, Illustrierte, Magazine usw. suchen.

Schritt 2

Klicken Sie auf **ARD Startseite ❶**. Die ARD-Hauptseite wird geöffnet. Möchten Sie die Nachrichten sehen, klicken Sie oben in der Menüleiste auf **Nachrichten**.

Schritt 3

Hier können Sie eine Nachrichtensendung anklicken; sie wird sofort abgespielt. Sie können das Video anhalten, wenn Sie mit dem Mauszeiger über den unteren Rand des Videos fahren und hier auf das Pausenzeichen ❷ klicken.

Schritt 4

Zum Fortsetzen des Videos klicken Sie auf den Pfeil. Je nach Internetverbindung läuft das Video ohne oder mit Ruckeln und kleinen Aussetzern. Zur Übersichtsseite der Nachrichten kommen Sie zurück, wenn Sie oben links auf den Pfeil nach links ❸ klicken.

Schritt 5

Weiter unten auf der Nachrichtenseite finden Sie auch Artikel zu aktuellen Themen. Bei allen Artikeln steht **mehr**. Klicken Sie darauf, wird der ausführliche Text geöffnet.

Schritt 6

In den *Mediatheken* der Fernsehsender können Sie Sendungen in der Regel bis zu einer Woche nach Sendetermin »nachschauen«. Rufen Sie die Mediathek ❹ über die Menüleiste oben auf. Wählen Sie die Sendung entweder über **Sendung verpasst?** aus, oder geben Sie oben rechts in das Suchfeld ❺ den Namen ein. Klicken Sie die Sendereihe bzw. die Sendung an.

> ℹ️ **Alles kostenlos?**
>
> Die meisten Tageszeitungen bieten einen Teil ihrer Artikel kostenlos im Internet an. Wer aber die ganze Zeitung online lesen möchte, muss oft ein kostenpflichtiges Abonnement abschließen.

Adressen mit Google Maps suchen

Schnell eine Wegbeschreibung erhalten – mit Google Maps kein Problem.

Schritt 1

Rufen Sie *Microsoft Edge* auf. Wenn Sie Google als Startseite eingerichtet haben (siehe dazu den Abschnitt »Mit Google im Internet suchen« auf Seite 86), sehen Sie rechts oben einen kleinen Würfel ❶. Klicken Sie darauf und im erscheinenden Menü auf **Maps**.

Schritt 2

Wenn Google nicht Ihre Startseite ist, geben Sie in die Suchleiste »google maps« ein. Klicken Sie bei den Suchergebnissen auf **Google Maps** mit der Adresse *https://maps.google.de*. Die Google-Maps-Seite wird geöffnet.

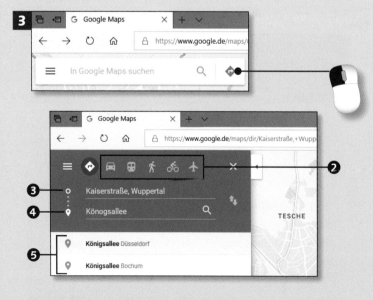

Schritt 3

Klicken Sie auf **Routenplaner**. Wählen Sie das Verkehrsmittel ❷ (Auto, ÖPNV, zu Fuß usw.). In die beiden Eingabefelder geben Sie den Startort ❸ und den Zielort ❹ ein. Maps ergänzt Ihre Eingabe und korrigiert auch Tippfehler ❺. Drücken Sie ⏎.

Schritt 4

Die Route wird im rechten größeren Fensterteil auf der Karte angezeigt. Wenn es mehrere Möglichkeiten gibt, zeigt Ihnen Google diese Routenvorschläge in der linken Spalte an. Die jeweils links angeklickte Variante wird auf der Karte durch eine blaue Linie gekennzeichnet.

Schritt 5

Klicken Sie auf **Details** und dann auf die Pfeile ❻. Google Maps zeigt die detaillierte Streckenbeschreibung, unterteilt in Abschnitte, an.

Schritt 6

Um mehr Details auf der Karte zu sehen, halten Sie den Mauszeiger über die Karte und scrollen nach oben. So zoomen Sie in die Karte hinein und sehen einzelne Straßen. Zum Ausdrucken klicken Sie auf das **Drucken**-Symbol ❼.

✚ Restaurants und Hotels suchen

Statt eines Straßennamens können Sie auch einen Hotel- oder Restaurantnamen und den Ort eingeben. Google Maps schlägt Ihnen passende Lokalitäten vor. Klicken Sie das gewünschte Lokal an und geben Sie Ihren Startort ein.

Lesezeichen setzen

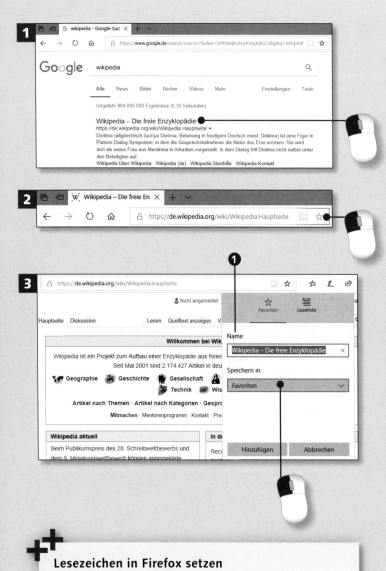

Mit Edge und Firefox können Sie Lesezeichen (Favoriten) setzen. Sie sparen sich so die erneute Google-Suche bei Seiten, die Sie oft besuchen.

Schritt 1

Öffnen Sie *Edge* und rufen Sie die Internetseite auf, die Sie häufiger nutzen möchten. Im Beispiel wird Wikipedia, das große Online-Lexikon, aufgerufen.

Schritt 2

Klicken Sie auf den kleinen Stern rechts in der Such- und Adressleiste. Diese Stern-Schaltfläche heißt **Zu Favoriten oder Leseliste hinzufügen**.

Schritt 3

Im nächsten kleinen Fenster sehen Sie den Namen **1**, unter dem diese Seite gespeichert wird. Klicken Sie darunter auf das Feld **Favoriten**.

Lesezeichen in Firefox setzen

Öffnen Sie Firefox und rufen Sie die gewünschte Internetseite auf. Klicken Sie rechts in der Such- und Adressleiste auf den Stern. Dann klicken Sie neben **Weitere Lesezeichen** auf den äußeren Pfeil rechts und in der Liste auf **Lesezeichen-Symbolleiste**. Auch hier stehen Ihnen die Lesezeichen jederzeit zur Verfügung.

Schritt 4

Klicken Sie auf **Favoritenleiste** ❷ und dann auf **Hinzufügen**. Das Lesezeichen wird auf der Favoritenleiste gespeichert.

Schritt 5

Jetzt blenden Sie noch die Favoritenleiste ein, damit Sie die Favoriten jederzeit aufrufen können. Klicken Sie dazu rechts oben auf die drei Punkte und dann auf **Einstellungen**.

Schritt 6

Im Abschnitt **Favoritenleiste** klicken Sie auf die Schaltfläche **Aus**, sodass der Schalter auf **Ein** springt. Klicken Sie auf die Favoritenleiste: Dort sehen Sie jetzt die hinzugefügte Internetadresse. Egal, wo im Internet Sie künftig sind, per Klick auf einen Favoriten wird die Seite sofort geöffnet. Der gelbe Stern ❸ zeigt an, dass die Seite als Favorit gespeichert ist.

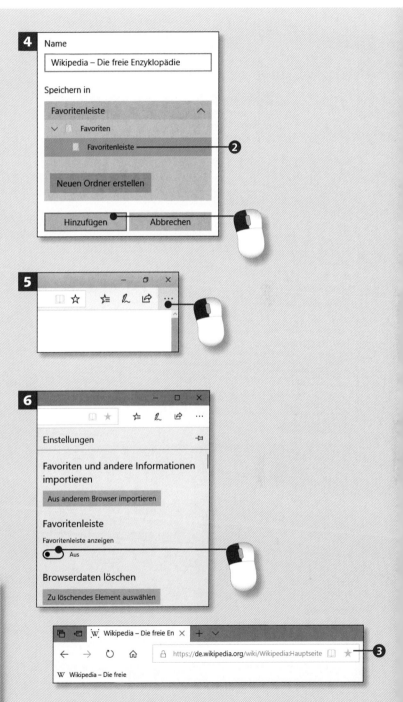

✚ Wie finde ich Lesezeichen?

Haben Sie ein Lesezeichen nicht auf der Favoritenleiste, sondern unter **Favoriten** gespeichert, rufen Sie es so auf: Klicken Sie auf die drei Punkte oben rechts und dann auf **Favoriten**. Ein Klick auf den gewünschten Favoriten öffnet die dazugehörende Internetseite.

Programme aus dem Internet herunterladen

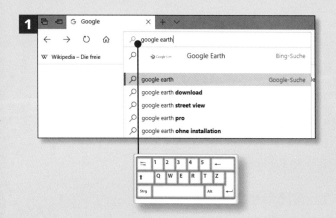

Ihr Computer hat zwar schon einige Programme an Bord, aber viele nützliche Programme lassen sich auch aus dem Internet herunterladen.

Schritt 1

Ein nützliches Programm ist Google Earth Pro, das Sie im Abschnitt »Mit Google Earth Pro die Welt entdecken« auf Seite 98 noch genauer kennenlernen. Geben Sie in Microsoft Edge als Suchbegriff »Google Earth Pro« ein.

Schritt 2

Klicken Sie *nur* auf das Suchergebnis mit der offiziellen Google-Adresse *https://google.de/earth/download/ gep/agree.html*. Wenn sich die Seite öffnet, sehen Sie die Nutzungsbedingungen. Klicken Sie auf **Zustimmen und herunterladen**.

Schritt 3

Am unteren Rand des Edge-Fensters klicken Sie auf **Ausführen**. Die folgende Sicherheitsabfrage, »Möchten Sie zulassen, dass durch diese App Änderungen an Ihrem Gerät vorgenommen werden?«, beantworten Sie mit **Ja**.

Schritt 4

Edge informiert Sie über den Down-
load-Fortschritt und über die Installation.

Schritt 5

Google Earth Pro wird gestartet.
Maximieren Sie das Fenster, um
mehr sehen zu können. Dazu klicken
Sie auf das Rechteck oben rechts.

Schritt 6

Sie sehen ein kleineres Fenster mit
Tipps von Google Earth Pro im
Vordergrund. Um nicht bei jedem
Öffnen Tipps zu erhalten, entfernen
Sie das Häkchen ❶ und schließen
das kleine Fenster. Machen Sie mit
dem nächsten Abschnitt weiter, oder
klicken Sie auf das Schließkreuz ❷
oben rechts.

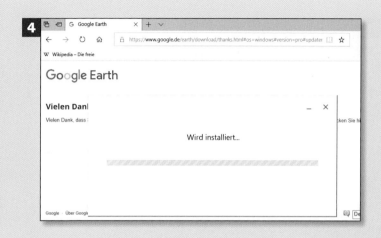

Firefox herunterladen

Installieren Sie als zweiten Internetbrowser Mozilla Firefox. Dazu
geben Sie in Microsoft Edge in die
Adressleiste »www.mozilla.org/
de/firefox« ein. Klicken Sie auf
Jetzt herunterladen. Am unteren
Bildschirmrand klicken Sie auf
Ausführen. Bestätigen Sie dann,
dass Sie Mozilla Firefox installieren
wollen.

Mit Google Earth Pro die Welt entdecken

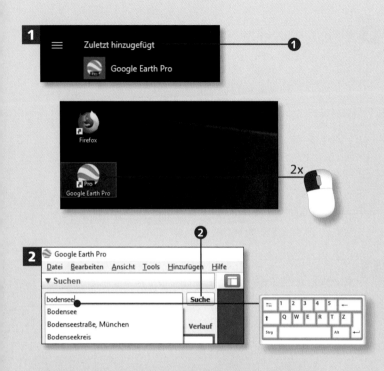

Google Earth Pro ist ein Programm, mit dem Sie sich jeden Ort der Welt, der per Satelliten- oder Überflugfoto erfasst wurde, von oben anschauen können. Es bietet aber keine tagesaktuellen Bilder.

Schritt 1

Falls noch nicht geschehen, öffnen Sie *Google Earth Pro* über das Startmenü. Sie finden die App links unter **Zuletzt hinzugefügt** ❶. Auch ein Doppelklick auf das neue Symbol auf dem Desktop öffnet Google Earth Pro. Maximieren Sie das Fenster.

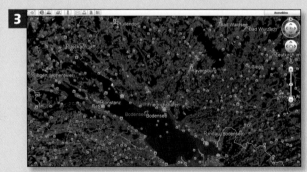

Schritt 2

Geben Sie im Suchfeld einen Ort oder eine Region (z. B. »Bodensee«) ein. Google Earth Pro schlägt Ihnen daraufhin Ergebnisse vor; klicken Sie, wenn der gewünschte Ort dabei ist, darauf. Sie können auch den Namen eines Hotels oder eines Restaurants eingeben. Klicken Sie dann auf **Suche** ❷.

✚ Eine gute Verbindung ins www

Das *World Wide Web* (www), das Internet also, ermöglicht Ihnen, mit Google Earth Pro auf Reisen zu gehen. Aber Sie benötigen eine schnelle Internetverbindung, sonst sehen Sie nur unscharfe Flächen. Auch ein kleiner Arbeitsspeicher trübt das Vergnügen.

Schritt 3

Google Earth Pro zoomt nun: Ausgehend von der ganzen Erdkugel wird das Bild immer detailreicher, bis der Ort oder die Region zu sehen ist.

Schritt 4

Um mehr Details zu sehen, führen Sie den Mauszeiger über das Satellitenbild und drehen das Mausrad von sich weg. Sie erreichen den gleichen Effekt, wenn Sie auf das Plus auf der Schiebeleiste klicken ❸. Je nach Ort sehen Sie auf dem Bild außerdem kleine Rechtecke; sie stehen für weitere Fotos. Sie können ihre Anzeige ausschalten, indem Sie links bei **Ebenen** in das Kästchen vor **Fotos** klicken.

Schritt 5

So lang das Bild scharf bleibt, können Sie sich dem Boden nähern. Um weiter rechts, links usw. zu schauen, drücken Sie die Pfeiltasten Ihrer Tastatur in die entsprechende Richtung. Sie können auch auf den entsprechenden Pfeil im Kreis mit der kleinen Hand klicken oder das Bild mit gedrückter linker Maustaste ziehen.

Schritt 6

Greifen Sie den Ring im oberen großen Kreis, indem Sie die Maustaste gedrückt halten, und ziehen Sie ihn am Kreis entlang: So erhalten Sie einen 360-Grad-Rundumblick.

Wie aktuell sind die Bilder?

Das Aufnahmedatum steht mittig am unteren Rand der Aufnahme; evtl. müssen Sie zunächst den Reiseführer (die Fotos am unteren Rand) einklappen. Dazu klicken Sie einfach auf das Wort **Reiseführer** ❹ direkt oberhalb der Fotos.

Das Surfen noch komfortabler machen

Das Internet ist voller Informationen, Unterhaltung und auch Ablenkung. Machen Sie sich die Informationen zunutze und passen Sie die Schriftgröße so an, dass Sie alles gut lesen können.

Schritt 1

Rufen Sie *Microsoft Edge* auf. Geben Sie einen Suchbegriff ein, z. B. das aktuelle Fernsehprogramm oder ein Rezept. Im Beispiel suchen wir einen Wanderweg im Sauerland.

Schritt 2

Schauen Sie sich die Kurzbeschreibungen an (siehe den Abschnitt »Mit Google im Internet suchen« auf Seite 86). Ist Ihnen der Text zu klein? Das ist schnell geändert: Klicken Sie rechts oben auf die drei Punkte ❶; bei **Zoom** klicken Sie einmal auf das Pluszeichen. Der Text wird jetzt deutlich größer dargestellt.

Schritt 3

Wählen Sie nun die Internetseite aus, die Sie öffnen möchten. Klicken Sie dazu auf den blauen Link. Edge öffnet die Seite. Der Text wird hier ebenfalls vergrößert angezeigt.

Zoomen geht auch mit der Maus

Um die Ansicht auf dem Bildschirm zu vergrößern, drücken Sie mit der einen Hand die Strg-Taste, und mit der anderen drehen Sie das Mausrad von sich weg. So können Sie in kleineren Schritten zoomen, als in Schritt 2 beschrieben. Um wieder die Normalgröße einzustellen, drücken Sie Strg + 0.

Schritt 4

Scrollen Sie nach unten. Egal, ob Rezept-, Wanderrouten- oder Fotoseite: Von dieser Startseite aus klicken Sie sich weiter; Sie blättern sozusagen in der *Website*. Klicken Sie auf ein Unterthema. Was anklickbar ist, erkennen Sie an der Hand, die beim Darüberfahren mit der Maus erscheint.

Schritt 5

Je nach Gestaltung (Design) der Internetseite müssen Sie jetzt wieder nach unten scrollen. Sehr bequem geht das mit dem Mausrad: Achten Sie darauf, dass der Mauszeiger über dem Teil der Seite liegt, den Sie herunterscrollen möchten. Drehen Sie dann das Mausrad zu sich hin – Sie sehen jetzt die Inhalte weiter unten. Auf dem Touchpad schieben Sie zwei Finger parallel von unten nach oben.

Schritt 6

Um wieder nach oben zu kommen, gibt es oft einen Button. Er ist entweder mit **nach oben** bezeichnet oder hat die Form eines Pfeils. Sie können natürlich auch mit der Maus scrollen; jetzt drehen Sie das Mausrad von sich weg. Auf dem Touchpad ziehen Sie zwei Finger von oben nach unten.

Ich scrolle, aber es tut sich nichts!

Eventuell ist der Mauszeiger nicht richtig platziert. Führen Sie also den Mauszeiger über den Teil der Internetseite, auf dem Sie nach unten oder oben scrollen wollen. Achten Sie außerdem beim Scrollen auf die richtige Richtung: Wenn Sie schon ganz unten sind, nützt das Scrollen nach unten nichts.

Im Internet einkaufen

Das Internet wimmelt nur so von Seiten, auf denen Sie etwas kaufen können. Dabei gibt es aber ein paar Grundregeln.

Schritt 1

Rufen Sie *Microsoft Edge* auf, und geben Sie ein, was Sie kaufen möchten. Sie können die genaue Produktbezeichnung eingeben oder, wie im Beispiel, eine Beschreibung. Drücken Sie [↵].

Schritt 2

Bei vielen Artikeln wird Ihnen als eine der ersten Quellen der große Online-Händler *Amazon* angezeigt. Das erkennen Sie oft nur an der grün geschriebenen Adresse ❶ (siehe auch den Abschnitt »Mit Google im Internet suchen« auf Seite 86). Scrollen Sie in der Liste nach unten.

Schritt 3

Klicken Sie auf ein anderes Ergebnis. Bevor Sie Produkte in den virtuellen Einkaufswagen oder Warenkorb legen, schauen Sie nach den Siegeln: Hat der *Online-Shop* (Internetladen) das »Trusted Shops«-Siegel ❷, vertrauen ihm also viele Käufer? Gibt es andere Siegel? Meist sind sie oben oder unten rechts zu finden.

✚ Preisvergleich im Internet, Einkauf vor Ort

Wenn Sie lieber bei Ihrem Händler vor Ort oder in der nächsten größeren Stadt einkaufen, können Sie das Internet nutzen, um sich über Preise und Produktdetails zu informieren und schon einmal eine Vorauswahl zu treffen. Bei Büchern können Sie sich z. B. die ISBN herausschreiben.

Schritt 4

Schauen Sie außerdem nach den Zahlungsmöglichkeiten. Akzeptiert der Shop das Zahlen auf Rechnung, erhalten Sie also erst die Ware und begleichen dann den offenen Betrag? Oder müssen Sie vorab mit Kreditkarte zahlen, was unsicherer ist? Auch das sollte direkt auf der ersten Seite stehen (meist unten).

Schritt 5

Wenn Ihnen ein Artikel zusagt, achten Sie auf zwei weitere Punkte: Gibt es Kundenbewertungen? Und kennen Sie die Versandkosten? Manche Anbieter haben scheinbar günstige Produkte, verlangen dann aber hohe Versandkosten. Klicken Sie schließlich auf **In den Einkaufswagen** bzw. **In den Warenkorb ❸**, wenn Sie den Artikel kaufen möchten.

Schritt 6

Sie können weiter einkaufen. Klicken Sie schließlich oben auf **Einkaufswagen** und dann auf **Zur Kasse gehen** oder direkt auf **Kasse**. Bei vielen Anbietern können Sie als Gast bestellen ❹, d. h. ohne Registrierung. Aber eine E-Mail-Adresse und die Lieferadresse müssen Sie angeben. Bestätigen Sie schließlich zweimal Ihren Kauf.

Übers Internet telefonieren mit Skype

Ihr Notebook hat eine Kamera, ein Mikrofon und eine Internetverbindung? Dann können Sie Skype nutzen und mit Bild und Ton über das Internet telefonieren. Beim PC verwenden Sie eine externe Kamera sowie einen Kopfhörer mit Mikrofon.

Schritt 1

Öffnen Sie das Startmenü mit einem Klick auf das Windows-Logo links unten. Tippen Sie »Skype« ein.

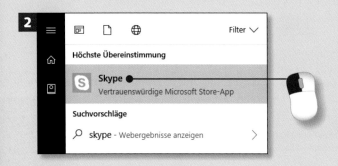

Schritt 2

Skype ist meist schon vorinstalliert, daher erhalten Sie an dieser Stelle die Anzeige **Skype – Vertrauenswürdige Microsoft Store-App**. Klicken Sie darauf.

Schritt 3

Nach einer kurzen Wartezeit können Sie sich anmelden. Nutzen Sie dazu Ihr Microsoft-Konto; das ist Ihre E-Mail-Adresse, mit der Sie sich am Computer anmelden. Geben Sie in das Feld **Skype** oder **Microsoft-Konto** die E-Mail-Adresse ein und klicken Sie auf **Weiter**.

Schritt 4

Im nächsten Fenster geben Sie Ihr Passwort, hier *Kennwort* genannt, ein (nicht die PIN, falls Sie diese zum Anmelden am Computer verwenden, siehe dazu den Abschnitt »Bei Windows anmelden« auf Seite 44). Klicken Sie auf **Anmelden** ❶, und tippen Sie Ihren Namen ein.

Schritt 5

Klicken Sie auf **Weiter**. Und schon steht wieder eine Entscheidung an: Erlauben Sie Skype den Zugriff auf Ihre Kontakte? Klicken Sie erst einmal auf **Nein**; das können Sie später ggf. wieder ändern.

Schritt 6

Skype begrüßt Sie nun und lädt Sie ein, das Lernprogramm zu starten. Es ist sehr kurz, aber Sie können es auch überspringen.

Wo soll ich hineinsprechen?

Notebooks haben ein eingebautes Mikrofon. Bleiben Sie ganz normal vor dem Notebook sitzen, und sprechen Sie normal laut. Wenn Sie einen Kopfhörer mit Mikrofon benutzen, stellen Sie es so ein, dass es sich nicht zu nah an Ihrem Mund befindet.

Übers Internet telefonieren mit Skype (Forts.)

Schritt 7

Klicken Sie dann auf das **Kontakte**-Symbol ❷ und im Menü auf **Echo/Sound Test Service**. Damit testen Sie Kamera und Mikrofon. Achten Sie darauf, dass die Kamera angeschaltet ist.

Schritt 8

Klicken Sie auf den grünen Hörer. Die Verbindung wird hergestellt, folgen Sie den gesprochenen Anweisungen. War das Kamerasymbol durchgestrichen ❸, also nicht verfügbar, klicken Sie nach dem Testende auf die drei Punkte oben links ❹ und dann auf **Einstellungen**.

Schritt 9

Klicken Sie auf den Schieberegler, sodass **Ein** zu lesen ist; jetzt sollten Sie sich selbst auf Ihrem Bildschirm sehen können. So sehen Sie auch Skype-Anrufer. Möchten Sie lieber ohne Bild skypen, lassen Sie den Schieberegler auf **Aus**.

Was tun, wenn die Kamera nicht funktioniert?
Bei manchen Notebooks müssen Sie die Kamera vor der ersten Benutzung einschalten; in der Anleitung zu Ihrem Notebook steht, welche Tastenkombination Sie verwenden müssen.

Schritt 10

Schließen Sie die Einstellungen, indem Sie auf das Schließkreuz **5** klicken. Ändern Sie nun Ihren Skype-Namen. Ihr echter Name sollte nur über die Skype-Suche zu finden sein, wenn Sie dort auch gefunden werden möchten. Klicken Sie links oben auf Ihre Initialen.

Schritt 11

Wählen Sie dann weiter unten **Konto verwalten**. Skype öffnet sich im Internetbrowser Edge; hier scrollen Sie nach unten und klicken auf **Profil bearbeiten** **6**. Noch ein Klick auf **Profil bearbeiten**, dann können Sie den Namen ändern.

Schritt 12

Wählen Sie weiter unten noch Ihr Land aus und klicken Sie rechts auf **Speichern**. Damit haben Sie Ihren Anzeigenamen geändert **7**, der für alle anderen Nutzer sichtbar ist. Der bei Skype hinterlegte Name kann nicht geändert werden, ist aber nun nicht mehr öffentlich.

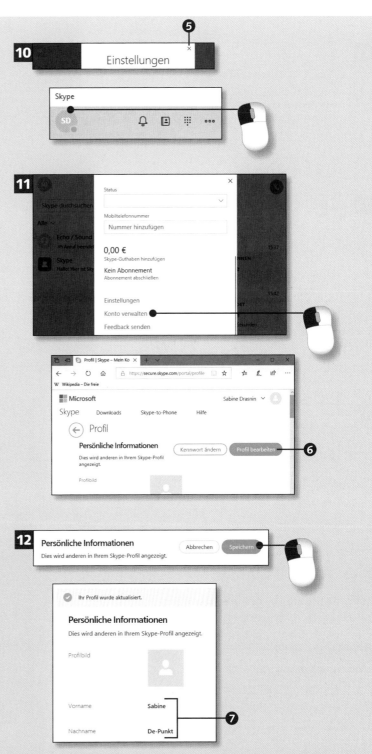

Übers Internet telefonieren mit Skype (Forts.)

Schritt 13

Um Kontakt mit anderen Skype-Nutzern aufzunehmen, klicken Sie in das Feld **Skype durchsuchen** und geben den Namen des Kontaktpartners ein; wenn Sie den Skype-Namen wissen, geben Sie diesen ein. Skype beginnt sofort mit der Suche und zeigt die Ergebnisse an.

Schritt 14

Hat Skype die richtige Person gefunden, können Sie auf den Namen klicken. Bei **Nachricht eingeben** tippen Sie einen Text ein. Klicken Sie dann auf das **Senden**-Symbol ❽ rechts unten. Die Person erhält die Nachricht, muss Sie jedoch noch als Kontakt bestätigen.

Schritt 15

Sobald die Person Ihre Kontaktanfrage bestätigt hat, erscheint sie bei Ihnen unter **Kontakte**. Leuchtet ein grüner Punkt ❾ am Profil Ihres Kontaktes, ist er online, also »anwesend«. Sie können ihn per Videoanruf anrufen – aber nur, wenn Sie Videoanrufe zugelassen haben (siehe Schritt 9). Klicken Sie also rechts oben auf **Videoanruf**.

ⓘ Kontaktanfragen beantworten
Wenn Sie eine Kontaktanfrage erhalten, zeigt das Programmsymbol in der Taskleiste eine Zahl. Im Skype-Fenster erscheint die Anfrage links bei **Konversationen**. Klicken Sie darauf und dann im rechten Fensterteil auf **Zu Kontakten hinzufügen**. Wollen Sie den Kontakt nicht aufnehmen, wählen Sie **Ablehnen**.

Schritt 16

Skype baut nun die Verbindung auf, das dauert in der Regel nur wenige Sekunden. Während des Anrufs sehen Sie den Gesprächspartner im großen Fenster. Sie selbst sehen sich im kleinen Fenster rechts unten so, wie Ihr Kontakt Sie sieht ❿. Das Gespräch beenden Sie mit einem Klick auf den roten Hörer.

Schritt 17

Ruft ein Kontakt Sie an, blendet Skype ein kleines Fenster ein, egal, in welchem Programm Sie gerade sind. Möchten Sie das Videogespräch annehmen, klicken Sie auf **Video**. Wenn Sie ohne Videobild telefonieren wollen, klicken Sie auf **Audio** ⓫. Zum Ablehnen des Gesprächs klicken Sie einfach auf **Ignorieren** ⓬.

Schritt 18

Zum Beenden von Skype klicken Sie auf das Schließkreuz oben rechts. Um Skype wieder zu öffnen, klicken Sie im Startmenü auf die Kachel **Skype** ⓭.

Kapitel 5
E-Mails schreiben

E-Mails sind ein schneller Weg, um sich mit anderen auszutauschen. Noch besser: Sie können Ihren E-Mails ganz einfach Anlagen hinzufügen und so Bilder und Dokumente elektronisch verschicken. Bilder, die Ihnen geschickt werden, können Sie auf Ihrem Computer speichern.

Ein E-Mail-Konto eröffnen

Zahlreiche kostenlose E-Mail-Dienste stehen Ihnen zur Verfügung. Richten Sie sich ein E-Mail-Konto ein, und lernen Sie es kennen. Wir stellen Ihnen hier das Vorgehen für Outlook.com vor; Sie können Ihr E-Mail-Konto natürlich auch bei einem anderen Anbieter (z. B. T-Online.de, GMX oder Gmail) einrichten. Sie unterscheiden sich durch die Adressendung und das Leistungsangebot. Wofür auch immer Sie sich entscheiden: Merken Sie sich Ihre E-Mail-Adresse und Ihr Kennwort!

E-Mails lesen und beantworten

In Ihrem Posteingang finden Sie die E-Mails, die andere Ihnen geschickt haben. Mit einem Klick öffnen Sie eine E-Mail, ein weiterer Klick, und Sie können die E-Mail beantworten. Mit Smileys bringen Sie Farbe in die E-Mail.

Bilder per E-Mail verschicken und empfangen

Mit wenigen Klicks fügen Sie Ihrer E-Mail Bilder als Anlagen hinzu. Bilder, die Ihnen geschickt werden, können Sie sich in einer Diaschau ansehen.

1 Ein E-Mail-Konto ist schnell eingerichtet.

Schreiben Sie Ihre E-Mails, und gestalten Sie sie nach Belieben.

2

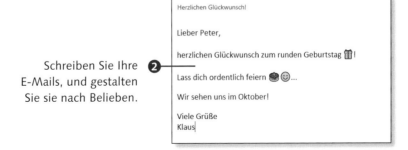

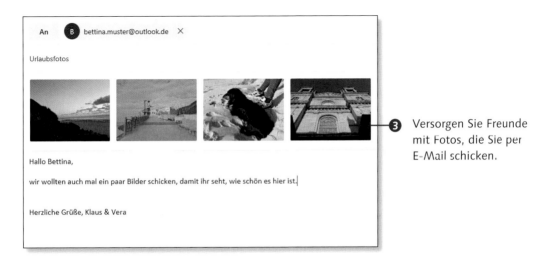

3 Versorgen Sie Freunde mit Fotos, die Sie per E-Mail schicken.

Eine E-Mail-Adresse einrichten

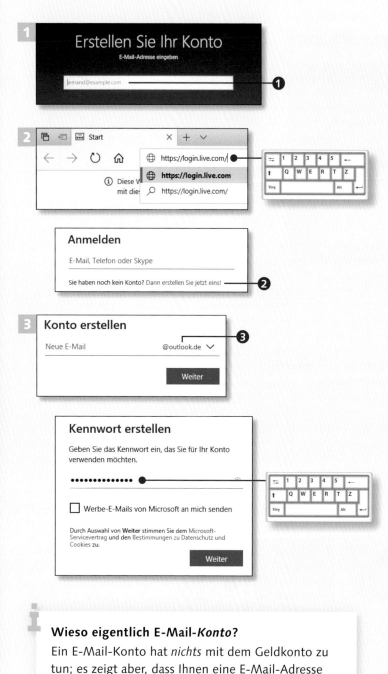

Eine E-Mail-Adresse benötigen Sie zum E-Mail-Schreiben. Für Bestellungen, Newsletter usw. können Sie eine zweite E-Mail-Adresse anlegen.

Schritt 1

Beim Einrichten des Computers haben Sie ein Microsoft-Konto mit E-Mail-Adresse angelegt ❶. Sie benötigen es für viele Microsoft-Dienste und die Anmeldung am PC. Für andere Zwecke können Sie ein anderes E-Mail-Konto verwenden.

Schritt 2

Legen Sie also eine neue E-Mail-Adresse an, z. B beim Microsoft-Dienst Outlook.com: Öffnen Sie *Edge*, und geben Sie *www.login.live.com* in die Adresszeile ein. Die Startseite von Outlook.com öffnet sich. Klicken Sie auf **Dann erstellen Sie jetzt eins** ❷.

Schritt 3

Im nächsten Fenster geben Sie ein, was in der E-Mail-Adresse vor dem @-Zeichen stehen soll. Das muss nicht Ihr Name sein! Die restliche Adresse lautet @*outlook.de* ❸. Ist die Adresse verfügbar, werden Sie zur nächsten Seite geleitet. Tippen Sie dann ein sicheres Kennwort ein.

Wieso eigentlich E-Mail-*Konto*?

Ein E-Mail-Konto hat *nichts* mit dem Geldkonto zu tun; es zeigt aber, dass Ihnen eine E-Mail-Adresse zuzuordnen ist.

Schritt 4

Nach einem Klick auf **Weiter** gelangen Sie zur nächsten Seite, wo Sie Ihren Vor- und Nachnamen eingeben, und nach erneutem **Weiter** geben Sie ein Geburtsdatum ein. Dazu klicken Sie jeweils auf den Pfeil rechts neben dem Vorgabefeld. Und noch einmal klicken Sie auf **Weiter**.

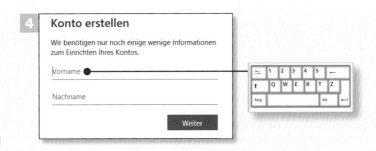

Schritt 5

Geben Sie nun Ihre Handy-Nummer ein ❹ und klicken Sie auf **Code senden**; das dient der Sicherheit. Wenige Augenblicke später erhalten Sie eine SMS mit dem Text *Microsoft-Zugriffscode* und einer Zahl. Diese Zahl tippen Sie in das Feld **Zugriffscode eingeben** ein. Danach brauchen Sie den Code nicht mehr.

Schritt 6

Klicken Sie auf **Weiter**; jetzt werden Sie begrüßt. Klicken Sie auf den Pfeil rechts am Feld ❺ und legen Sie die **Zeitzone** (Amsterdam, Berlin) fest. Bei den weiteren Fenstern klicken Sie auf die Pfeile rechts ❻. Dann heißt es noch kurz warten, bis die Meldung **Alles bereit** kommt. Klicken Sie auf **Los geht's**. Sie gelangen zum Ordner **Posteingang**.

Ihr E-Mail-Konto öffnen und schließen

Mit Ihren Anmeldedaten können Sie sich von jedem Computer mit Internetanschluss aus in Ihr E-Mail-Konto einloggen.

Schritt 1

Geben Sie in den Browser die Adresse Ihres Anbieters ein, z. B. »outlook.de«, und drücken Sie ⏎. Bei manchen Anbietern (z. B. GMX, WEB.de) müssen Sie noch auf **Free-Mail** oder **Mail** ❶ klicken. Bei welchem Anbieter Sie sind, erkennen Sie an der Endung nach dem @-Zeichen in Ihrer E-Mail-Adresse.

Schritt 2

Geben Sie Ihre E-Mail-Adresse ein, klicken Sie auf **Weiter** und tippen Sie Ihr Kennwort exakt so, wie Sie es bei der Registrierung geschrieben haben.

Schritt 3

Ihre Eingabe wird zum Schutz vor Mitlesern als Punkte ❷ dargestellt. Dahinter verbirgt sich das eingegebene Passwort. Klicken Sie nach der Eingabe auf **Anmelden**. Manchmal erscheint noch eine zusätzliche Sicherheitsabfrage: Geben Sie dann den *Captcha-Code* ein.

Wie kann ich sehen, welches Kennwort ich eingetippt habe?

Bei Outlook und vielen anderen Anbietern sehen Sie rechts neben dem Passwort-Feld ein Augensymbol ❸. Klicken Sie darauf wird das Kennwort (Passwort) eingeblendet.

Schritt 4

Bei manchen Anbietern sehen Sie erst eine Gesamtübersicht; klicken Sie dann auf den Ordner **E-Mail** oder **Posteingang**. Ob neue Mails angekommen sind, sehen Sie aber auch schon in der Übersicht ❹. Bei den kostenlosen E-Mail-Konten wird oft Werbung eingeblendet; sie hat nichts mit Ihren E-Mails zu tun.

Schritt 5

Zum Beenden von *Outlook.com-Mail* klicken Sie auf den Kreis mit Ihren Initialen oben rechts und im Menü auf **Abmelden** ❺.

Schritt 6

Andere E-Mail-Dienste haben meist einen Knopf (eine *Schaltfläche*) zum Schließen mit der Beschriftung **Logout** oder **Abmelden**. Klicken Sie auf die Schaltfläche. Es folgt eine kurze Bestätigung, dass Sie ausge- loggt sind ❻.

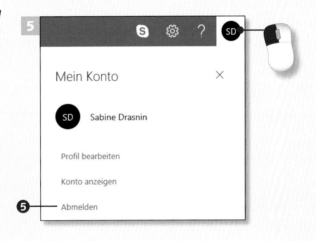

@xyz.de oder @xyz.com?

Viele Anbieter von E-Mail-Diens- ten haben eine internationale Ver- sion mit der Endung *.com* und eine deutsche mit der Endung *.de*. Da- mit es nicht zu Irrläufern kommt, achten Sie darauf, ob Ihre Adresse mit *.com* oder mit *.de* endet.

E-Mails empfangen und beantworten

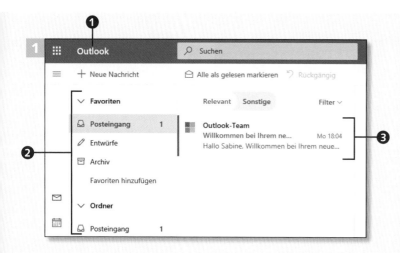

Ihr Posteingang ist die zentrale Stelle in Ihrem E-Mail-Dienst, und mit einem Klick öffnen oder beantworten Sie eine E-Mail.

Schritt 1

Öffnen Sie Ihr E-Mail-Konto, hier *www.outlook.de*. Melden Sie sich mit Ihrer E-Mail-Adresse und dem Passwort an. Links oben steht **Outlook** ❶. Darunter sehen Sie – wenn genug Platz auf dem Bildschirm ist – die Ordnerliste ❷. Rechts daneben ist der Inhalt des Ordners **Posteingang** zu sehen ❸.

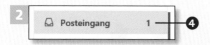

Schritt 2

Sie haben schon eine E-Mail erhalten: eine automatisierte Begrüßung von Ihrem Anbieter. Links in der Liste ist das Wort **Posteingang** fett geschrieben; d.h., es gibt ungelesene E-Mails. Daneben steht die Zahl der ungelesenen E-Mails ❹.

Schritt 3

Rechts sehen Sie eine Übersicht. Hier steht, von wem die E-Mail ist ❺, der Betreff ❻ und wann sie geschickt wurde ❼. Zum Lesen der E-Mail klicken Sie auf eine dieser Informationen.

Die E-Mail-Adresse

Jede E-Mail-Adresse besteht aus dem Teil vor dem @-Zeichen (gesprochen »ät«, Sie schreiben es mit [AltGr] + [Q]). Das kann Ihr Name sein oder ein anderes Wort. Das @-Zeichen macht klar, dass es sich um eine E-Mail-Adresse handelt. Nach dem @-Zeichen steht der Anbieter Ihres E-Mail-Kontos, z.B. »outlook«, gefolgt von einem Punkt und der Länderkennung. »de« steht für Deutschland.

Schritt 4

Die E-Mail wird im Ansichtsbereich rechts geöffnet. Sie sehen am oberen Rand links die Details **8**: den Absender (hier Outlook-Team) und das Versanddatum. Auch wenn hier von »Ihrem Outlook.com-Konto« **9** die Rede ist: Hat Ihr E-Mail-Konto die Endung .de, geben Sie auch immer .de ein.

Schritt 5

Der Nachrichtentext steht unter den Details. Wenn Sie eine längere E-Mail erhalten haben, scrollen Sie nach unten, um alles lesen zu können.

Schritt 6

Zur Posteingangsübersicht gelangen Sie mit einem Klick auf das Wort **Posteingang** links. Dort steht keine Zahl mehr; das bedeutet: Es sind keine ungelesenen Nachrichten mehr vorhanden. In der Ordnerliste ist immer der Ordner fett dargestellt, der gerade angeklickt ist.

Zusätzliche Sicherheitsabfragen

Viele E-Mail-Dienste fragen ab und zu erneut nach Ihren Login-Daten oder nach der Eingabe eines Captcha-Codes. So auch Outlook.com-Mail: Sie haben auf **Senden** geklickt, aber statt der Sendebestätigung werden Sie erst aufgefordert, auf **Bestätigen** zu klicken und den Captcha-Code einzugeben.

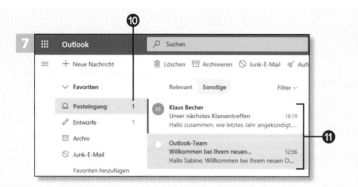

Schritt 7

Sobald eine neue Nachricht ankommt, steht hinter **Posteingang** eine Zahl **10**. Sie sagt Ihnen, wie viele ungelesene Nachrichten sich im Posteingang befinden. Im mittleren Bereich sehen Sie wieder Ihre empfangenen E-Mails **11**.

Schritt 8

Klicken Sie die Nachricht an, die Sie lesen möchten. Sie wird im Anzeigebereich rechts geöffnet.

Schritt 9

Zum Beantworten der E-Mail klicken Sie auf den einfachen Pfeil, der nach links zeigt, oder unter der Mail auf **Antworten** **12**. (Ging die Mail nicht nur an Sie, sondern auch an andere Empfänger, die auch alle die Antwort erhalten sollen, klicken Sie auf den doppelten Pfeil **13**. Unten steht dann **Allen antworten**.)

Das sieht bei mir anders aus!

Microsoft bietet Outlook.com-Mail in einer älteren Version und in der neuen Betaversion an. Oben rechts sehen Sie einen Schieberegler. Steht dort **Betaversion testen**, haben Sie noch die alte Version. Steht dort **Outlook (Beta)**, haben Sie die hier beschriebene Version.

Schritt 10

Unter dem Text der empfangenen Mail sehen Sie Ihre Initialen und nach **An:** den Empfänger ⑭. Seine Adresse wird automatisch eingetragen, und Sie sehen nur den Namen. In der Zeile darunter steht schon der Cursor; hier können Sie Ihre Nachricht schreiben.

Schritt 11

Tippen Sie also Ihren Text ein. Die Zeile **Gesendet von Outlook** ⑮ können Sie löschen: Klicken Sie vor das »G« und drücken Sie [Entf], bis der Text weg ist. Klicken Sie schließlich ganz unten auf **Senden** bzw. – bei kleineren Bildschirmen – auf das **Senden**-Symbol ⑯. Sie sehen wieder die E-Mail-Übersicht.

Schritt 12

Outlook.com-Mail sortiert Mails nach *Unterhaltungen*, d.h., Ihre Antwort steht jetzt auch im Posteingang direkt unter der Mail, auf die Sie geantwortet haben. Antwortet Ihr E-Mail-Kontakt wieder, reiht sich diese Antwort ein. Achten Sie auf den kleinen Pfeil am Betreff. Klicken Sie darauf, werden alle zu dieser Unterhaltung gehörenden Mails geöffnet.

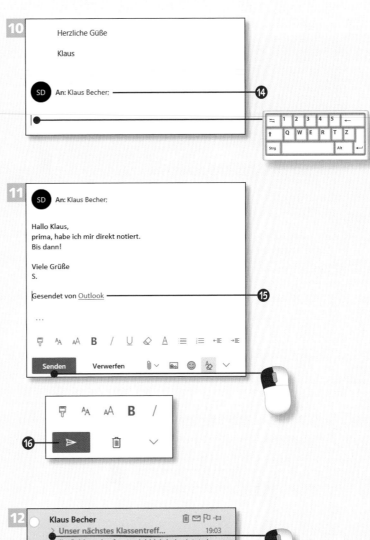

E-Mails vorlesen lassen und den Text vergrößern

Outlook.com-Mail bringt verschiedene Einstellungen mit, die Sie Ihre E-Mails besser lesen lassen. Oder lassen Sie sich direkt alles vorlesen!

Schritt 1

Falls noch nicht geschehen, melden Sie sich über Ihren Internet-Browser bei *www.outlook.de* an; evtl. müssen Sie zuerst auf **Anmelden** klicken.

Schritt 2

Klicken Sie eine neue Mail an. Oben sehen Sie drei Punkte. Klicken Sie darauf; der unterste Menüeintrag lautet **Im plastischen Reader anzeigen**. Klicken Sie darauf.

Schritt 3

Die E-Mail wird in großer Schrift und ohne viel »Drumherum« angezeigt. Beim ersten Start sehen Sie noch einige Tipps, die Sie lesen können, wenn Sie möchten. Klicken Sie (dann) auf das **Abspielen**-Symbol.

E-Mails ausdrucken

Öffnen Sie die zu druckende E-Mail. Klicken Sie auf die drei Punkte über der E-Mail und im Menü auf **Drucken**. Ein eigenes Druckerfenster öffnet sich, klicken Sie hier oben links wieder auf **Drucken**. Noch einmal ändert sich die Ansicht: Sie sehen eine Druckvorschau Ihres Dokuments. Klicken Sie unten links auf **Drucken**.

Schritt 4

Der Reader (hier: *Vorleser*) liest den Text vor (inkl. Tippfehler). Solange Sie ihn nicht unterbrechen **①**, liest er weiter. Bei einer Unterhaltung (siehe dazu Schritt 12 des Abschnitts »E-Mails empfangen und beantworten« auf Seite 119) werden alle Mails dieser Unterhaltung vorgelesen.

Schritt 5

Der Reader markiert den Text, den er gerade vorliest. Soll der Text noch deutlicher hervorgehoben werden, klicken Sie oben rechts auf das Buch **②** und dann auf den Schieber **Zeilenfokus**, sodass er auf **Ein** springt. Die Größe der Schrift steuern Sie über die Schaltfläche **AA** **③**.

Schritt 6

Die Sprechgeschwindigkeit und die Stimmenauswahl stellen Sie über das Lautsprechersymbol unten ein. Zurück zum Postfach gelangen Sie jederzeit mit dem Pfeil oben links **④**.

Schneller Zugang

Über **Einstellungen ▸ Alle Einstellungen anzeigen ▸ Aktionen anpassen** und je einen Klick auf **im plastischen Reader anzeigen** und **Speichern** machen Sie das Symbol »Buch mit Lautsprecher« bei jeder Mail verfügbar.

E-Mails schreiben und senden

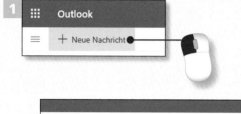

Eine einfache E-Mail besteht aus Betreff, Empfängerangabe und dem Nachrichtentext.

Schritt 1

Klicken Sie in der Menüleiste auf **Neue Nachricht**. Ihre neue E-Mail (Ihr E-Mail-Entwurf) wird im Lesebereich rechts geöffnet.

Schritt 2

In die Zeile **An** wird der Empfänger eingetragen. Klicken Sie auf **An**; darunter erscheint die Liste der E-Mail-Adressen, die Sie schon verwendet bzw. von denen Sie bereits eine E-Mail erhalten haben. Möchten Sie eine E-Mail an jemanden aus dieser Liste schicken, klicken Sie einmal auf die Adresse.

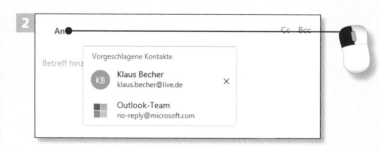

Schritt 3

Geht die E-Mail an einen neuen Empfänger, schreiben Sie in das Feld **An** die E-Mail-Adresse. Achten Sie genau auf die Schreibweise, und vergessen Sie das @ nicht! Sie schreiben das @, indem Sie die Taste ⌨AltGr rechts neben der Leertaste gedrückt halten und dazu das ⌨Q drücken.

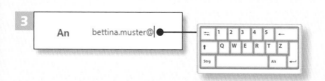

Schritt 4

Klicken Sie auf **Diese Adresse verwenden**. Geben Sie dann in der Zeile **Betreff hinzufügen** ❶ kurz ein, worum es geht. Outlook erinnert Sie, wenn Sie den Betreff vergessen haben sollten.

Schritt 5

Klicken Sie in das große leere Textfeld und tippen Sie hier Ihre Nachricht ein. Geht der Text über eine Zeile hinaus, springt der Cursor automatisch in die nächste Zeile. Bei einem erwünschten Absatz – z. B. vor dem »Viele Grüße« – drücken Sie ⏎, damit der Cursor an den Anfang der nächsten Zeile springt.

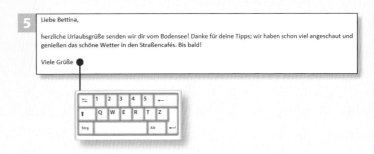

Schritt 6

Klicken Sie schließlich oben ❷ oder unten auf **Senden**, damit die E-Mail verschickt wird. E-Mails, die Sie selbst verschickt haben, finden Sie im Ordner **Gesendete Elemente** ❸.

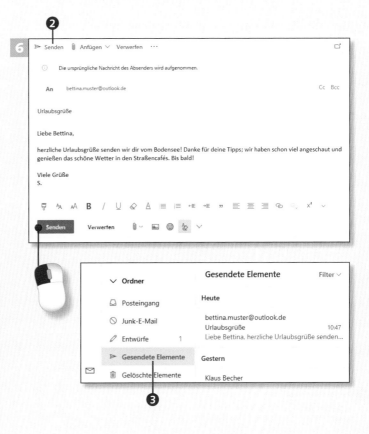

E-Mail-Adressen schreiben

E-Mail-Adressen müssen immer exakt sein. Sie enthalten nie Leerzeichen und meistens auch keine Umlaute, aber immer ein @. Eine Adresse mit *www* ist keine E-Mail-, sondern eine Internetadresse (z. B. *www.ard.de*).

E-Mails löschen

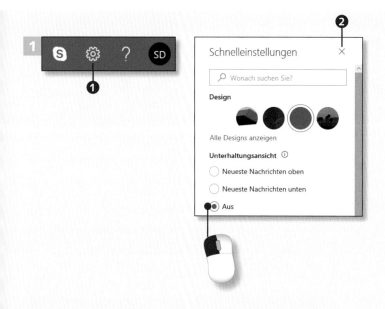

E-Mail-Postfächer bieten nicht unendlich viel Speicherplatz. Daher
sollten Sie ab und zu E-Mails, die Sie
nicht mehr brauchen, löschen. Wie
das geht, lesen Sie hier.

Schritt 1

In Outlook.com-Mail sind Ihre Mails
nach *Unterhaltungen* sortiert: eine
E-Mail an Sie und Ihre Antwort
darauf werden gemeinsam »aufbewahrt«. Vor dem Löschen ändern
Sie die Ansicht, damit nicht alles auf
einmal gelöscht wird: Klicken Sie
auf das Zahnrad ❶ oben rechts. Im
Abschnitt **Unterhaltungsansicht**
klicken Sie in den Kreis bei **Aus**.

Schritt 2

Schließen Sie die Einstellungen mit
einem Klick auf das Schließkreuz ❷.
Klicken Sie auf **Posteingang** ❸: Hier
stehen jetzt nur noch die E-Mails *an*
Sie. Klicken Sie in den Kreis vor den
E-Mails, die Sie löschen möchten.

Schritt 3

Klicken Sie oben oder rechts auf **Löschen**; die E-Mails wandern in den
Ordner **Gelöschte Elemente** ❹.

Schritt 4

Klicken Sie links auf den Ordner **Gelöschte Elemente**. Noch sind die E-Mails nicht ganz verschwunden! Soll eine gelöschte E-Mail doch wieder in den Posteingang zurück, klicken Sie in den Kreis vor der E-Mail **❺** und dann oben auf **Wiederherstellen**. Kam die Mail z. B. aus dem Ordner **Gesendete Elemente**, wird sie dort auch wiederhergestellt.

Schritt 5

Den Ordner **Gelöschte Elemente** (wie auch andere Ordner) leeren Sie mit einem Klick auf **Alle löschen**. Outlook.com-Mail fragt nach, ob Sie wirklich alles in diesem Ordner endgültig löschen möchten. Wenn Sie sich nicht sicher sind, drücken Sie `Esc`. Ansonsten klicken Sie auf **Alle löschen ❻**.

Schritt 6

Manchmal erhalten Sie unerwünschte E-Mails, die vorgeben, unbezahlte Rechnungen zu sein. Andere versprechen Gewinne, Heilung oder Geld – kurz: Das sind Junk-E-Mails, also Müll. Klicken Sie schon im Posteingang in den Kreis vor der E-Mail und dann oben auf **Junk-E-Mail**. Die Mail wird in den gleichnamigen Ordner **❼** verschoben.

Mein Text ist rot unterstrichen!

Outlook.com-Mail prüft die Rechtschreibung in Ihren E-Mails. Wenn ein Wort nicht erkannt wird (z. B. Eigennamen) oder falsch geschrieben ist, wird es rot »unterkringelt«. Korrigieren Sie falsch geschriebene Wörter, und ignorieren Sie das Rot bei Eigennamen.

E-Mails mit Anlagen versenden

Bilder oder Dokumente lassen sich einfach an E-Mails anhängen. Sie laden sie von Ihrem Computer in die E-Mail.

Schritt 1

Klicken Sie auf **Neue Nachricht**. Schreiben Sie Ihre E-Mail; tragen Sie Empfänger ❶, Betreff ❷ und Ihren Text in die entsprechenden Felder ein.

Schritt 2

Klicken Sie auf **Anfügen**. Die Büroklammer signalisiert bei E-Mails einen *Anhang* (Anlage). Wenn Sie Ihre Bilder und Dokumente auf dem Computer speichern (siehe Kapitel 9, »Dateien und Ordner verwalten«, ab Seite 230), klicken Sie auf **Computer**. Speichern Sie die Daten in der Cloud, z. B. in *OneDrive*, klicken Sie auf **Cloudspeicherorte**.

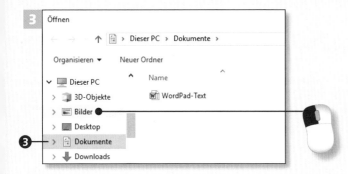

Schritt 3

Ein Fenster öffnet sich: Jetzt geben Sie an, wo die zu verschickende Datei auf Ihrem Computer gespeichert ist. Outlook.com-Mail geht beim ersten Anhang von Dokumenten aus und öffnet den Ordner **Dieser PC ▸ Dokumente ❸**. Klicken Sie in der Leiste links auf **Bilder**.

Bilder direkt in die E-Mail packen

Sie können ein Bild auch direkt in Ihren Text einfügen. Klicken Sie dazu an die Stelle, an der das Bild erscheinen soll, und dann auf das Bildsymbol rechts neben der Büroklammer in der Leiste unter Ihrer E-Mail. Die Bilder dürfen dafür nicht zu groß sein.

Schritt 4

Rechts sehen Sie die Fotos, die in diesem Ordner gespeichert sind. Klicken Sie auf ein Bild, das Sie versenden möchten ❹, und dann auf **Öffnen**. Sie können auch mehrere Bilder auf einmal hochladen; markieren Sie sie und klicken Sie auf **Öffnen**.

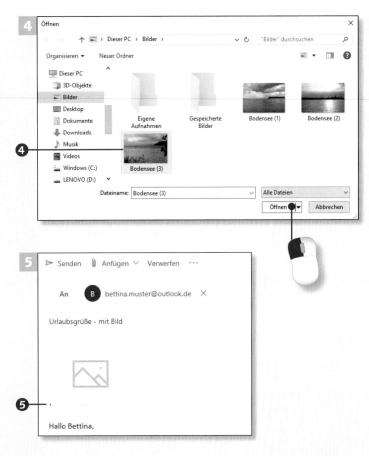

Schritt 5

Ist die Datei sehr groß, fragt Outlook.com-Mail, wie Sie sie schicken (»teilen«) möchten. Klicken Sie auf **Als Kopie anfügen**. Ist die Datei nicht so groß, kommt keine Nachfrage. Das Bild bzw. die Bilder werden hochgeladen; ein dünner Balken ❺ zeigt den Fortschritt beim Hochladen an.

Schritt 6

Unter dem Betreff sehen Sie nun das angefügte Bild als Miniatur. Klicken Sie schließlich auf **Senden**.

Fotos für den E-Mail-Versand verkleinern

Viele E-Mail-Postfächer bieten nur begrenzten Speicherplatz. Daher verkleinern Sie die Bilder vor dem Verschicken; die Anleitung dazu finden Sie auf Seite 154.

E-Mail-Anlagen öffnen und speichern

Sie haben eine E-Mail mit Bildern oder mit einem Dokument erhalten. In diesem Abschnitt erfahren Sie, wie Sie mit diesen E-Mail-Anlagen umgehen.

Schritt 1

Wenn eine E-Mail Anlagen mitbringt, sehen Sie das schon an der Büroklammer ❶: Wie bei den E-Mails mit Anlage, die Sie verschicken, signalisiert die Büroklammer auch beim E-Mail-Eingang einen Anhang.

Schritt 2

Klicken Sie die E-Mail zum Öffnen einmal an; Inhalt und Anhang werden angezeigt. Das Bild wird in Miniaturgröße angezeigt ❷.

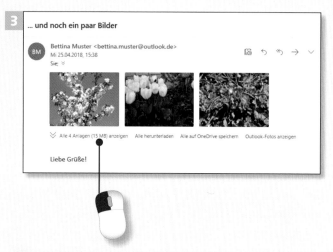

Schritt 3

Bei mehreren Bildern sehen Sie die Miniaturen je nach Platz nebeneinander; im Beispiel sind vier Bilder in der E-Mail-Anlage, aber nur drei werden angezeigt. An der Zeile darunter erkennen Sie, wie viele Anlagen Sie erhalten haben, hier steht also **Alle 4 Anlagen**. Klicken Sie darauf, dann sehen Sie alle Miniaturen. Zum Vergrößern klicken Sie auf ein Bild.

Wo kommt mein Text her?

Antwortet Ihr Kontakt auf Ihre E-Mail, wird der Text Ihrer eigenen E-Mail unten angehängt. Wenn Sie wieder antworten, stehen Ihr erster und der Antworttext unter dem neuen Text usw. Diese Einstellung ist unabhängig von der Sortierung nach Unterhaltung (siehe den Abschnitt »E-Mails löschen« auf Seite 124).

Schritt 4

Eine große Ansicht – die *Vorschau* – wird geöffnet. Mit dem Pfeil ❸ können Sie das nächste Bild aufrufen. Um ein Bild auf Ihrem Computer zu speichern, klicken Sie auf dem Miniaturbild auf den Pfeil, der beim Darüberfahren erscheint, und dann auf **Herunterladen**.

Schritt 5

Am unteren Bildschirmrand klicken Sie auf **Speichern**. Edge lädt die Datei herunter und bietet an, den Ordner **Downloads** mit der Datei darin anzuzeigen. Wenn Sie dann auf **Öffnen** ❹ klicken, wird das gerade heruntergeladene Bild in der *Fotos*-App angezeigt (siehe Kapitel 6, »Fotos sortieren und bearbeiten«, ab Seite 136).). Klicken Sie auf das Schließkreuz, um zum Posteingang zurückzukehren.

Schritt 6

Auch Dokumente können Sie per E-Mail erhalten und dann auf Ihrem Computer speichern. Öffnen Sie die E-Mail, und klicken Sie unter der Anlage auf **Herunterladen**. Um das Dokument anzusehen, klicken Sie dann auf **Öffnen** ❺.

Ein Adressbuch pflegen

Die Kontaktdaten der Menschen, mit denen Sie öfter E-Mails austauschen, speichern Sie in Ihrem Adressbuch.

Schritt 1

Öffnen Sie die E-Mail, und fahren Sie mit dem Mauszeiger über den Namen des Absenders. Ein Fenster schiebt sich vor die E-Mail. Wenn die Liste darin nach einem Augenblick ganz ausgeklappt ist, klicken Sie auf die drei Punkte ❶.

Schritt 2

Eine Auswahlfläche erscheint, hier klicken Sie auf **Zu Kontakten hinzufügen**. Prüfen Sie, ob Vor- und Nachname stimmen; falls nicht, korrigieren Sie sie. Die E-Mail-Adresse wird aus der E-Mail übernommen.

Schritt 3

Weitere Daten können Sie eingeben, wenn Sie auf **Weitere hinzufügen** klicken. Wählen Sie dann aus, was Sie hinzufügen möchten, z. B. eine Telefonnummer oder Anschrift. Diese Daten müssen Sie aber nicht speichern, nur die E-Mail-Adresse ist obligatorisch – sonst kann Ihr Kontakt ja keine E-Mail von Ihnen erhalten. Klicken Sie schließlich auf **Erstellen** ❷.

Schritt 4

Um einen gespeicherten Kontakt zu bearbeiten, klicken Sie am linken unteren Bildrand auf das **Personen**-Symbol. Edge öffnet neben dem E-Mail-Fenster einen neuen Tab mit Ihrem Adressbuch, in Outlook.com-Mail einfach **Personen** genannt.

Schritt 5

Klicken Sie in der Liste auf den zu bearbeitenden Kontakt ❸ und rechts auf **Kontakt bearbeiten** ❹. Wollen Sie z. B. eine Adresse hinzufügen, klicken Sie unten auf **Weitere hinzufügen** und in der Liste auf **Adresse**. Wählen Sie **Privat** oder **Geschäftlich**. Tragen Sie die Daten ein, oder korrigieren Sie die vorhandenen Angaben.

Schritt 6

Klicken Sie dann auf **Speichern** ❺. Um zum Posteingang zurückzukehren, klicken Sie entweder links unten auf das Symbol **E-Mail** ❻ oder Sie schließen den Tab **Personen** mit einem Klick auf das Schließkreuz.

Personen, Kontakte, Adressbuch
Bei anderen E-Mail-Anbietern erreichen Sie das Adressbuch durch einen Klick auf ein Buchsymbol oder auf das Wort **Adressbuch**.

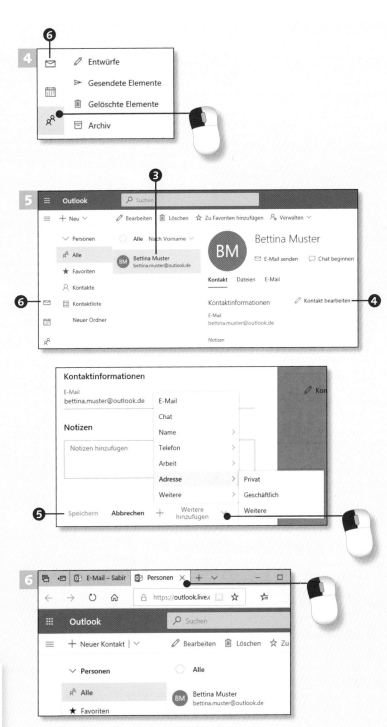

Ein Adressbuch pflegen (Forts.)

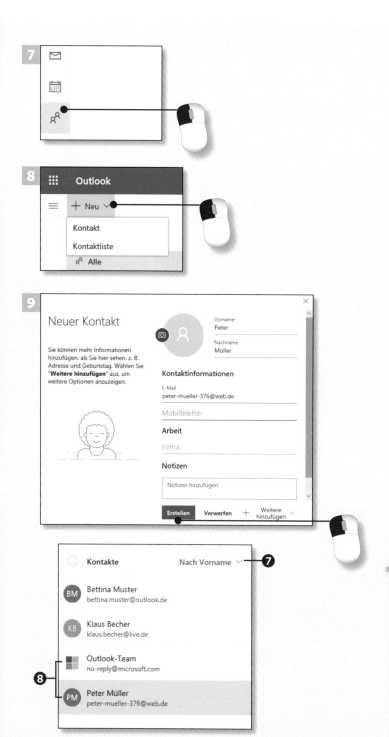

Schritt 7

Wenn Sie einen neuen Kontakt inklusive E-Mail-Adresse hinzufügen möchten, von dem Sie noch keine E-Mail erhalten haben, klicken Sie auf das **Personen**-Symbol links unten.

Schritt 8

Klicken Sie auf **Neu ▸ Kontakt**; eine leere Eingabemaske wird geöffnet. Geben Sie Vorname, Nachname und E-Mail-Adresse ein. Achten Sie auf die korrekte Schreibweise der E-Mail-Adresse!

Schritt 9

Klicken Sie auf **Erstellen**. Outlook.com-Mail sortiert den neuen Kontakt in die Liste der bestehenden Kontakte ein; die alphabetische Reihenfolge orientiert sich an den Vornamen.

Lieber erst den Nachnamen?

Um die Liste nach Nachnamen zu sortieren, klicken Sie auf den Pfeil ❼ neben **Nach Vorname**. Eine Liste klappt auf. Im Abschnitt **Sortieren nach** klicken Sie auf **Nachname**. Soll der Nachname auch zuerst angezeigt werden, klicken Sie erneut auf den Pfeil und im Abschnitt **Anzeigen nach** ebenfalls auf **Nachname**.

Schritt 10

Zum Löschen von Kontakten klicken Sie auf den Kreis mit den Initialen oder das Symbol ❽ – der Kreis wird mit einem Häkchen versehen ❾ – und oben auf **Löschen**. Bestätigen Sie das Löschen. Kehren Sie dann wieder zum Posteingang zurück: Schließen Sie den **Personen**-Tab (nicht das ganze Fenster! Siehe Schritt 6).

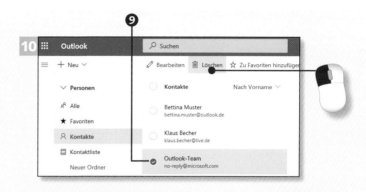

Schritt 11

So wählen Sie einen Adressaten aus Ihren Kontakten aus: Klicken Sie auf **Neue Nachricht** ❿. Klicken Sie in das Feld **An**; eine kleine Liste klappt auf. Wenn der gewünschte Kontakt schon dabei ist, klicken Sie ihn an.

Schritt 12

Ansonsten geben Sie den ersten Buchstaben des Vor- oder Nachnamens ein. Wählen Sie aus den Vorschlägen den passenden aus. Soll die E-Mail an mehrere Empfänger gehen, wiederholen Sie diesen Schritt. Und keine Sorge: Selbst, wenn nur der Name im Adressatenfeld erscheint, wird im Hintergrund die E-Mail-Adresse verwendet.

Was ist eine Kontaktliste?

Möchten Sie regelmäßig z. B. einen Rundbrief an Vereinsmitglieder schicken, können Sie eine *Kontaktliste* anlegen. Ihr fügen Sie aus Ihrem Adressbuch alle Kontakte hinzu, die zu dieser Gruppe gehören sollen. So sparen Sie sich das Hinzufügen jedes einzelnen Empfängers in das **An**-Feld der E-Mail – Sie wählen einfach die Kontaktliste als Empfänger aus.

E-Mails gestalten

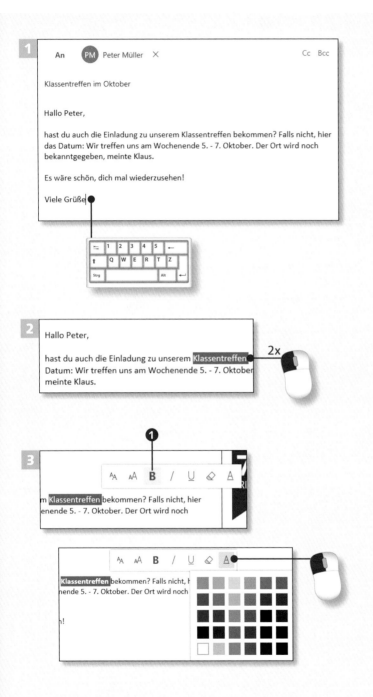

Nur Text ist bei geschäftlichen E-Mails gut, aber vielleicht wollen Sie auch mal eine andere Schriftfarbe als Schwarz verwenden oder einen Smiley setzen? Nichts einfacher als das.

Schritt 1

Klicken Sie im E-Mail-Bereich auf **Neu**. Tragen Sie Betreff und Empfänger ein. Schreiben Sie Ihren Text.

Schritt 2

Im Beispiel soll das Wort »Klassentreffen« im Nachrichtentext fett und blau geschrieben werden. *Doppelklicken* Sie auf das Wort; es wird markiert (blau hinterlegt).

Schritt 3

Eine schwebende Leiste erscheint; klicken Sie auf das **B** ❶ (für *bold* = engl. *fett*); es sorgt für die Fettschreibung. Klicken Sie dann auf das rot unterstrichene **A**. Eine kleine Auswahl an Farben wird angezeigt; wählen Sie durch Klicken eine Farbe aus.

Schritt 4

Um den ganzen Text zu vergrößern, klicken Sie in den Text und
drücken dann gleichzeitig Strg +
A . So markieren Sie den ganzen Text, erkennbar an der blauen
Hintergrundfarbe. Zum Vergrößern
der Schrift klicken Sie in der Schwe-
beleiste auf **AA** und wählen und aus
der Liste eine höhere Zahl aus.

Schritt 5

Klicken Sie nach diesen Änderungen
an eine leere Stelle (siehe dazu den
Kasten auf dieser Seite). Ein Smiley
lockert E-Mails auf. Klicken Sie an
die Stelle, an der Sie einen Smiley
einfügen wollen, und dann auf das
Smiley-Symbol.

Schritt 6

Wenn es nicht zu sehen ist, klicken
Sie auf den Pfeil ❷ unten und dann
auf **Emojis und GIFs einfügen**. Im
Vordergrund öffnet sich ein Katalog
mit Smileys. Wählen Sie ein oder
mehrere Symbole durch Klicken aus.
Schließen Sie das Smiley-Fenster mit
dem Schließkreuz ❸. Ist Ihre E-Mail
fertig, klicken Sie auf **Senden** ❹.

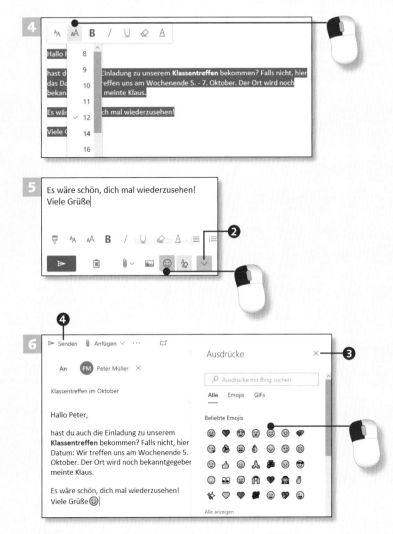

Vorsicht bei markiertem Text!

Wenn Sie Ihren ganzen Text markiert haben (wie in
Schritt 4 beschrieben), sollten Sie keine Taste auf
Ihrer Tastatur drücken, denn sonst ist der ganze Text
weg und wird durch das gedrückte Zeichen ersetzt.
Sollte dies doch einmal passieren, drücken Sie kurz
Strg + Z . Das macht die letzte Aktion rückgängig.

Kapitel 6
Fotos sortieren und bearbeiten

Wer gern digital fotografiert, wird auch gern Fotos sichten, auswählen und bearbeiten. Mit Ihrem Computer und den passenden Programmen bringen Sie Ordnung in und Glanz auf Ihre Bilder.

Fotos auf den Computer kopieren

Ob mit einer SD-Karte oder per Kabel: Ihre Fotos importieren Sie direkt in den Explorer, der Ihre Dateien aufbewahrt. Dort sortieren Sie die Fotos auch.

Fotos bearbeiten

Sie schneiden Ihre Fotos passend zu, ändern Farbtöne und entfernen rote Augen. Schiefe Türme werden mit wenigen Klicks wieder gerade – wenn das Original auch senkrecht steht.

Fotos drucken

Sie drucken Fotos auf Foto- oder Normalpapier aus. Dabei entscheiden Sie, ob Sie ein Foto groß oder mehrere Fotos kleiner auf ein Blatt drucken.

❶ Per Kabel sind die Fotos schnell von Kamera oder Smartphone auf den Computer kopiert.

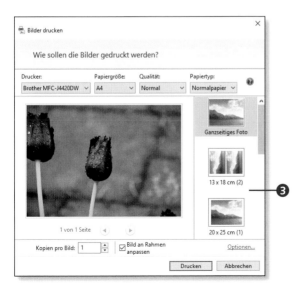

Schiefe Gebäude und verrutschte Horizonte richten Sie mit der *Fotos*-App schnell wieder gerade. ❷

❸ Bestimmen Sie Anzahl, Papier und Layout Ihres Fotodrucks.

Fotos auf den Computer kopieren

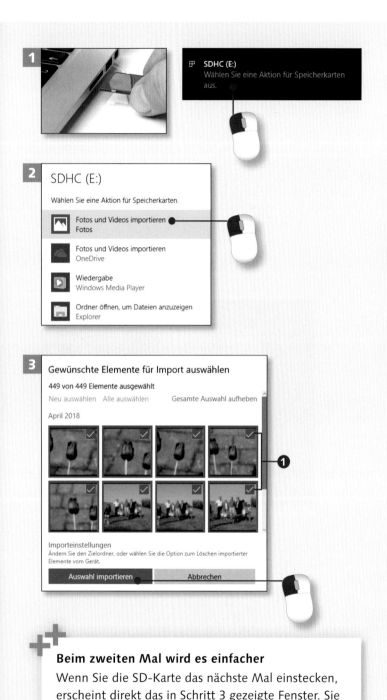

Digitale Bilder können Sie mit vielen Geräten knipsen und speichern. Ihr Computer erkennt beim Anschließen, welche Dateien zu übertragen sind.

Schritt 1

Fotos, die sich auf einer SD-Karte befinden, können Sie ganz einfach auf Ihren Computer übertragen. Entnehmen Sie dazu die SD-Karte Ihrer Kamera, und stecken Sie sie in Ihr Notebook oder Ihren PC. Windows registriert die neue Hardware und fordert Sie auf, zum Fortfahren auf eine Schaltfläche zu klicken.

Schritt 2

Im nächsten Fenster klicken Sie auf **Fotos und Videos importieren**.

Schritt 3

Die *Fotos*-App öffnet sich, und die Fotos von der SD-Karte werden, in Gruppen nach Monat sortiert, angezeigt. Bilder mit Häkchen oben rechts ❶ sind zum Importieren ausgewählt. Möchten Sie ein Bild nicht auf Ihren Computer importieren, klicken Sie in das Kästchen am Bild, das Häkchen verschwindet. Klicken Sie schließlich unten auf **Auswahl importieren**.

Beim zweiten Mal wird es einfacher

Wenn Sie die SD-Karte das nächste Mal einstecken, erscheint direkt das in Schritt 3 gezeigte Fenster. Sie müssen also vorher keine Aktion auswählen.

Schritt 4

Die *Fotos*-App beginnt mit dem Importieren, also dem Speichern der Bilder auf Ihrem Computer, und zeigt dabei den Fortschritt an ❷. Die Originale bleiben auf der Kamerakarte.

Schritt 5

Der Import wird bestätigt ❸ und die App zeigt Ihnen die Fotos jetzt unter **Sammlung** ❹ an. Auch hier sind die Bilder nach Aufnahmedatum gruppiert.

Schritt 6

Wenn Sie ein Bild anklicken, wird es groß angezeigt. Drehen Sie am Mausrad, um das nächste bzw. das vorherige Bild anzuzeigen. Ein Klick auf das Plus ❺ vergrößert das Bild. So können Sie in das Bild hineinzoomen. Klicken Sie oben links auf den Pfeil ❻, um zur Sammlung zurückzukehren.

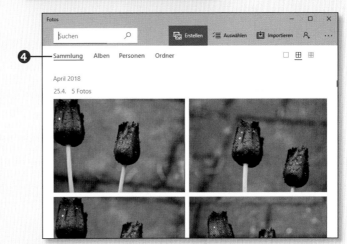

Meldung zu schnell weg?

Windows zeigt Ihnen die Benachrichtigung aus Schritt 5 nicht nur als kleines Fenster an, sondern auch im Info-Center. An der Zahl ❼ erkennen Sie, dass es neue Meldungen gibt. Klicken Sie darauf, und die Meldung wird in einer Seitenleiste angezeigt.

Fotos auf den Computer kopieren (Forts.)

Schritt 7

Kameras lassen sich auch mit einem USB-Kabel mit dem Notebook verbinden. Schließen Sie das Kabel an Computer und Kamera an. Schalten Sie die Kamera ein.

Schritt 8

Bestätigen Sie ggf. an der Kamera den **USB-Modus ▸ PC** oder eine ähnliche Meldung. Windows erkennt die Kamera und fordert Sie zum Auswählen einer Aktion auf. Klicken Sie auf **Fotos und Videos importieren**. Je nach Einstellung wird aber auch direkt das Importfenster angezeigt (siehe Schritt 9).

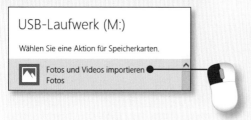

Schritt 9

Jetzt geht es weiter, wie in Schritt 3 beschrieben: Die *Fotos*-App öffnet sich und zeigt die auf der Kamera vorhandenen Bilder an. Die Bilder mit Häkchen sind ausgewählt; soll ein Bild nicht importiert werden, klicken Sie es an, sodass kein Häkchen sichtbar ist. Klicken Sie auf **Auswahl importieren**.

Fotos in Ordner einsortieren

Sie können zwar in der *Fotos*-App Ordner anlegen, leichter ist das Verwalten aber im Explorer (siehe Kapitel 6, »Fotos sortieren und bearbeiten«, ab Seite 230).

Schritt 10

Die *Fotos*-App zeigt die importierten
Fotos ebenfalls unter **Sammlung**
an, sortiert nach Aufnahmedatum.
Um ein Bild zu löschen, klicken Sie
in das Kästchen am Bild ❽. Die
Symbolleiste oben passt sich an und
zeigt Ihnen rechts einen Mülleimer.
Klicken Sie darauf, wird das angeklickte Bild in der *Fotos*-App gelöscht (auf der Kamera nicht!).

Schritt 11

Wenn Sie die Kamerakarte erneut
einstecken oder die Kamera anschließen, erkennt Windows »alte«
Fotos. Klicken Sie auf **Neu auswählen**, um nur die neuen Aufnahmen
zu importieren. Dass die Schrift grau
ist ❾, zeigt an, dass Sie bereits auf
Neu auswählen geklickt haben.

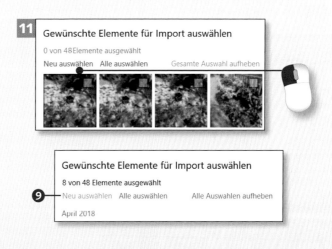

Schritt 12

Starten Sie den Import wieder mit
Auswahl importieren. Wenn Sie mit
Ihrer Arbeit fertig sind, klicken Sie
zum Schließen der *Fotos*-App oben
rechts auf das Schließkreuz.

Fotos vom Smartphone importieren

1

⚙ **Gerät wird eingerichtet.**
Lumia 650 (RM-1152) wird gerade
eingerichtet. ➊

2

⊞ **Windows Phone**
Wählen Sie eine Aktion für dieses Gerät
aus. ➋

Windows Phone

Wählen Sie eine Aktion für dieses Gerät aus.

🖼 Fotos und Videos importieren ●
Fotos

🏔 Fotos und Videos importieren
OneDrive

3 ➍

Gewünschte Elemente für Import auswählen

➌ 2941 von 2941 Elemente ausgewählt

Neu auswählen   Alle auswählen   Gesamte Auswahl aufheben

*Haben Sie ein Smartphone dabei,
können Sie mit dessen Kamera schnell
mal ein Foto aufnehmen. Lesen Sie
hier, wie Sie Ihre Smartphone-Fotos
auf den Computer übertragen.*

Schritt 1

Auch Fotos, die Sie mit dem
Smartphone gemacht haben, können Sie importieren: Schließen Sie
das Smartphone mit dem passenden
USB-Kabel an den Computer an.
Das Smartphone muss eingeschaltet
und entsperrt sein. Beim allerersten
Anschluss wird das Smartphone
eingerichtet ➊.

Schritt 2

Klicken Sie auf die Meldung **Wählen
Sie eine Aktion für dieses Gerät
aus** ➋ und dann auf **Fotos und
Videos importieren**.

Schritt 3

Beim ersten Anschluss wird die *Fotos*-App *alle* Ihre Bilder zum Import
vorsehen; das können wie im Beispiel ➌ sehr viele sein. Damit dauert
der Import einfach länger. Wählen
Sie also entweder einzelne Fotos
durch Anklicken aus oder lassen Sie
Alle auswählen ➍ angeklickt.

Schritt 4

Klicken Sie auf **Auswahl importieren**; die Fotos werden Ihrer Sammlung hinzugefügt.

Schritt 5

Sollte nach dem Anschluss des Smartphones die Meldung **Wählen Sie eine Aktion** zu schnell verschwunden sein, rufen Sie den Import selbst auf: Öffnen Sie die *Fotos*-App, indem Sie das Startmenü aufrufen (⊞-Taste drücken) und auf die Kachel **Fotos** klicken.

Schritt 6

Klicken Sie in der App oben rechts auf **Importieren** und dann auf **Von USB-Gerät**. Alle Fotos werden aufgelistet; klicken Sie auf **Neu auswählen ❺**, um nur die noch nicht importierten Fotos auf den Computer zu laden. Klicken Sie dann ganz unten auf **Auswahl importieren**.

Fotos auf dem Computer finden

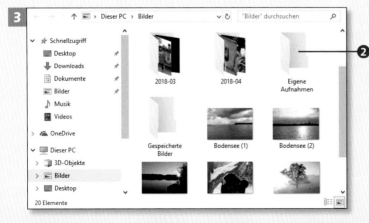

Wenn Sie gern fotografieren, möchten Sie Ihre Bilder auch einfach wiederfinden. Im Explorer stehen Ihnen dazu Haupt- und Unterordner zur Verfügung.

Schritt 1

Öffnen Sie Ihren Bilder-Ordner im Explorer: Klicken Sie im Startmenü (⊞ drücken oder links unten auf das Windows-Logo klicken) links auf das Symbol **Bilder**.

Schritt 2

Der Explorer, Ihr Datei-Verwaltungs-programm, fasst im Hauptordner **Bilder** alle Ihre Bilder zusammen. Sie finden ihn an drei Stellen: links im Abschnitt **Schnellzugriff** ❶ und unter **Dieser PC** (jeweils einmal anklicken) sowie bei den *häufig verwendeten Ordnern*. Egal, auf welche der drei Stellen Sie klicken: Sie gelangen stets zur Übersicht Ihrer Fotos.

Schritt 3

Der rechte Fensterteil gibt den Inhalt des Hauptordners wieder, der in der Ordnerliste links angeklickt ist. Schauen Sie auf den rechten Fensterteil: Die Fotos liegen teilweise in Unterordnern ❷, teilweise direkt im Hauptordner, wie hier zu sehen.

Schritt 4

Wenn Sie also Ihre Fotos der letzten Reise nicht direkt sehen, schauen Sie nach dem richtigen Ordner: Unter der kleinen Vorschau eines Bildes aus dem Ordner sehen Sie den *Ordnernamen*. Die Ordner werden standardmäßig nach Zahlen, z. B. Datum, und dann nach Alphabet sortiert. Öffnen Sie den Ordner mit dem entsprechenden Datum durch einen Doppelklick.

Schritt 5

Der Ordnerinhalt wird angezeigt. Wenn Ihnen die Miniaturbilder zu klein sind, klicken Sie im *Menüband* – das ist der Bereich oberhalb der Fotos – auf **Ansicht ▸ Extra große Symbole**. Sie müssen *klicken*, sonst sehen Sie nur eine Vorschau der vergrößerten Miniaturen.

Schritt 6

Um zur Übersicht aller Ordner im Hauptordner **Bilder** zurückzukehren, klicken Sie auf das Wort **Bilder** in der Navigationsleiste oder links in der Ordnerliste ❸. Sie können im Explorer Fotos auch verschieben, neue Ordner anlegen, Fotos und Ordner umbenennen oder löschen (siehe Kapitel 9, »Dateien und Ordner verwalten«, ab Seite 230).

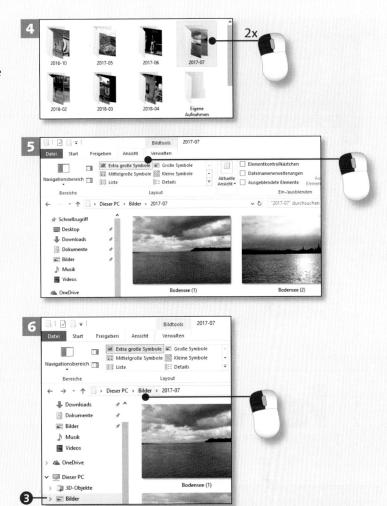

Was ist der Schnellzugriff?

Ordner und Dateien, die Sie häufig verwenden, finden sich im *Schnellzugriff*. So müssen Sie sie nicht suchen oder sich durch verschiedene Ordner klicken, sondern sehen sie direkt nach dem Öffnen des Explorers. Auch die Hauptordner **Bilder**, **Dokumente**, **Musik** und **Videos** sowie der Desktop und der Ordner **Downloads** sind hier angeheftet.

Bilder gerade ausrichten

Ein schönes Bild – aber leider schief. Wie Sie es wieder gerade ausrichten, lesen Sie hier.

Schritt 1

Öffnen Sie die *Fotos*-App: Klicken Sie dazu im Startmenü auf die App-Kachel **Fotos**. Übrigens: Bei eingeschalteter Live-Vorschau ändert sich das Vorschaubild hier laufend.

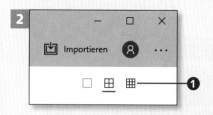

Schritt 2

Um mehr Bilder auf einmal zu sehen, klicken Sie auf das kleine Gitter ❶ ganz rechts. Scrollen Sie bis zu dem Bild, das Sie verbessern möchten. Klicken Sie es an.

Schritt 3

Das Bild wird groß angezeigt. Klicken Sie oben in der Befehlsleiste auf **Bearbeiten und erstellen** und dann auf **Bearbeiten**.

Befehlsleiste verschwunden?
Sehen Sie nach dem Öffnen eines Bildes in der *Fotos*-App nur das Foto in groß, klicken Sie das große Bild einmal an. Jetzt ist die Leiste mit dem **Bearbeiten**-Befehl zu sehen.

Schritt 4

Die *Fotos*-App zeigt nun rechts neben dem Bild verschiedene Werkzeuge zum Verbessern an. An erster Stelle finden Sie **Zuschneiden und drehen**; klicken Sie darauf.

Schritt 5

Zum Gerade-Ausrichten nutzen Sie den großen weißen Schieber: Ziehen Sie ihn mit gedrückter Maustaste langsam nach oben oder nach unten, je nach zu korrigierendem »Schiefstand«. Ein Gitter hilft Ihnen bei der Ausrichtung. Stimmt die Neigung, lassen Sie die Maustaste los.

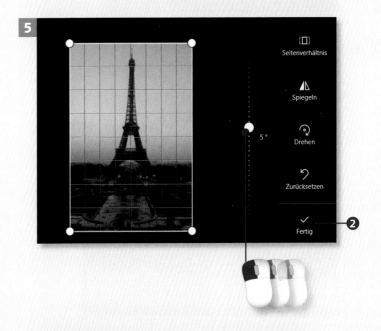

Schritt 6

Klicken Sie auf **Fertig** ❷. Sie gelangen zurück zur Übersicht der Werkzeuge. Um die Änderungen zu speichern, klicken Sie rechts unten auf **Kopie speichern** ❸ (das Original bleibt erhalten) oder **Speichern** (das Original wird durch die verbesserte Version ersetzt).

Bilder (automatisch) verbessern

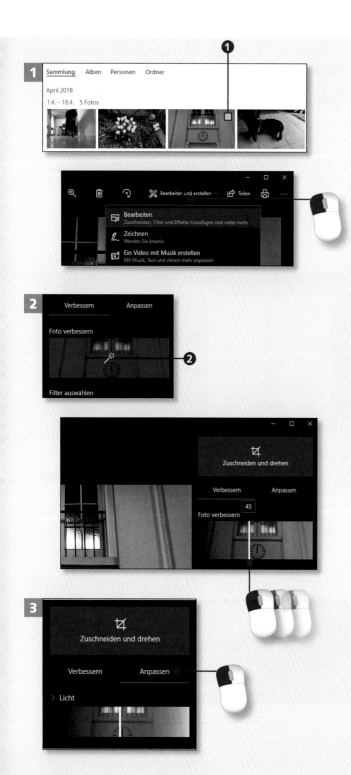

Zu helle Bilder können auch Bildbearbeitungsprogramme nicht wirklich retten, aber zu dunkle Stellen im Bild oder auch das ganze Foto lassen sich gut aufhellen. Auch dabei hilft Ihnen die Fotos-App.

Schritt 1

Öffnen Sie das Bild zum Bearbeiten, indem Sie es in der *Fotos*-App anklicken ❶. Klicken Sie auf **Bearbeiten und erstellen ▸ Bearbeiten**.

Schritt 2

Klicken Sie für eine automatische Verbesserung auf den Zauberstab ❷. Die *Fotos*-App ändert Belichtung und Kontrast. Ziehen Sie den weißen Balken im Bereich **Foto verbessern** mit gedrückter Maustaste nach links, um die Änderungen abzuschwächen, und nach rechts zum Verstärken.

Schritt 3

Möchten Sie weitere Verbesserungen selbst vornehmen, klicken Sie auf **Anpassen**. Die Werkzeugleiste ändert sich; nutzen Sie die Balken und Schieberegler, um Ihr Bild zu verbessern.

Schritt 4

Um das Bild aufzuhellen, ziehen Sie z. B. den Balken im Bereich **Licht** mit gedrückter Maustaste nach rechts. Lassen Sie die Maustaste los, wenn das Bild hell genug ist. Hellen Sie das Bild nicht zu sehr auf, denn das macht es körnig. Um Änderungen rückgängig zu machen, klicken Sie auf **Zurücksetzen ❸**.

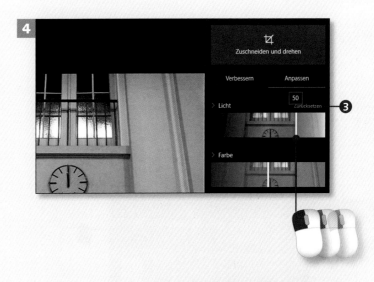

Schritt 5

Bei **Schärfe** können Sie etwas klarere Konturen aus dem Bild herausholen, wenn Sie den Schieberegler nach rechts ziehen. Wollen Sie das Bild mit Weichzeichner versehen, ziehen Sie den Regler nach links.

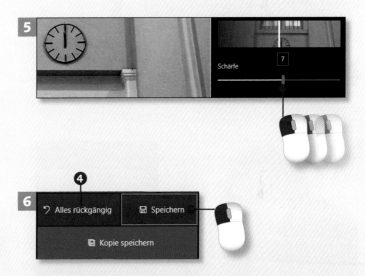

Schritt 6

Alle Änderungen auf einmal heben Sie mit einem Klick auf **Alles rückgängig ❹** auf. Zum Behalten der Änderungen klicken Sie auf **Speichern**.

Zurück zu allen Bildern

Wenn Sie mit Ihren Änderungen am Bild fertig sind und noch ein anderes Bild bearbeiten möchten, klicken Sie ganz oben links neben dem Dateinamen auf den Pfeil nach links. So gelangen Sie wieder zur Übersicht aller Fotos.

Rote Augen entfernen

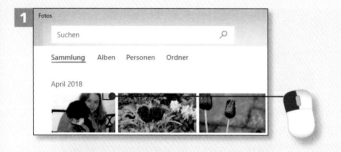

Eine schöne Porträtaufnahme – wenn nur die roten Augen nicht wären! Mit wenigen Klicks ersetzen Sie die roten durch »echte« Augen.

Schritt 1

Öffnen Sie die *Fotos*-App, und scrollen Sie bis zu dem Bild mit den roten Augen. Klicken Sie darauf.

Schritt 2

Klicken Sie oben in der Symbolleiste auf **Bearbeiten und erstellen** und dann auf **Bearbeiten**.

Schritt 3

Bei den Werkzeugen in der rechten Leiste klicken Sie auf **Anpassen** ❶ und scrollen dann ganz nach unten, bis Sie das Werkzeug **Rote Augen** sehen. Klicken Sie auf das Werkzeug.

> **Ich komme nicht zum Bereich »Rote Augen«**
>
> Die *Fotos*-App läuft nicht immer geschmeidig, wenn Sie auf einem kleineren Bildschirm bei Fotos und Werkzeugen nach unten scrollen. Klicken Sie dann auf die Leiste ganz am Rand und ziehen Sie den dunkelgrauen Schieber mehrmals nach oben und unten, bis Sie das Werkzeug **Rote Augen** sehen.

Schritt 4

Der Mauszeiger verwandelt sich in einen blauen Kreis, wenn Sie ihn über das Bild ziehen. Ist das Auge sehr klein, vergrößern Sie die Ansicht, indem Sie unten rechts auf das Plus ❷ klicken.

Schritt 5

Klicken Sie mit der Mauszeiger-Kugel auf das erste rote Auge. Die Pupille wird sofort dunkel. Klicken Sie auch auf die zweite Pupille; die Augen sehen nun natürlich aus.

Schritt 6

Klicken Sie ein anderes Werkzeug an, wenn Sie das Bild jetzt noch weiterbearbeiten möchten. Speichern Sie es schließlich. Wollen Sie dann die App schließen, klicken Sie oben rechts auf das Schließkreuz.

Und der Dackel?

Bei Tieren funktioniert das Werkzeug **Rote Augen** leider nicht. Achten Sie am besten beim Fotografieren schon darauf, Tieraugen nicht anzublitzen.

Bilder zuschneiden

Sie haben den Ausschnitt zu groß gewählt? Kein Problem, Ihr Foto ist schnell zugeschnitten.

Schritt 1

Klicken Sie zum Öffnen in der *Fotos*-App auf das Foto, das Sie zuschneiden möchten. Klicken Sie auf **Bearbeiten und erstellen** und dann auf **Bearbeiten**.

Schritt 2

Rechts neben dem Bild sehen Sie wieder die Werkzeuge. Klicken Sie auf **Zuschneiden und drehen**.

Schritt 3

Das Bild hat nun an allen Ecken weiße Punkte, mit denen Sie es zuschneiden. Ziehen Sie einen der oberen Punkte mit gedrückter Maustaste nach unten. Wenn der ganze Bereich, den Sie »wegschneiden« möchten, dunkel überlagert ist, lassen Sie die Maustaste los.

Werkzeug ausschalten

Wenn Sie ein Werkzeug angeklickt haben, es aber doch nicht nutzen möchten, drücken Sie entweder [Esc] ganz oben links auf Ihrer Tastatur, oder Sie klicken das Werkzeug einfach noch einmal an.

Schritt 4

Wiederholen Sie den Vorgang mit den anderen Punkten, bis der richtige Bereich übrig ist. Sie können auch einen der Punkte Richtung Bildmitte ziehen, dann schneiden Sie gleichzeitig in zwei Richtungen. Solange Sie nicht auf **Fertig** geklickt haben, können Sie den Zuschnitt korrigieren.

Schritt 5

Nach fast jedem Zuschneiden-Schritt passt die *Fotos*-App die Größe des Bildes an und zeigt den zu erhaltenden Bereich größer an. Wenn nur noch der gewünschte Bereich hell und groß zu sehen ist, klicken Sie unten rechts auf **Fertig**.

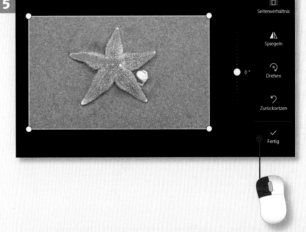

Schritt 6

Speichern Sie das Bild. Wenn Sie sicher sind, dass Sie das Original nicht mehr benötigen, klicken Sie auf **Speichern** ❶ – das zugeschnittene Bild wird anstelle des Originals gespeichert. Möchten Sie das Original auch behalten, klicken Sie auf **Kopie speichern**. Sie finden die Kopie anschließend in der Sammlung direkt neben dem Original.

Fotos für den E-Mail-Versand verkleinern

Digitale Bilder können nicht nur Sie, sondern auch andere erfreuen – senden Sie Ihren Freunden Fotos per E-Mail! Mit Rücksicht auf deren Postfach sollten Sie die Bilder allerdings verkleinert verschicken.

Schritt 1

Bilder können Sie an Ihre E-Mail anhängen mit **Anfügen** (Stichwort »Büroklammer«, siehe den Abschnitt »E-Mails mit Anlagen versenden« auf Seite 126). Wichtig ist, dass die Bilder nicht zu groß sind. Zum Verkleinern können Sie das vorinstallierte Programm *Paint* nutzen. Öffnen Sie zunächst Ihren Bilder-Ordner über die Schaltfläche **Bilder** im Startmenü.

Schritt 2

Wenn Ihr Bild noch nicht direkt zu sehen ist, weil es in einem der Ordner »steckt«, öffnen Sie den Ordner mit einem Doppelklick. Klicken Sie mit der *rechten* Maustaste auf das zu verkleinernde Bild. Im Kontextmenü klicken Sie auf **Öffnen mit**.

Schritt 3

In der jetzt aufklappenden Liste wählen Sie **Paint** (*paint* = engl. *zeichnen*). Wählen Sie *nicht* **Paint 3D**, das hilft hier nicht.

Schritt 4

Das Bild wird im Programm *Paint* geöffnet. Je größer die Datei ist, desto mehr Details sehen Sie. Die Registerkarte **Start ❶** sollte im Vordergrund zu sehen sein. Klicken Sie auf **Größe ändern**. Wenn Sie die Bezeichnung nicht sehen, klicken Sie auf das Symbol mit den beiden Rechtecken **❷**.

Schritt 5

Geben Sie in das Feld **Prozentsatz ▸ Horizontal** einen Wert ein. Ist das Originalbild sehr groß, geben Sie z. B. »30« ein. Können Sie das Bild schon komplett im Paint-Fenster sehen, tippen Sie »50« ein. Bestätigen Sie Ihre Eingabe mit **OK**. Nimmt Ihr Bild jetzt immer noch mehr als ein Drittel des Paint-Fensters ein, verkleinern Sie es erneut.

Schritt 6

Klicken Sie auf **Datei ▸ Speichern unter**. Geben Sie in der Zeile **Dateiname ❹** einen anderen Namen ein, z. B. »IMG_4157-klein«. Klicken Sie dann auf **Speichern ❺**. Schließen Sie das Programm mit einem Klick auf das Schließkreuz oben rechts.

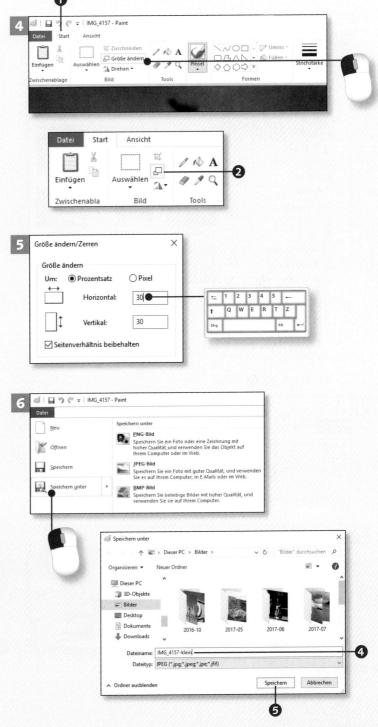

Fotos drucken

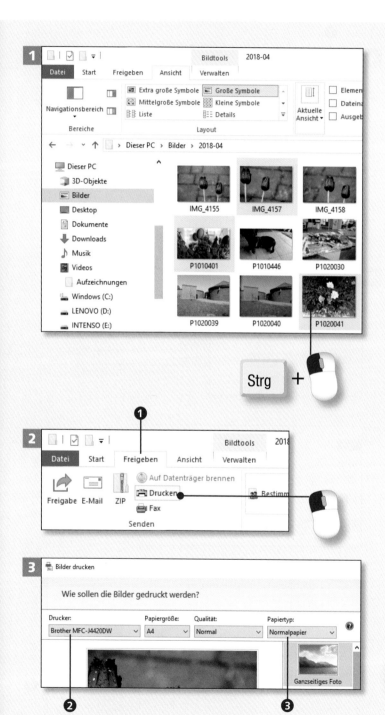

Mal schnell einen Schnappschuss auf Papier zeigen oder eine Auswahl von Fotos auf einem Blatt drucken: Mit dieser Anleitung gelingt Ihnen das Drucken von Fotos spielend.

Schritt 1

Vom *Explorer* aus starten Sie den Fotodruck. Sie können ein oder mehrere Bilder auf einmal drucken. Klicken Sie das zu druckende Bild an, oder markieren Sie mehrere Bilder (siehe den Kasten auf dieser Seite).

Schritt 2

Rufen Sie die Registerkarte **Freigeben ❶** auf. Klicken Sie hier auf **Drucken**.

Schritt 3

Der Explorer öffnet das Fenster **Bilder drucken**. Achten Sie darauf, dass der richtige **Drucker ❷** ausgewählt ist. Bei **Papiertyp ❸** klicken Sie die Papiersorte an, die Sie eingelegt haben, z. B. Normal- oder Fotopapier.

Mehrere Bilder markieren

Klicken Sie das erste Bild an. Halten Sie dann ⌨Strg gedrückt. Mit der Maus klicken Sie nun auf die anderen zu druckenden Bilder.

sollen wie im Beispiel vier Bilder auf ein Blatt gedruckt werden? Klicken Sie auf die Bildlaufleiste rechts, um weitere Layouts anzuzeigen. Im Beispiel drucken Sie alle vier ausgewählten Bilder auf ein Blatt und klicken dafür auf **9 × 13 cm (4)**.

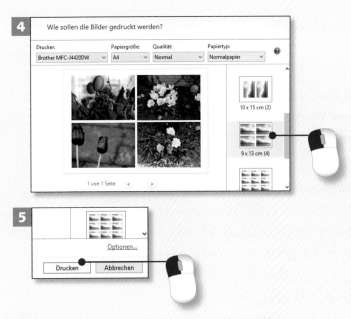

Schritt 5

Achten Sie darauf, dass im Drucker genug und vor allem das richtige Papier eingelegt ist. Starten Sie dann den Druck mit einem Klick auf **Drucken**.

Schritt 6

Jetzt ist Geduld gefragt: Es dauert mitunter eine Weile, bis die Daten an Ihren Drucker geschickt wurden und der Druck startet. Ihr Drucker zeigt Ihnen dann ein Fenster mit Fortschrittsbalken ❹. Wenn die Bilder gedruckt sind, schließt sich dieses Fenster.

Ein Foto aus der Fotos-App drucken

Ein einzelnes Foto können Sie auch schnell aus der *Fotos*-App heraus drucken. Klicken Sie dazu auf das **Drucken**-Symbol rechts oben. Sie können hier auch die Fotogröße auswählen und dann auf **Drucken** klicken. Für den Druck von mehr als einem Foto auf einem Blatt hilft Ihnen die App aber nicht weiter; nutzen Sie dann die obige Anleitung für den Explorer.

Kapitel 7
Texte schreiben

Briefe, Verträge, Rezepte, Gedichte, Aufsätze, Einkaufslisten und vieles mehr können Sie mit Word schreiben und so formatieren, dass Ihre Dokumente immer ansprechend aussehen.

Microsoft installieren und Word kennenlernen

Sie können Word zusammen mit dem ganzen Office-Paket per Download installieren. Nach der Installation können Sie sofort loslegen und Ihre ersten Texte schreiben. Auch mit Fehlern gehen Sie souverän um.

Den Text gestalten

Sie geben Ihrem Text Form, indem Sie Absätze ausrichten, mit Aufzählungspunkten oder einer Nummerierung versehen. Sie gestalten den Text nach Ihren Vorstellungen, wenn Sie Schriftart und -größe ändern und Bilder einfügen.

Dokumente ausdrucken

Egal, ob eine einzelne Seite oder ein längerer Text: Mit wenigen Klicks starten Sie den Druck Ihrer Dokumente, um z. B. Briefe verschicken und Memoiren weitergeben zu können.

Das Office-Paket instal-
lieren Sie per Download. **❶**

Texte lassen sich im Handum-
drehen mit Bildern bereichern. **❷**

❸ Ist der Text erst fertig,
geht das Drucken schnell.

Microsoft Office installieren

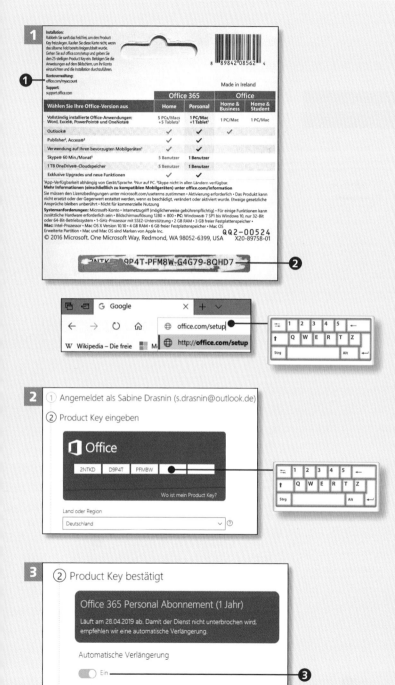

Das Programmpaket Microsoft Office lässt sich nach dem Download der Programmdateien installieren.

Schritt 1

Das Office-Paket wird aus dem Internet heruntergeladen. Dafür erhalten Sie beim Kauf einen *Link*. Bei der Abo-Lösung Office 365 finden Sie die Internetadresse auf der Rückseite der Office-Karte ❶. Öffnen Sie *Edge* und geben Sie *office.com/setup* in die Adressleiste ein. Drücken Sie ⏎.

Schritt 2

Als Erstes müssen Sie das Paket Ihrem Microsoft-Konto zuordnen (siehe den Abschnitt »Bei Windows anmelden« auf Seite 44): Melden Sie sich mit dessen E-Mail-Adresse und Passwort an. Auf der nächsten Seite geben Sie den *Product Key* (die Lizenznummer) ein; er steht auf der Rückseite der Office-Karte unter der silbernen Schicht ❷.

Schritt 3

Klicken Sie auf **Weiter**. Wenn Office 365 als Abo laufen, also jährlich verlängert werden soll, lassen Sie **Ein** ❸ stehen und klicken auf **Weiter**.

Schritt 4

Wenn Sie keine Werbung möchten, klicken Sie im folgenden Fenster direkt auf **Weiter** ❹. Dann klicken Sie auf **Installieren** und im nächsten Fenster erneut auf **Installieren**.

Schritt 5

Klicken Sie am unteren Bildschirmrand auf **Ausführen**. Bestätigen Sie dann, dass durch diese App Änderungen an Ihrem Gerät vorgenommen werden dürfen. Das Programmpaket wird installiert; dazu werden weitere Dateien heruntergeladen.

Schritt 6

Microsoft verspricht: **Wir sind gleich fertig**; trotzdem kann es zehn Minuten oder sogar länger dauern, bevor es weitergeht. Bleiben Sie solange online, trennen Sie die Internetverbindung also nicht.

Microsoft Office installieren (Forts.)

Schritt 7

Sind Download und Installation abgeschlossen, erhalten Sie unten rechts und im Installationsfenster eine entsprechende Meldung.

Schritt 8

Klicken Sie im Installationsfenster auf **Schließen**, um die Installation fertigzustellen. Auch das Edge-Fenster können Sie schließen.

Schritt 9

Rufen Sie das Startmenü auf, und klicken Sie in der App-Liste auf **Word**. Eventuell ist von einer mit Windows installierten Testversion schon eine Kachel an Start angeheftet; dann klicken Sie darauf.

Word, Excel & Co. im Abo: Office 365

Beim Abo Office 365 zahlen Sie einmal jährlich einen Betrag und haben stets die neueste Version der Programme auf Ihrem Computer. Das Abo gibt es in den Versionen für einen Computer (*Personal*) oder für fünf Geräte (*Home*). Das Office-Paket im Abo ist umfangreicher als beim einmaligen Kauf von Office Home & Student oder Home & Business.

Schritt 10

Word, das Schreibprogramm des Office-Pakets, wird geöffnet. Beim ersten Start bestätigen Sie das Fenster **Produkt aktiviert** mit einem Klick auf **OK** und schließen Word wieder.

Schritt 11

Öffnen Sie erneut das Startmenü. Ist noch keine Word-Kachel vorhanden, klicken Sie in der App-Liste mit der rechten Maustaste auf **Word** und dann auf **An "Start" anheften**. Wiederholen Sie diesen Schritt für Excel.

Schritt 12

Ziehen Sie die Programmsymbole auf den Desktop (siehe den Abschnitt »Programme im Startmenü und auf der Taskleiste anzeigen« auf Seite 62). So können Sie Word & Co. immer schnell öffnen.

Word kennenlernen

Word bietet viele Funktionen rund um den Text. Verschaffen Sie sich einen ersten Überblick.

Schritt 1

Öffnen Sie *Word* (siehe Seite 162). Auf dem Startbildschirm sehen Sie (später) im blauen Bereich links die zuletzt geöffneten Dateien. Im Bereich rechts finden Sie Vorlagen für Word-Dokumente. Indem Sie auf das weiße Rechteck klicken, öffnen Sie ein leeres Dokument.

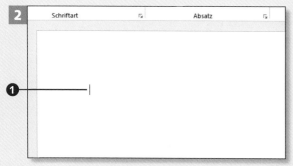

Schritt 2

Am oberen linken Rand der weißen Fläche (Ihres Blattes) sehen Sie einen blinkenden Strich ❶; das ist der Cursor. Wo dieser Cursor blinkt, können Sie schreiben. Immer.

Schritt 3

Über dem leeren Blatt sehen Sie einen breiten Streifen mit Schaltflächen, das *Menüband*. Das Menüband ist in *Registerkarten* unterteilt. Mit einem Klick auf den *Reiter* rufen Sie die entsprechende Registerkarte auf. Klicken Sie z. B. auf den Reiter **Einfügen**; sofort ändern sich die Schaltflächen im Menüband.

Schritt 4

Die aktuell angezeigte Registerkarte ist durch den hellen Reiter hervorgehoben. Klicken Sie auf den Reiter **Start**. Hier finden Sie die wichtigsten Befehle, um Ihren Text »schön« zu machen: **Fett** ❷ schreiben, **Größe** ❸ und **Schriftart** ❹ ändern, **Zeilenabstand** ❺ anpassen und vieles mehr.

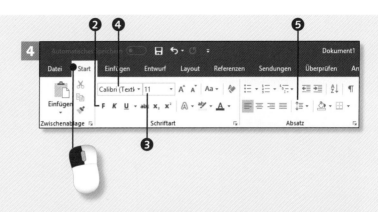

Schritt 5

Sehr hilfreich ist die *Symbolleiste für den Schnellzugriff*: Hier rufen Sie die Befehle mit einem Klick auf, egal auf welcher Registerkarte sie sonst zu finden sind. Das Symbol links (eine Diskette) ❻ speichert Ihr Dokument, der Pfeil nach links ❼ macht die letzte Aktion rückgängig. Das dritte Symbol ❽ nimmt dieses Rückgängigmachen zurück oder wiederholt die letzte Aktion.

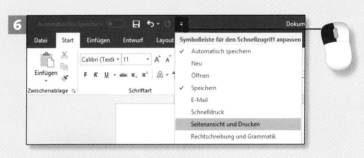

Schritt 6

Sie können der Leiste weitere Symbole hinzufügen. Klicken Sie dazu rechts auf den kleinen Pfeil. Klicken Sie auf **Seitenansicht und Drucken**. Dann klicken Sie den Pfeil oben wieder an und auf **Neu**. Die beiden Befehle werden ergänzt ❾.

Wieso eine Diskette als Speichern-Symbol?

Auf Disketten wurden in den 1980er- und 90er-Jahren Daten gespeichert; allerdings passte nicht sehr viel darauf. Die Diskette hat schon lange keine praktische Bedeutung mehr, sie steht aber immer noch symbolisch für das Speichern.

Dateien neu anlegen und öffnen

Neue Dokumente sind in Word schnell angelegt. Aber auch Texte, die Sie gespeichert haben oder die Ihnen ein Bekannter geschickt hat, können Sie mit Word einfach wieder öffnen.

Schritt 1

Wenn Sie Word öffnen, legt das Programm automatisch ein neues leeres Dokument an, spätestens dann, wenn Sie auf dem Startbildschirm auf **Leeres Dokument** klicken.

Schritt 2

Auch wenn Sie bereits an einem Dokument arbeiten, können Sie ein leeres Dokument öffnen. Klicken Sie dazu oben links in der Symbolleiste für den Schnellzugriff auf das Symbol **Neu**. (Sehen Sie es nicht, fügen Sie es wie im vorherigen Abschnitt in Schritt 6 beschrieben hinzu.)

Schritt 3

Das zweite, also das neue Dokument, schiebt sich vor das erste. Haben Sie das Word-Fenster maximiert, sehen Sie das erste Dokument nicht. Um es nach vorn zu holen, klicken Sie beim neuen Dokument auf das **Minimieren**-Symbol oben rechts.

Das Menüband ist verschwunden!

Wenn das Menüband »verschwindet« und Sie nur noch die Namen der Registerkarten sehen können, klicken Sie ganz oben rechts auf das Symbol **Menüband-Anzeigeoptionen** (das Rechteck mit dem Pfeil nach oben darin, rechts neben Ihrem Namen). In der aufklappenden Liste klicken Sie die unterste Option an: **Registerkarten und Befehle anzeigen**.

Schritt 4

Um ein Dokument zu öffnen, das Sie bereits gespeichert haben (siehe dazu den Abschnitt »Dokumente speichern« auf Seite 168), klicken Sie auf die Registerkarte **Datei** ❶ und dann auf **Öffnen**.

Schritt 5

Im Bereich **Öffnen** sehen Sie verschiedene Speicherorte, die Option **Zuletzt verwendet** ist *markiert* (farbig hervorgehoben). Rechts daneben sehen Sie die zuletzt verwendeten Dateien. Ist die gewünschte Datei dabei, klicken Sie einmal auf den Dateinamen. Das Dokument erscheint auf dem Bildschirm.

Schritt 6

Wenn die Datei hier nicht zu sehen ist, klicken Sie auf **Dieser PC**. Die Ansicht rechts wechselt: Jetzt sehen Sie den Inhalt des Ordners **Dokumente** ❷ (Word speichert Ihre Texte automatisch in diesem Ordner). Klicken Sie das gewünschte Dokument ❸ einmal an.

Dateien schneller öffnen

Die Dateien, die Sie zuletzt geöffnet haben, sammelt Word in einer Liste. Nach dem Start zeigt Word zuerst den Startbildschirm und hier links die Liste unter der Rubrik **Zuletzt verwendet**. Ein Klick auf einen Dateinamen öffnet das Dokument.

Dokumente speichern

Gespeicherte Dokumente können Sie weiterbearbeiten, wiederverwenden, ausdrucken oder per E-Mail verschicken.

Schritt 1

Wenn Sie Ihr Dokument nicht speichern, gehen Änderungen verloren, sobald Sie es schließen, und Ihre Arbeit war umsonst. Klicken Sie also auf der Registerkarte **Datei** ❶ auf **Speichern unter**. Haben Sie Ihr Dokument bisher noch nicht gespeichert, heißt es einfach »Dokument1« ❷ – das ist kein guter Dateiname, da er keinen Hinweis auf den Inhalt gibt.

Schritt 2

Klicken Sie zunächst in der zweiten Spalte auf **Dieser PC** ❸. Klicken Sie dann auf **Durchsuchen**.

Schritt 3

Word zeigt Ihnen den Ordner **Dokumente** ❹ an, den Sie jetzt auch verwenden. Geben Sie einen Dateinamen ein, und klicken Sie auf **Speichern** ❺.

Schritt 4

Word sichert Ihren Text im Ordner *Dokumente*. Das Speichern geschieht sehr schnell. Word wechselt danach automatisch zur Dokumentansicht mit der Registerkarte **Start**. Oben sehen Sie nun den neuen Namen **6**.

Schritt 5

Sie können gespeicherte Dokumente, z. B. einen Brief, wiederverwenden und mit neuem Text überschreiben. Damit beide Dokumente erhalten bleiben, speichern Sie den neuen Brief unter einem anderen Namen. Klicken Sie dazu auf **Datei ▸ Speichern unter ▸ Durchsuchen**. Der bisherige Dateiname ist blau hinterlegt. Tippen Sie einen neuen Namen ein und klicken Sie unten rechts auf **Speichern 7**.

Schritt 6

Wenn Sie nach dem letzten Speichern weiter an einem Dokument gearbeitet haben und später Word per Klick aufs Schließkreuz beenden wollen, fragt Word nach, ob das Dokument gespeichert werden soll. Wenn ja, klicken Sie auf **Speichern**, ansonsten auf **Nicht speichern**. **Abbrechen** sollten Sie nur anklicken, wenn Sie doch noch weiter am Dokument arbeiten möchten.

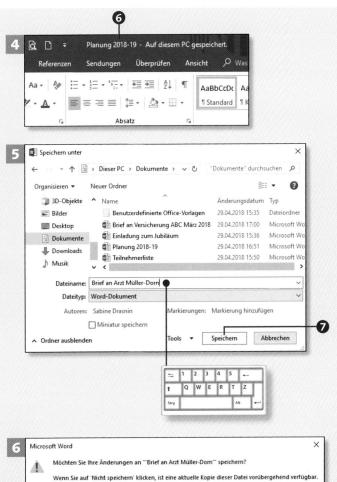

Bei mir sieht das anders aus ...

Bei einigen Word-Versionen gibt es einen kürzeren Weg zum Speichern. Nach dem Klick auf **Datei ▸ Speichern unter** steht rechts ein kleines Formular zur Verfügung. Klicken Sie hier in das Feld mit dem Text *Hier Bezeichnung eingeben*, tippen Sie einen aussagekräftigen Dateinamen ein und klicken Sie dann rechts daneben auf **Speichern**.

Text eingeben

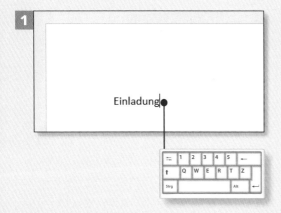

Geben Sie zuerst Ihren Text ein, und gestalten Sie ihn dann. In diesem Abschnitt geht es um die Eingabe (das Tippen) von Text.

Schritt 1

Schreiben Sie Ihren Text – legen Sie einfach los. Die Buchstaben, die Sie eintippen, erscheinen dort, wo der Cursor blinkt. Der Cursor verschiebt sich mit jedem Buchstaben weiter nach rechts.

Schritt 2

Um selbst an den Anfang der nächsten Zeile zu gelangen und so einen Absatz zu erzeugen, drücken Sie ⏎ . Der Cursor springt an den Anfang der nächsten Zeile.

Schritt 3

Oft geht eine Textpassage über mehrere Zeilen. Sie brauchen in diesem Fall ⏎ nicht zu drücken, wenn der Text das Ende einer Zeile erreicht. Word erledigt den Zeilenumbruch für Sie; der Cursor springt am Ende der Zeile von allein in die nächste Zeile. Das Trennen langer Wörter erledigt Word automatisch – wenn es eingeschaltet ist (siehe Kasten).

Einladung

Zu unserem diesjährigen Sommerfest laden wir euch alle herzlich ein. Wie angekündigt, wollen wir uns im Waldstück am Kleinen Busch treffen.

Silbentrennung einschalten

Die Silbentrennung schalten Sie über die Registerkarte **Layout** in der Gruppe **Seite einrichten** ein. Klicken Sie auf die Schaltfläche **Silbentrennung** und dann auf **Automatisch**.

Schritt 4

Wenn das Ende einer Seite erreicht ist, wechselt Word automatisch zur nächsten Seite. In der als Standard eingestellten Ansicht **Seitenlayout** sehen Sie zwischen den Seiten einen grauen Balken ❶. Beim Seitenlayout ist die mittlere Schaltfläche unten rechts hervorgehoben ❷.

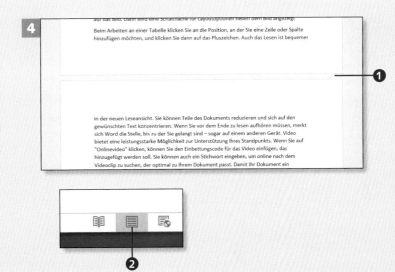

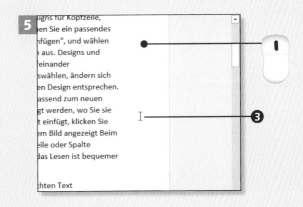

Schritt 5

Im Normalfall sehen Sie nur die Hälfte Ihres Blattes, damit Sie den Text noch gut lesen können. Der Rest ist aber trotzdem immer da, nur ist er gerade nicht eingeblendet. Um den Text weiter unten zu sehen, scrollen Sie mit dem Mausrad nach unten (zu sich hin). Der Mauszeiger muss dabei über dem Blatt sein. Er sieht dann aus wie eine römische Eins ❸ und nicht wie ein Pfeil.

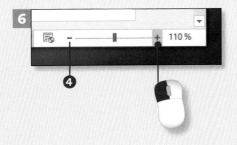

Schritt 6

Wenn der Text zu klein ist, ändern Sie nicht direkt die Schriftgröße (siehe dazu den Abschnitt »Schrift und Layout gestalten« auf Seite 182), sondern nutzen Sie die *Zoomleiste*. Klicken Sie rechts unten auf das Plus, um die Anzeige schrittweise zu vergrößern, mit dem Minus ❹ verkleinern Sie sie wieder.

Den Text korrigieren

1 5·Uhr.·Wir·gehen·zusammwn·an·der·Schutzhütte·los.· gut·drei·Stunden·Zeit,·um··unsern·Ziel·zu·erreichen.· bleibt·natürlich·erstmal·geheim!·Dem·ganzem·Verlauf· ŀ·wir·zu·Beginn·am·Kleinen·Busch·aus.¶

2 5·Uhr.·Wir·gehen·zusammwn·an·der·Schutzhütte·los.· gut·drei·Stunden·Zeit,·um··unsern·Ziel·zu·erreichen.·

3 5·Uhr.·Wir·gehen·zusammwn·an·der·Schutzhütte·los.· gut·drei·Stunden·Zeit,·um··unsern·Ziel·zu·erreichen.· bleibt·natürlich·erstmal·geheim!·Dem·ganzem·Verlauf·

Seitenlayout

In Word können Sie sich Dokumente auf verschiedene Arten anzeigen lassen. Standard ist die Ansicht **Seitenlayout**. Hier sehen Sie, wie Ihr Text auch ausgedruckt aussehen würde. Sie finden die Ansichtsvarianten unten links neben der Zoomleiste; Seitenlayout ist das Quadrat mit den Linien. Für diesen Abschnitt haben wir zur Verdeutlichung die Option **Alle Anzeigen** in der Gruppe **Absatz** der Registerkarte **Start** aktiviert (¶).

Tippfehler kommen häufiger vor. Zum Glück sind sie leicht zu korrigieren.

Schritt 1

Word arbeitet im Hintergrund mit einer *Rechtschreibprüfung*, während Sie tippen. Wörter, die Word für falsch geschrieben hält oder die es nicht kennt, werden rot unterstrichen. Grammatikfehler und Fehler wie doppelte Leerzeichen werden blau unterstrichen.

Schritt 2

Nutzen Sie nicht die ⟵-Taste, um alle Buchstaben bis hin zum Fehler zu löschen. Sie machen sich damit unnötig Arbeit, wenn der Fehler einige Wörter zurückliegt. Klicken Sie stattdessen mit der Maus direkt an die Fehlerstelle, oder nutzen Sie die Pfeiltasten.

Schritt 3

Wenn ein Buchstabe fehlt, klicken Sie an die Stelle, an die er soll, und tippen ihn ein. Wurde ein Buchstabe vertauscht oder ein falscher Buchstabe getippt, klicken Sie neben den zu korrigierenden Buchstaben. Arbeiten Sie lieber mit der Tastatur, dann bewegen Sie den Cursor mit den Pfeiltasten.

Schritt 4

Mit der Taste ← löschen Sie den Buchstaben *links* vom Cursor. Drücken Sie die Taste nur einmal, wenn nur ein Buchstabe zu löschen ist. Kräftiges oder längeres Drücken der Taste bewirkt, dass (sehr schnell) gleich mehrere Buchstaben gelöscht werden. Um diese Aktion ggf. rückgängig zu machen, drücken Sie einmal Strg + Z .

4 5·Uhr.·Wir·gehen·zusammwn·an·der·Schutzhütte·los.· gut·drei·Stunden·Zeit,·um·unsern·Ziel·zu·erreichen.· bleibt·natürlich·erstmal·geheim!·Dem·ganzem·Verlauf·

←

5 5·Uhr.·Wir·gehen·zusammwn·an·der·Schutzhütte·los.· gut·drei·Stunden·Zeit,·um·unsern·Ziel·zu·erreichen.· bleibt·natürlich·erstmal·geheim!·Dem·ganzem·Verlauf·

Entf

Schritt 5

Wenn Sie den Cursor *vor* den zu löschenden Buchstaben setzen, drücken Sie zum Löschen Entf . Damit löschen Sie Buchstaben *rechts* von der Schreibmarke.

6 ❶ Wir·haben·dann·gut·drei·Stunden·Zeit,· erreichen.·Was··das·Ziel·ist,·bleibt· l·geheim!·Dem·ganzem·Verlauf·der· r·zu·Beginn·am·Kleinen·Busch·aus.¶ ❷

Schritt 6

Eine dünne, doppelte blaue Linie deutet auf zu viele Leerzeichen zwischen zwei Wörtern ❶ oder einen Grammatikfehler hin ❷. Bei dem Leerzeichenfehler klicken Sie vor den ersten Buchstaben des zweiten Worts, hier vor das »Z« bei »Zeit«, und drücken dann einmal ← .

Den Cursor im Text bewegen

Rechts unten auf Ihrer Tastatur finden Sie neben dem großen Buchstabenblock vier Pfeiltasten, mit denen Sie den Cursor im Text bewegen können. Mit ↑ bzw. ↓ springen Sie eine Zeile höher bzw. tiefer. Mit → kommen Sie in der Leserichtung buchstabenweise weiter, mit ← zurück.

Die Rechtschreibkorrektur einsetzen

Word erkennt nicht nur Fehler, sondern hilft Ihnen auch bei der Korrektur. Entweder lassen Sie Ihren Text von der Rechtschreibprüfung durchsuchen, oder Sie nutzen die Vorschläge zu einzelnen Fehlern.

Schritt 1

Zum Starten der Rechtschreib- und Grammatikprüfung wechseln Sie zur Registerkarte **Überprüfen**. Ganz links im Menüband sehen Sie die Schaltfläche **Rechtschreibung und Grammatik**. Klicken Sie darauf.

Schritt 2

Rechts öffnet sich der Bereich **Editor/Rechtschreibung**. Word durchsucht Ihren Text und blendet zu jedem als fehlerhaft erkannten Wort ❶ einen oder mehrere Korrekturvorschläge ❷ ein. Word versucht, aus dem Zusammenhang passende Wörter zu erkennen.

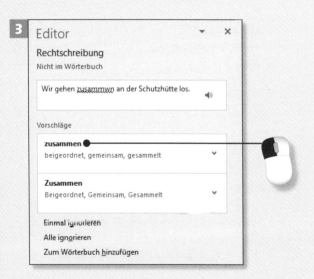

Schritt 3

Stimmt einer der Vorschläge, klicken Sie ihn an. Das Wort wird im Text automatisch korrigiert, und Word springt zum nächsten Fehler.

Schritt 4

Bei Grammatikfehlern werden gleich mehrere Wörter angezeigt. Word erklärt auch, was für ein Fehler gefunden wurde ❸. Auch hier klicken Sie auf den Vorschlag, um ihn anzunehmen. Sobald Word mit der Suche fertig ist, erhalten Sie die Meldung **Die Rechtschreib- und Grammatikprüfung ist abgeschlossen**. Klicken Sie auf **OK**.

Schritt 5

Möchten Sie nur ein einzelnes Wort korrigieren, klicken Sie mit der *rechten* Maustaste auf das Wort. Im Kontextmenü ist die Rechtschreibprüfung direkt ausgewählt. Passende Wörter werden in einem zusätzlichen Fenster aufgelistet. Klicken Sie mit der linken Maustaste auf den treffendsten Vorschlag, und schon wird das Wort korrigiert.

Schritt 6

Bei Grammatik- und Leerzeichenfehlern ist diese schnelle Korrektur noch wertvoller, denn hier sehen Sie oft gar nicht so leicht, wo der Fehler ist. Klicken Sie bei blau unterstrichenen Textstellen mit der rechten Maustaste zwischen die Wörter. Im Kontextmenü klicken Sie den Vorschlag von Word an.

Word will meinen Nachnamen ändern!

Word findet einerseits nicht alle Fehler. Verlassen Sie sich also nicht hundertprozentig auf Word, wenn Sie einen fehlerfreien Text haben möchten. Andererseits markiert die Rechtschreibprüfung auch Eigennamen und unbekannte Wörter als falsch. Klicken Sie dann auf **Einmal ignorieren** ❹.

Die Seite einrichten

Word ist vielseitig: Sie können Format (z. B. DIN A5), Ausrichtung, Silbentrennung und vieles mehr einstellen. Lernen Sie hier einige dieser Einstellungen kennen.

Schritt 1

Rufen Sie die Registerkarte **Layout** ❶ auf. In der Gruppe **Seite einrichten** sehen Sie wesentliche Befehle wie **Seitenränder**, **Ausrichtung**, **Format** und **Silbentrennung**. Klicken Sie auf die Schaltfläche **Silbentrennung**.

Schritt 2

Die Voreinstellung ist **Keine** – die Wörter werden nicht getrennt. Der Text verteilt sich in der Regel schöner auf dem Blatt, wenn die Silbentrennung eingeschaltet ist. Soll Word zu lange Wörter trennen, klicken Sie auf **Automatisch**.

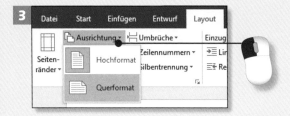

Frisch
gestrichen!

Schritt 3

Über die Schaltfläche **Ausrichtung** legen Sie fest, ob Ihr Dokument im Hoch- oder im Querformat angelegt wird. Kleine Plakate beispielsweise mit wenig, aber großem Text wirken im Querformat besser.

Schritt 4

Die Standardseite hat das Format DIN A4, Sie benötigen aber DIN A5? Kein Problem: Klicken Sie auf der Registerkarte **Layout** links auf **Format**. Word öffnet einen Katalog möglicher Formate. Wenn DIN A5 direkt dabei ist, klicken Sie darauf. Ist es in der Liste nicht dabei, liegt ein Problem mit dem Drucker vor.

Schritt 5

Seitenränder bestimmen den weißen Bereich zwischen Ihrem Text und dem Blattrand. Um sie zu ändern, klicken Sie auf der Registerkarte **Layout** auf **Seitenränder** und ganz unten auf **Benutzerdefinierte Seitenränder**.

Schritt 6

Ändern Sie die Werte nach Ihren Vorstellungen: Klicken Sie doppelt in die Felder mit den Zahlen und tippen die neuen Werte ein. Alternativ ändern Sie die Werte mit den Pfeiltasten rechts neben den Zahlen. Zum Bestätigen klicken Sie auf **OK**.

Die Seite einrichten (Forts.)

Schritt 7

Alle diese Einstellungen können Sie auch noch an einer anderen Stelle vornehmen: in der *Seitenansicht*. Hier sehen Sie auch, wie die Änderungen auf dem Blatt aussehen. Rufen Sie die Seitenansicht auf, indem Sie auf der Registerkarte **Datei** auf **Drucken** klicken. Alternativ klicken Sie auf das Symbol **Seitenansicht** ❷ in der Symbolleiste für den Schnellzugriff.

Schritt 8

Sie sehen nun eine verkleinerte Gesamtansicht der aktuellen Textseite Ihres Dokuments. Zugleich öffnet sich das Menü **Drucken** (siehe dazu den Abschnitt »Dokumente ausdrucken« auf Seite 196). Schauen Sie sich die Einstellungen an: Voreingestellt ist **Hochformat** ❸.

Schritt 9

Klicken Sie auf die Schaltfläche **Hochformat** und im Menü dann auf **Querformat**. Rechts sehen Sie, wie Ihr Dokument jetzt gedruckt aussehen würde.

Schritt 10

Direkt unter der Schaltfläche für die Ausrichtung (Hoch-/Querformat) können Sie das Papierformat festlegen. Standard ist **A4**. Klicken Sie darauf; Word öffnet die Liste, die Sie schon aus Schritt 4 kennen. Über **Weitere Papierformate** können Sie die gleichen Einstellungen vornehmen, wie in den Schritten 5 und 6 beschrieben.

Schritt 11

Werfen Sie einen Blick rechts auf das Druckvorschaubild Ihres Textes (im Beispiel jetzt eine Einladung). Ist Ihnen die Darstellung zu klein, klicken Sie unten rechts auf die Zoomleiste. Zum Vergrößern klicken Sie auf das Plus. Bei einem Dokument mit mehreren Seiten, erkennbar an den Zahlen links ❹, scrollen Sie nach unten, um auch die anderen Seiten zu sehen.

Schritt 12

Um das Dokument weiterzubearbeiten, klicken Sie oben auf den Pfeil nach links – die Seitenansicht wird geschlossen. Die Symbolleiste für den Schnellzugriff können Sie in der Seitenansicht nicht benutzen.

Text markieren, kopieren und einfügen

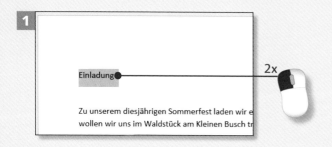

Word erleichtert Ihnen die Arbeit – auch beim Kopieren und Einfügen von Textabschnitten. So brauchen Sie denselben Text nicht mehrmals zu schreiben. Die wichtigste Technik hierbei ist das Markieren von Text.

Schritt 1

Mit einer *Markierung* teilen Sie Word mit, welche Textstelle Sie bearbeiten wollen. Nur markierter Text kann formatiert, kopiert oder ausgeschnitten werden. Um ein Wort zu markieren, klicken Sie doppelt darauf. An der grauen Hinterlegung erkennen Sie die Markierung.

Schritt 2

Jetzt markieren Sie einen ganzen Absatz: Klicken Sie dazu doppelt auf den weißen Bereich links neben dem Absatz (die *Markierungsleiste*). Der Absatz wird grau hinterlegt.

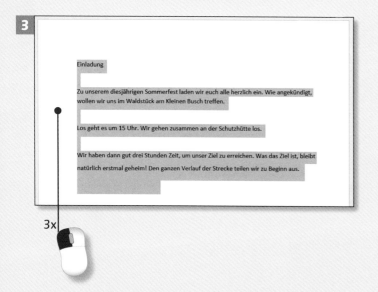

Schritt 3

Um den gesamten Text zu markieren, klicken Sie dreimal schnell hintereinander auf die Markierungsleiste. Alternativ drücken Sie die Tastenkombination Strg + A.

Schritt 4

Wenn nur ein Teil des Textes markiert werden soll, klicken Sie vor den ersten Buchstaben des zu markierenden Bereichs. Drücken Sie ⇧, und halten Sie die Taste gedrückt, während Sie mit der Maus hinter den letzten zu markierenden Buchstaben klicken. Dann lassen Sie die Taste wieder los.

Schritt 5

Zum Kopieren drücken Sie bei markiertem Text [Strg] + [C]. Zweite Möglichkeit: Klicken Sie mit der *rechten* Maustaste auf den markierten Text und im Kontextmenü auf **Kopieren**. Welche Variante Sie auch wählen: Der kopierte Bereich wird in der *Zwischenablage* gespeichert.

Schritt 6

Jetzt setzen Sie den Cursor an die Stelle, an der Sie den kopierten Text einfügen möchten. Drücken Sie [Strg] + [V] – oder klicken Sie an dieser Stelle mit der *rechten* Maustaste – und wählen Sie das linke Symbol unter **Einfügeoptionen**.

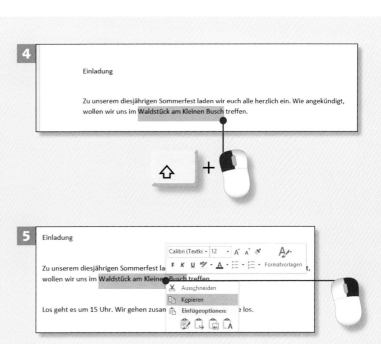

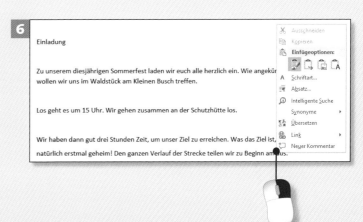

Texte umbauen

Soll ein Textabschnitt an einer ganz anderen Stelle des Dokuments stehen, können Sie ihn ausschneiden und an anderer Stelle einbauen. Markieren Sie den Text, und drücken Sie [Strg] + [X]. An der »Zielstelle« drücken Sie [Strg] + [V].

Schrift und Layout gestalten

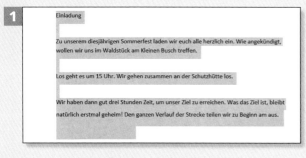

Den Text verschönern – das bedeutet formatieren. Ändern Sie Schriftart und -größe, fügen Sie Farbe hinzu, oder heben Sie Wörter hervor.

Schritt 1

Beim Gestalten gilt: **Erst markieren, dann formatieren**. Im Beispiel soll der komplette Text eine größere Schrift erhalten. Markieren Sie zunächst den Text, indem Sie ⌷Strg⌷ + ⌷A⌷ drücken.

Schritt 2

Klicken Sie auf der Registerkarte **Start** in der Gruppe **Schriftart** auf die Schaltfläche mit dem größeren **A**. Der Schriftgrad wird um eine Stufe vergrößert. Je höher die Zahl im Feld ❶ daneben, desto größer die Schrift.

Schritt 3

Klicken Sie auf den kleinen Pfeil am Feld **Schriftgrad**, wenn Sie einen Schriftgrad genau einstellen möchten. Word öffnet eine Liste mit Zahlen; fahren Sie mit dem Mauszeiger über die Werte. Der markierte Text wird in der *Vorschau* in der entsprechenden Größe angezeigt. Um eine Größe tatsächlich auszuwählen, klicken Sie darauf.

Eingabe ersetzt Markierung

Wenn Text markiert ist, müssen Sie aufpassen: Ein Tastendruck ersetzt die gesamte Markierung! Sind Sie mit der Bearbeitung des markierten Textes fertig, klicken Sie an eine Stelle außerhalb der Markierung, um sie aufzuheben.

Schritt 4

Auch die Schriftart ändern Sie so: Markieren Sie den Text, und klicken Sie auf den Pfeil am Feld **Schriftart**. Fahren Sie mit dem Mauszeiger über die Liste; Ihr Text wird in der jeweiligen Schriftart angezeigt. Klicken Sie auf einen Eintrag, um die Schrift auch auszuwählen.

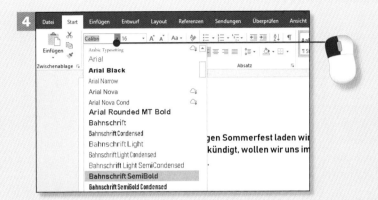

Schritt 5

Die Standardschriftfarbe ist Schwarz, Sie können natürlich auch eine andere Farbe wählen. Markieren Sie dazu den Text, im Beispiel das Wort »Einladung«, und klicken Sie auf den kleinen Pfeil neben der Schaltfläche **Schriftfarbe** (dem **A** mit dem farbigen Strich darunter). Wählen Sie durch Klicken eine Farbe aus der Liste aus.

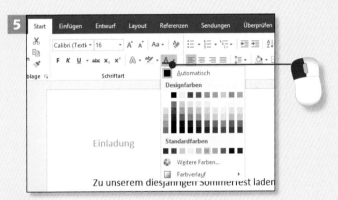

Schritt 6

Einzelne Wörter heben Sie hervor, indem Sie sie fett oder kursiv formatieren. Markieren Sie das Wort, und klicken Sie in der Gruppe **Schriftart** auf die Schaltfläche **F** (für *Fett*). *Kursiv* wird der markierte Text, wenn Sie auf das **K** ❷ daneben klicken. Denken Sie daran, die Markierung durch Klicken wieder aufzuheben, bevor Sie weitertippen.

Keine Riesenschrift!

Übertreiben Sie es nicht mit der Schriftgröße: Ein Brief lässt sich mit Schriftgröße 12, maximal 14 gut lesen. Größere Schriften erinnern eher an ein Plakat.

Absätze und Aufzählungen formatieren

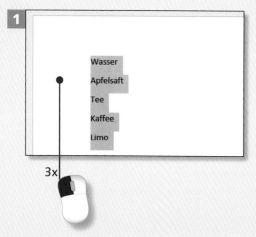

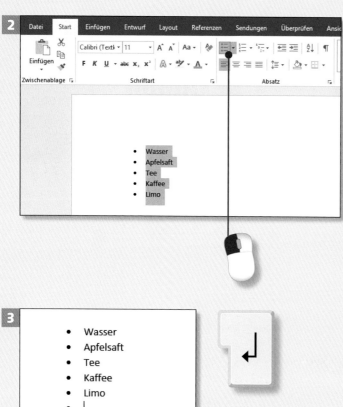

Listen sind leichter zu lesen, wenn Sie sie mithilfe von Aufzählungspunkten gliedern.

Schritt 1

Schreiben Sie Ihre Liste, und drücken Sie am Ende jedes Aufzählungspunktes die Taste ⏎. Markieren Sie die ganze Liste, in dem Sie dreimal hintereinander in die Markierungsleiste klicken.

Schritt 2

Klicken Sie auf der Registerkarte **Start** auf die Schaltfläche **Aufzählungszeichen**. Sie finden sie in der Gruppe **Absatz**. Wenn Sie auf den linken Teil der Schaltfläche klicken, wird Ihre Liste mit den Standardaufzählungszeichen versehen.

Schritt 3

Um die Liste fortzusetzen, klicken Sie hinter das letzte Wort, im Beispiel »Limo«. So heben Sie die Markierung auf und sagen Word gleichzeitig, wo Sie weiterarbeiten möchten. Drücken Sie ⏎. Der Cursor springt in die nächste Zeile, die wieder mit einem Aufzählungspunkt beginnt.

Schritt 4

Anstelle der neutralen Aufzählungspunkte können Sie auch eine Nummerierung verwenden. Markieren Sie dazu die Liste, wie in Schritt 1 gezeigt. Die Schaltfläche **Aufzählungszeichen ❶** ist hervorgehoben, weil Ihre Liste momentan mit Aufzählungszeichen versehen ist. Nun klicken Sie aber auf die Schaltfläche **Nummerierung** rechts daneben.

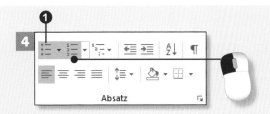

Schritt 5

Word nummeriert Ihre Liste. Auch hier gilt: Wenn Sie noch weitere Listenpunkte hinzufügen möchten, klicken Sie *erst* hinter einen der vorhandenen Einträge. Drücken Sie dann [↵], um einen neuen Listenpunkt zu erzeugen.

Schritt 6

Word setzt die Liste mit der passenden Zahl fort. Ergänzen Sie sie. Die Liste ist etwas eingerückt, d. h., sie steht auf dem Blatt weiter rechts als ein Standardabsatz. Um wieder »normal« weiterzuschreiben, die Liste also zu beenden, klicken Sie hinter den letzten Eintrag und drücken zweimal [↵]. Der Cursor springt wieder an den linken Rand.

Listen »zwischendrin« ergänzen

Nicht nur am Ende der Liste können Sie weitere Einträge eintippen. Auch zwischen zwei Einträgen lässt sich die Liste ergänzen, wenn Sie zwischendurch einen Eintrag vergessen haben. Klicken Sie hinter den Eintrag, nach dem der fehlende Text stehen soll, und drücken Sie [↵]. Schreiben Sie nun Ihren Text.

Einen Brief schreiben

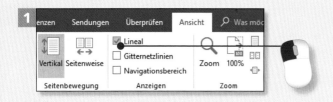

Manchmal reicht eine E-Mail nicht; dann muss es ein »echter« Brief sein. Lesen Sie hier, mit welchen Schritten Sie ganz leicht einen Brief erstellen.

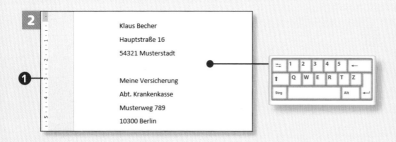

Schritt 1

Öffnen Sie Word oder, wenn Sie Word geöffnet haben, ein neues Dokument. Sie sehen über und links neben dem weißen Blatt ein *Lineal*. Wenn nicht, schalten Sie es auf der Registerkarte **Ansicht** ein.

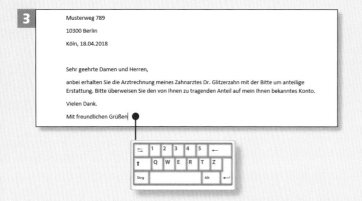

Schritt 2

Fangen Sie oben auf dem Blatt an und tippen Sie Ihre Adresse. Fügen Sie zwei Absätze ein und schreiben Sie die Empfängeradresse auf das Blatt. Sie sollte ungefähr auf der Höhe des 3. Zentimeters links am Lineal ❶ beginnen, dann passt sie später in das Fenster eines Fensterumschlags.

»Willkommen zurück«

Öffnen Sie ein Dokument, das Sie bei anderer Gelegenheit gespeichert haben und das über zwei Seiten hinausgeht, dann begrüßt Sie Word mit den Worten **Willkommen zurück**. An der rechten Seite erscheint eine Art Sprechblase, die Ihnen anbietet, da weiterzumachen, wo Sie aufgehört haben. Klicken Sie darauf, und Word springt zur zuletzt bearbeiteten Stelle des Dokuments.

Schritt 3

Schreiben Sie Ort und Datum in die nächste Zeile und nach ein, zwei Absätzen die Begrüßungsformel und Ihren Brieftext. Bei Geschäftsbriefen können Sie vor der Begrüßung auch einen Betreff eintragen. Tippen Sie alles erst ein; das »Schönmachen« (*Formatieren*) kommt gleich.

Schritt 4

Markieren Sie
Klicken Sie au
Start auf **Rech**
Block hüpft r
len Sie diese
tumszeile.

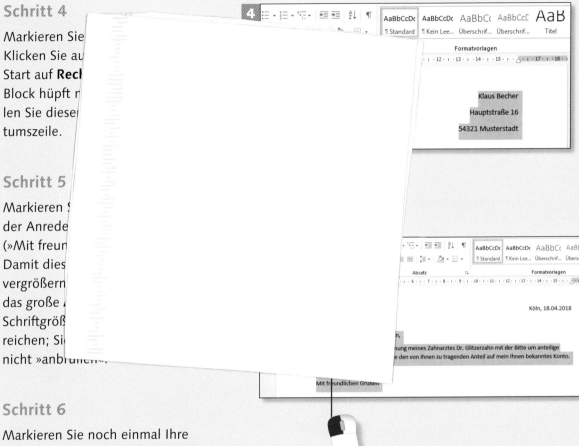

Schritt 5

Markieren S
der Anrede
(»Mit freun
Damit dies
vergrößern
das große ﹒
Schriftgröß
reichen; Si
nicht »anbrulien«.

Schritt 6

Markieren Sie noch einmal Ihre
Absenderadresse. Damit der Text
dichter untereinander steht, ändern
Sie den *Zeilenabstand*: Klicken Sie
auf der Registerkarte **Start** auf die
Schaltfläche **Zeilen- und Absatzab-
stand** und Menü auf **Abstand nach
Absatz entfernen**. Etwas enger darf
auch die Empfängeradresse sein:
Markieren Sie sie und drücken Sie
gleichzeitig [Strg] + [1]. Der Zeilenabstand wird einzeilig. Speichern Sie
den Brief.

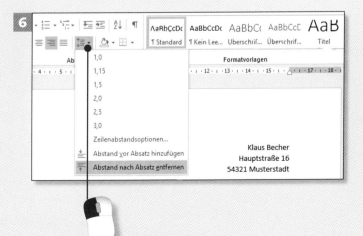

Tabellen anlegen und formatieren

In vielen Dokumenten benötigen Sie kleine Tabellen. Damit lassen sich viele Informationen auf einen Blick präsentieren.

Schritt 1

Klicken Sie in Ihrem Dokument an die Stelle, an der Sie die Tabelle einfügen möchten. Klicken Sie auf die Registerkarte **Einfügen** und hier auf **Tabelle**.

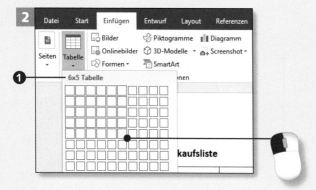

Schritt 2

Ein Raster klappt auf. Jede Reihe steht für eine Zeile in der Tabelle, jede Spalte für eine Tabellenspalte. Wenn Sie über das Raster fahren, sehen Sie am oberen Rand ❶ die »Abmessungen« der Tabelle. Klicken Sie auf die gewünschte Größe. Im Beispiel werden sechs Spalten und fünf Zeilen angelegt.

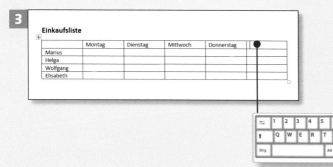

Schritt 3

Word fügt die Tabelle ein. Sie sieht noch recht unspektakulär aus. Füllen Sie sie mit Text. Um in die nächste Tabellenzelle zu kommen, nutzen Sie die Pfeiltasten auf Ihrer Tastatur, die [⇆]-Taste oder Sie klicken mit der Maus in die nächste Zelle.

Zelle – Zeile – Spalte?

Eine Tabelle besteht aus vielen einzelnen Zellen. In die Zellen können Sie Ihren Text schreiben. Zellen übereinander machen die Spalte aus. Alle Zellen, die nebeneinanderliegen, sind eine Zeile.

Schritt 4

Ist die Tabelle mit Inhalt gefüllt, formatieren Sie sie – machen Sie also »schön«. Klicken Sie in die Tabelle. Das Menüband zeigt die neue Registerkarte **Tabellentools** mit den Unterregistern **Entwurf** und **Layout**. Links auf der Registerkarte **Entwurf** können Sie angeben, ob Ihre Tabelle eine **Kopfzeile** und eine **Erste Spalte** hat ❷; im Beispiel ist beides gegeben. Haben Sie z. B. keine besondere erste Spalte, entfernen Sie das Häkchen im entsprechenden Feld.

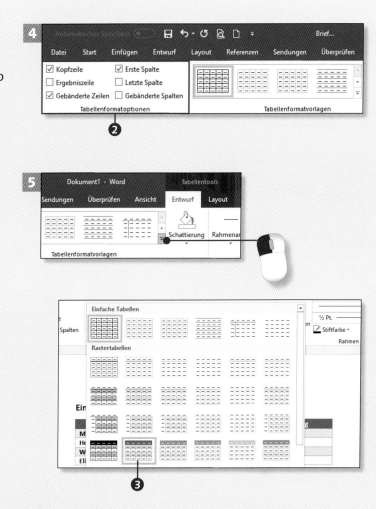

Schritt 5

Klicken Sie jetzt auf den unteren Pfeil bei **Tabellenformatvorlagen**. Der Katalog mit verschiedenen Layout-Vorlagen klappt auf. Sie erhalten wieder eine Vorschau bei Ihrer Tabelle. Klicken Sie auf ein Layout ❸.

Schritt 6

Ihre Tabelle sieht nun schon interessanter aus. Um sie weiter zu verfeinern, klicken Sie die ganze Tabelle an. Klicken Sie dazu auf den *Vierfachpfeil* an der linken oberen Ecke der Tabelle. Alternativ halten Sie Alt gedrückt und klicken doppelt in die Tabelle.

Einkaufsliste

	Montag	Dienstag	Mittwoch	Donnerstag	Freitag
Marius	Brötchen	Marmelade	-	-	Brot
Helga	Butter	Brötchen	Käse	Butter	-
Wolfgang	Käse	Wurst	Brötchen	Eier	-
Elisabeth	Eier	-	Wurst	Brötchen	Käse

Tabellen anlegen und formatieren (Forts.)

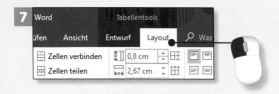

Schritt 7

Damit die Tabelle etwas luftiger wirkt, vergrößern Sie die Zeilenhöhe. Klicken Sie im Menüband auf die Registerkarte **Tabellentools/Layout**.

Schritt 8

In der Gruppe **Zellengröße** finden Sie die beiden Felder zum Einstellen der **Zeilenhöhe** und der **Spaltenbreite ④**. Klicken Sie bei **Zeilenhöhe** auf den kleinen Pfeil nach oben, bis die passende Zeilenhöhe erreicht ist. Die Höhe der Zeilen in Ihrer Tabelle ändert sich direkt mit jedem Klick.

Schritt 9

Jetzt soll der Text noch mittig ausgerichtet werden. Auf der Registerkarte **Tabellentools/Layout** können Sie den Text in der Tabellenzeile sowohl horizontal als auch vertikal zentrieren. Klicken Sie auf die mittlere der neun Schaltflächen bei **Ausrichtung**. Der Text wird in allen Zellen zentriert ausgerichtet.

Schritt 10

Wenn Sie eine Tabellenzeile an Ihre Tabelle anfügen möchten, klicken Sie in die letzte Tabellenzelle **5** und drücken die ⇥-Taste. Alternativ klicken Sie in die letzte Zeile und dann auf der Registerkarte **Tabellentools/Layout** auf die Schaltfläche **Darunter einfügen**.

Schritt 11

Word fügt die Tabellenzeile an und passt sie direkt dem von Ihnen gewählten Layout an. Geben Sie den entsprechenden Text ein.

Schritt 12

Um eine Zeile oder Spalte zu löschen, klicken Sie in eine Zelle der Zeile oder Spalte, die Sie entfernen möchten. Rufen Sie das Register **Tabellentools/Layout** auf. Klicken Sie auf **Löschen** und dann auf **Spalten löschen** bzw. **Zeilen löschen**.

Bilder einfügen

Viele Texte lassen sich mit Bildern auflockern. Lesen Sie hier, wie Sie Bilder einfügen, deren Größe und Position anpassen und sie mit Effekten versehen.

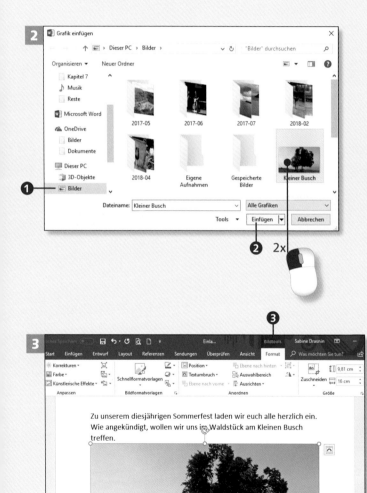

Schritt 1

Klicken Sie an die Stelle in Ihrem Text, an der Sie ein Bild einfügen möchten. Auf der Registerkarte **Einfügen** klicken Sie dann auf die Schaltfläche **Bilder**.

Schritt 2

Word öffnet das Dialogfenster **Grafik einfügen**, das direkt den Ordner **Bilder ❶** anzeigt. Wählen Sie aus den Bildern im rechten Bereich ein Foto mit einem Doppelklick aus. Ist das Bild in einem der Unterordner, klicken Sie erst doppelt auf den Ordner und dann doppelt auf das Bild. Sie können auch nur einmal auf das Bild und dann unten rechts auf **Einfügen ❷** klicken.

Schritt 3

Word fügt das Bild in Ihren Text ein. Sobald Sie das Bild anklicken, erscheint oberhalb des Menübands die Registerkarte **Bildtools/Format ❸**.

Schritt 4

Neben dem Bild erscheint das kleine Symbol **Textumbruch**. Klicken Sie darauf und im Menü auf **Eng ❹**. Damit machen Sie das Bild flexibel, können es verschieben und vom Text *umfließen* lassen.

Schritt 5

Jetzt können Sie das Bild ganz einfach mit den *Ziehpunkten*, die sich an den Ecken des Bildes befinden, verkleinern. Fahren Sie mit dem Mauszeiger über einen Eckpunkt, bis Sie einen Doppelpfeil sehen, und drücken Sie dann die *linke* Maustaste. Bei gedrückter Maustaste – der Cursor verwandelt sich in ein großes Plus – ziehen Sie den Punkt Richtung Bildmitte, bis das Bild klein genug ist. Lassen Sie die Taste los.

Schritt 6

Das Bild lässt sich auch an eine andere Stelle verschieben: Fahren Sie mit dem Mauszeiger über das Bild, bis Sie einen Vierfachpfeil sehen. Drücken Sie die *linke* Maustaste, und halten Sie sie gedrückt, während Sie das Bild an die gewünschte Stelle ziehen. Lassen Sie die Taste dann wieder los.

Das Bild springt weg!

Wenn Sie das Bild zu nah an Seitenanfang oder -ende verschieben, springt es auf die vorherige bzw. nachfolgende Seite. Ziehen Sie es dann wieder zurück; evtl. müssen Sie es verkleinern, damit es passt.

Bilder einfügen (Forts.)

Schritt 7

Klicken Sie das Bild an und oben auf die Registerkarte **Bildtools/Format**. In der Gruppe **Bildformatvorlagen** stehen Ihnen einige Rahmen für Ihr Bild zur Verfügung. Klicken Sie auf den Pfeil mit dem Strich am rechten Rand der Rahmenminiaturen, um die ganze Liste zu sehen. Bei kleinen Bildschirmen steht hier **Schnellformatvorlagen**, klicken Sie darauf.

Schritt 8

Fahren Sie mit dem Mauszeiger über die Rahmenvorlagen; Sie sehen bei Ihrem Bild in der Livevorschau, wie es mit dem jeweiligen Rahmen aussähe. Klicken Sie schließlich entweder einen Rahmen an oder auf eine leere Stelle in Ihrem Dokument, wenn Sie doch keinen Rahmen haben möchten.

Schritt 9

Word bringt auch Werkzeuge mit, um Ihr Bild zu bearbeiten. Klicken Sie auf der Registerkarte **Bildtools/Format** links auf **Korrekturen**. Die Miniaturansichten zeigen Ihr Bild in verschiedenen Variationen. Fahren Sie wieder mit dem Mauszeiger über die Varianten, und schauen Sie, wie Ihr Bild sich verändern würde. Im Beispiel wird der Kontrast verringert.

Schritt 10

Sie können Ihr Bild auch umfärben: Klicken Sie auf die Schaltfläche **Farbe**. Sie können **Farbsättigung** und **Farbton** ändern oder das Bild insgesamt neu einfärben.

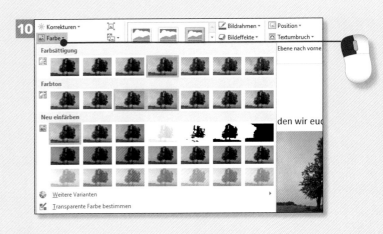

Schritt 11

Künstlerische Effekte erreichen Sie mit der gleichnamigen Schaltfläche in der Gruppe **Anpassen**. Auch hier können Sie die Livevorschau nutzen, um zu sehen, wie sich ein Klick auf die betreffende Variante auf Ihr Bild auswirkt. Möchten Sie keinen Effekt anwenden, klicken Sie einfach auf eine leere Stelle in Ihrem Dokument.

Schritt 12

Lassen Sie sich in der Seitenansicht anzeigen, wie Ihr Dokument nun aussieht (siehe dazu die Schritte 7 und 8 im Abschnitt »Die Seite einrichten« auf Seite 176). Um die Seitenansicht wieder zu schließen, klicken Sie auf den Pfeil oben links. Denken Sie daran, Ihr Dokument regelmäßig zu speichern!

Dokumente ausdrucken

Das papierlose Büro ist gut und schön, aber einiges braucht man trotz allem »schwarz auf weiß«. Auch Briefe müssen Sie ausdrucken, um sie verschicken zu können. Word druckt für Sie mit wenigen Klicks.

Schritt 1

Rufen Sie die Registerkarte **Datei** auf, und klicken Sie dort auf **Drucken**.

Schritt 2

In den Druckoptionen sehen Sie rechts die Seitenansicht, die gleichzeitig die *Druckvorschau* ist. In der Mitte sind Ihr Drucker und die Standardeinstellungen für den Druck zu sehen, z. B. **Alle Seiten drucken ❶**, **Einseitiger Druck ❷**, **1 Seite pro Blatt ❸**.

Schritt 3

Im Bereich **Einstellungen** legen Sie u. a. fest, ob nur bestimmte Seiten gedruckt werden sollen. Klicken Sie in das Feld **Seiten**, und geben Sie »1-3« ein, wenn Sie die ersten drei Seiten drucken möchten. Um nur die Seiten 1 und 4 zu drucken, geben Sie »1,4« ein.

Schritt 4

Bei den Druckoptionen sind weitere Einstellungen möglich. Sie öffnen die Listen, indem Sie auf den kleinen Pfeil rechts am jeweiligen Feld klicken. Bei »normalen« Dokumenten müssen Sie hier nichts weiter einstellen.

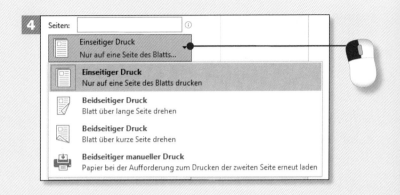

Schritt 5

Im oberen Teil der Druckoptionen legen Sie noch fest, wie viele Exemplare Ihres Dokuments Sie ausdrucken möchten. Ein Klick auf den Pfeil nach oben erhöht die Anzahl, mit dem unteren verringern Sie sie.

Schritt 6

Falls Sie mehrere Drucker haben, vergewissern Sie sich, dass der richtige Drucker ausgewählt ist ❹. Prüfen Sie, ob Ihr Drucker angeschaltet ist und über genügend Papier verfügt. Klicken Sie schließlich auf die Schaltfläche **Drucken**.

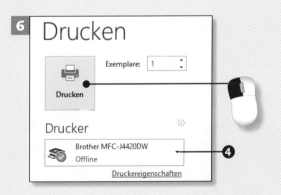

Drucker installieren

Wie Sie einen Drucker anschließen, erfahren Sie im Abschnitt »Einen Drucker installieren« auf Seite 272.

Kapitel 8
Rechnen mit dem Computer

Ob kleine Summe oder große komplizierte Formel: Excel rechnet für Sie alles. Sobald Sie Ihre Daten eingetragen haben, kann das Rechnen losgehen. Aus einfachen Worten und Zahlen zaubern Sie dann mit den Vorlagen von Excel eine aussagefähige Tabelle. Für kleine Rechnungen nutzen Sie den Windows-Rechner.

Mit dem Windows-Rechner rechnen
Er sieht einfach aus, bringt aber eine Menge Funktionen mit: der Rechner von Microsoft. Er rechnet Einheiten um, findet die Anzahl an Tagen zwischen zwei Daten heraus und errechnet Ihren Benzinverbrauch.

Text und Zahlen in Excel eingeben
Auch wenn es zunächst gewöhnungsbedürftig ist: Selbst Text geben Sie leicht in Excel ein. Sie nutzen die Autoausfüllen-Funktion und sparen sich so viel Arbeit. Zahlen tippen Sie ein und formatieren sie.

Eigene Formeln eingeben
Das klingt schwierig, ist es aber nicht. Mit ein paar Eingaben addieren Sie Zahlen oder berechnen den Durchschnitt einer Zahlenreihe.

Kleine Rechnungen
tippen Sie direkt in
den Rechner ein. **❶**

❷ Aus Text und Zahlen
wird mit Excel eine aus-
sagekräftige Tabelle.

	A	B	C	D	E	F
1	Obstverbrauch in kg	2015	206	2017	2018 ▾	
2	Äpfel	882	840	896	890	
3	Birnen	132	145	165	157	
4	Bananen	478	489	495	461	
5	Orangen	210	211	210	215	
6	Weintrauben	45	32	40	38	
7	Erdbeeren	300	289	315	305	
8						

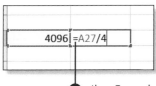

❸ Ihre Formeln begin-
nen immer mit einem
Gleichheitszeichen.

Den Taschenrechner nutzen

Windows bringt einen Taschenrechner mit, der für kleine Rechenoperationen schnell zur Verfügung steht.

Schritt 1

Öffnen Sie das Startmenü und geben Sie »Re« ein (ob groß oder klein spielt keine Rolle). Klicken Sie oben auf **Rechner**.

Schritt 2

Der Rechner öffnet sich auf dem Desktop. Die Größe können Sie durch Ziehen des Randes anpassen. Sie bedienen den Rechner mit der Maus, indem Sie auf die Tasten klicken, oder mit der Tastatur. Tippen Sie eine kleine Rechnung ein. Zum Abschließen klicken Sie auf **=** oder drücken ⏎.

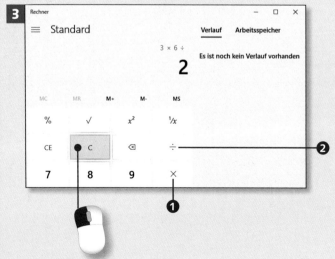

Schritt 3

Im Standardmodus stehen Ihnen die Grundrechenarten zur Verfügung. Zum Multiplizieren klicken Sie auf das **×** ❶ auf dem Rechner, oder tippen es: Drücken Sie gleichzeitig ⇧ und + auf Ihrer Tastatur. Zum Dividieren nutzen Sie das Geteiltzeichen ❷ bzw. ⇧ und 7 im Buchstabenblock. Mit **C** setzen Sie den Rechner wieder auf 0.

Schritt 4

Klicken Sie auf die drei Striche oben links (das Menüsymbol): In der Rubrik **Rechner** finden Sie u.a. den aktiven Rechner **Standard** und den Rechner **Wissenschaftlich**. Im Bereich **Konverter** finden Sie Hilfen für die Einheitenumrechnung. Klicken Sie auf **Volumen** ❸.

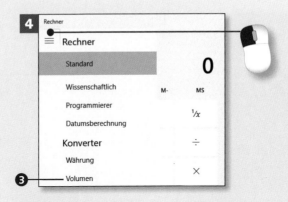

Schritt 5

Klicken Sie auf den Pfeil neben **Teelöffel (USA)**. Scrollen Sie in der Liste bis zu der Einheit, die Sie umrechnen möchten, und klicken Sie sie an. Hier wurde **Pint (GB)** ❹ gewählt. Neben **Milliliter** stehen ebenfalls zahlreiche Maße zur Verfügung; hier sind es **Liter** ❺. Geben Sie eine Zahl ein. Der Rechner zeigt sofort die umgerechnete Menge ❻.

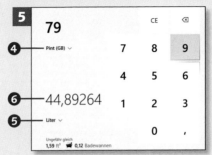

Schritt 6

Wie viele Tage noch bis zum Urlaub? Auch das können Sie mit dem Rechner ermitteln: Klicken Sie auf das Menüsymbol und dann auf **Datumsberechnung**. Klicken Sie oben auf das Symbol **Kalender** ❼, um das erste Datum festzulegen. Legen Sie dann das zweite Datum fest, falls es nicht **heute** sein soll. Der Rechner zeigt Ihnen die Differenz ❽ an.

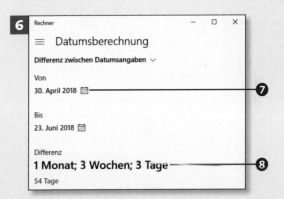

Kaffeetassen und Jumbojets

Achten Sie bei den Umrechnungen auf die zusätzlichen Informationen: Der Rechner ermittelt z.B., dass 2 Pint 4,8 Kaffeetassen entsprechen oder 5 Meter 0,07 Jumbojets.

Excel kennenlernen

Excel arbeitet mit Tabellen und ist spezialisiert aufs Rechnen. Aber auch mit Text kann Excel umgehen.

Schritt 1

Excel können Sie über das Startmenü öffnen: Rufen Sie **Alle Apps** auf, und scrollen Sie bis **E**. Klicken Sie auf **Excel 2016**. Haben Sie Excel als Kachel angeheftet, klicken Sie auf die Kachel **Excel**. Haben Sie das Programmsymbol auf den Desktop oder in die Taskleiste ❶ gezogen, klicken Sie darauf.

Schritt 2

Excel startet und öffnet den Startbildschirm mit vielen Vorlagen und der Liste **Zuletzt verwendet**. Klicken Sie auf **Leere Arbeitsmappe**.

Schritt 3

Excel zeigt ein leeres Tabellenblatt. Es besteht aus *Spalten* ❷ und *Zeilen* ❸. Die einzelnen Felder, in die Sie schreiben können, sind die *Zellen* ❹. Sie stellen die Schnittstellen von Spalten und Zeilen dar.

Schritt 4

Die aktuell angeklickte Zelle hat einen dunkelgrünen Rahmen ❺. So können Sie schnell erkennen, an welcher Stelle Sie sich befinden; der Rahmen ist quasi Ihr Cursor. Dementsprechend heißt er *Zellcursor*. Die aktuell angeklickte Zelle wird auch *aktive Zelle* genannt.

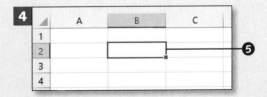

Schritt 5

Um eine Zahl oder ein Wort in eine Zelle zu schreiben, klicken Sie die Zelle einmal an und tippen einfach los. Erst wenn Sie ein Zeichen getippt haben, ist ein »normaler« Cursor in der Zelle zu sehen. Sie benötigen ihn also nicht, um mit dem Tippen zu beginnen.

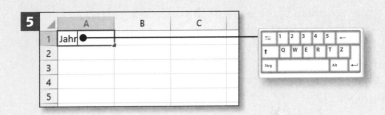

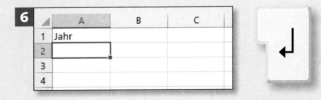

Schritt 6

Bei Excel müssen Sie die Eingabe von Zahlen oder Buchstaben immer bestätigen. Klicken Sie daher mit der Maus in eine andere Zelle, oder drücken Sie ⏎, wenn Sie mit der Eingabe in einer Zelle fertig sind.

»Enter« verschiebt den Zellcursor

Excel ist so eingestellt, dass mit jedem Klick auf ⏎ der Zellcursor in die Zelle darunter springt. Möchten Sie aber nach der Eingabe in der Zelle rechts daneben etwas eintragen, klicken Sie in diese Zelle, ohne vorher ⏎ zu drücken.

Excel kennenlernen (Forts.)

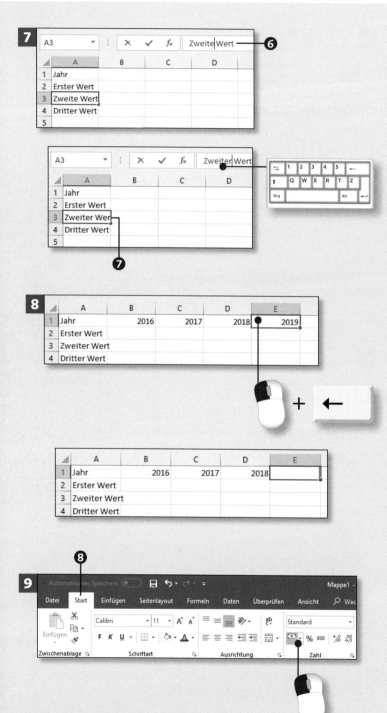

Schritt 7

Zum Bearbeiten klicken Sie die Zelle einmal an. In der *Bearbeitungsleiste* ❻ direkt über den Spaltenköpfen mit den Buchstaben können Sie dann Fehler korrigieren oder Zahlen und Text ergänzen. Gleichzeitig erscheinen die Änderungen in der Zelle, die Sie gerade bearbeiten ❼. Bestätigen Sie Ihre Eingabe mit ⏎, oder klicken Sie in eine andere Zelle.

Schritt 8

Um den ganzen Inhalt einer Zelle zu löschen, benötigen Sie die Bearbeitungsleiste nicht. Klicken Sie die Zelle einmal an, und drücken Sie dann Entf oder ←. Beim Drücken der ←-Taste wird die Zelle außerdem aktiviert, d.h., der Cursor blinkt in der jetzt leeren Zelle.

Schritt 9

Über der Bearbeitungsleiste befindet sich das *Menüband*. Hier finden Sie alle wichtigen Befehle, sortiert in *Registerkarten*. Die Registerkarte **Start** ❽ ist im Vordergrund, wenn Sie Excel öffnen. Hier können Sie z. B. mit einem Klick auf das Symbol **Währung** eine Zahl in einen Eurowert umwandeln.

Schritt 10

Rufen Sie die Registerkarte **Einfügen** auf. Hier können Sie verschiedene **Diagramme** ❾ auswählen, die in einer Tabelle die ausgewählten Daten plastisch darstellen.

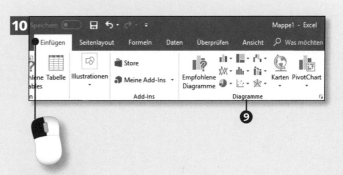

Schritt 11

Die Registerkarte **Datei** enthält alle Befehle rund ums Öffnen, Speichern, Drucken und Weitergeben von Dateien. Wenn Sie diese Registerkarte aufgerufen haben, können Sie die Daten in Ihrer Arbeitsmappe nicht bearbeiten. Klicken Sie auf den Pfeil oben links; so kommen Sie zurück zu Ihrer Tabelle.

Schritt 12

Oben links am Bildschirmrand befindet sich die *Symbolleiste für den Schnellzugriff*. Hier finden Sie häufig verwendete Befehle, die Sie mit einem Klick starten. Fügen Sie der Leiste weitere Symbole hinzu, indem Sie rechts auf den kleinen Pfeil klicken und einen Befehl anklicken.

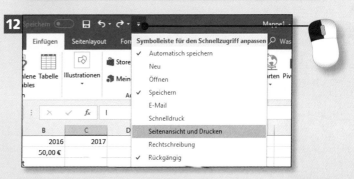

Das Menüband ist verschwunden!

Es kann schnell passieren, dass das Menüband »verschwindet« und Sie nur noch die Namen der Registerkarten sehen können. Klicken Sie dann ganz oben rechts auf das Symbol **Menüband-Anzeigeoptionen**. In der aufklappenden Liste klicken Sie die unterste Option an: **Registerkarten und Befehle anzeigen**.

Daten in Tabellen eingeben

Eine ausgefüllte Tabelle enthält Text und Zahlen. Hier erfahren Sie, wie Sie beides unterbringen.

Schritt 1

Schreiben Sie in die erste Zelle oben links ein Wort, z. B. »Januar«. Zum Bestätigen der Eingabe klicken Sie in eine andere Zelle oder drücken ⏎.

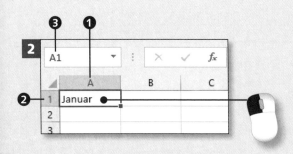

Schritt 2

Klicken Sie die Zelle mit »Januar« wieder an. Die Zelle befindet sich in Spalte **A** ❶ und Zeile **1** ❷. Daher hat sie den Namen *A1*. Den Namen können Sie bei jeder beliebigen Zelle direkt über Spalte A ablesen: Dort finden Sie das Namensfeld ❸. Hier steht jetzt – wie zu erwarten war – **A1**.

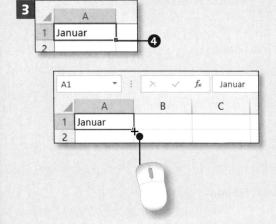

Schritt 3

An der rechten unteren Ecke der markierten Zelle sehen Sie ein kleines Quadrat ❹. Fahren Sie mit dem Mauszeiger darüber. Der Zeiger verwandelt sich in ein Pluszeichen.

Schritt 4

Ziehen Sie das Quadrat mit gedrückter Maustaste nach rechts. Lassen Sie bei Spalte **L** die Maustaste los. Excel schreibt automatisch die weiteren Monatsnamen in die Zellen neben **A1** – das ist die *Autoausfüllen-Funktion*.

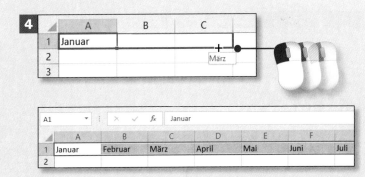

Schritt 5

Klicken Sie in die Zelle **A2**, das ist die Zelle unter »Januar«. Tippen Sie eine Zahl ein. Klicken Sie jetzt in die Zelle **B2**, die Zelle neben der ersten Zahl und unter »Februar«. Tippen Sie auch hier eine Zahl ein.

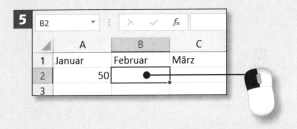

Schritt 6

Geben Sie für die anderen Monate Zahlen ein. Nach der Eingabe der letzten Zahl – unter »Dezember« – können Sie auch das Häkchen ❺ in der Bearbeitungsleiste anklicken. Der Zellcursor springt dann nicht weiter.

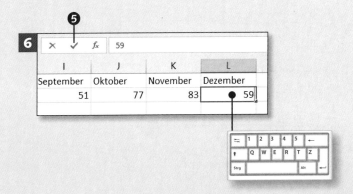

Lassen Sie Excel rechnen!

Tragen Sie Summen, Produkte usw. nicht von Hand ein, sondern lassen Sie Excel rechnen – dafür ist es da. Außerdem ändert Excel das Ergebnis automatisch, wenn Sie eine Zahl in Ihrer Tabelle ändern.

Daten in Tabellen eingeben (Forts.)

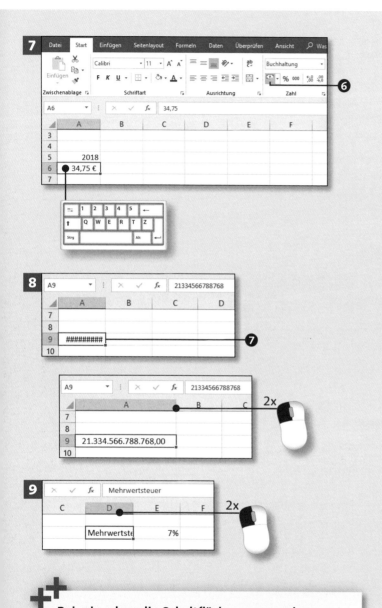

Schritt 7

Jahreszahlen tippen Sie einfach ein, z. B. »2018«. Zahlen mit zwei Stellen hinter dem Komma wie Euro-Beträge tippen Sie ebenfalls einfach ein: »34,75«. Das Euro-Zeichen ergänzt Excel für Sie. Klicken Sie oben links auf das Häkchen (siehe Schritt 6) und dann auf der Registerkarte **Start** auf das Symbol mit den Münzen ❻. Ihre Zahl erhält ein Euro-Zeichen.

Schritt 8

Es wird manchmal vorkommen, dass Sie die Zahl in einer Zelle gar nicht sehen, sondern nur Doppelkreuze ❼. Das ist immer ein Hinweis darauf, dass die Zahl nicht in die Zelle passt. Klicken Sie dann doppelt auf die Linie zwischen der Spalte mit der Zahl und der Spalte rechts daneben. Die Breite wird dem Inhalt angepasst.

Schritt 9

Auch für Text kann zu wenig Platz da sein; er wird dann nicht vollständig angezeigt. Hier können Sie ebenfalls Platz schaffen, indem Sie die Spalte durch Doppelklicken auf die Linie zwischen der aktuellen und der Spalte rechts daneben verbreitern.

Bei mir sehen die Schaltflächen ganz anders aus!
Bei kleineren Bildschirmen sehen Sie manchmal nur die Symbole, oder die Bezeichnungen stehen untereinander. Dies hat keinen Einfluss auf die Bedienung von Excel: Richten Sie sich nach den hier abgebildeten Symbolen.

Schritt 10

Soll die Spalte aber auf keinen Fall breiter werden, ändern Sie die Zeilenhöhe: Klicken Sie die Zelle mit dem Text an. Auf der Registerkarte **Start** klicken Sie auf **Textumbruch**. Die Zeilenhöhe wird angepasst, und der Text ist komplett lesbar.

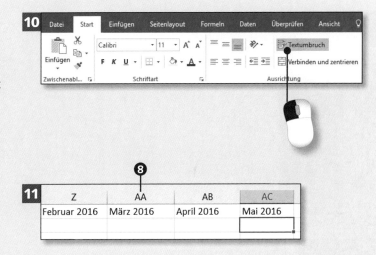

Schritt 11

Eine leere Excel-Tabelle ist groß. Sie können sehr viele Daten eingeben, bevor Sie an ihr Ende kommen. Nach den Buchstaben A bis Z »zählt« Excel bei den Spalten weiter ❽ mit **AA**, **AB** und nach **AZ** dann mit **BA**, **BB** und so weiter. Auch die Zeilen bieten Ihnen reichlich Raum für Text und Zahlen.

Schritt 12

Brauchen Sie für andere Daten eine eigene Tabelle, können Sie sie in der gerade geöffneten Datei anlegen. Klicken Sie dazu unten auf das Plus neben **Tabelle1**. Die neue Tabelle heißt **Tabelle2** ❾ und wird sofort geöffnet.

Wo ist das Ende einer Excel-Tabelle?

Bei den Spalten, also in der Breite der Tabelle, ist erst bei Spalte XFD Schluss, also nach über 16.000 Spalten. Nach unten haben Sie bis Zeile 1.048.576 Platz. Wichtig: Excel bietet Ihnen als Druckbereich immer nur den Teil einer Tabelle an, in dem Daten stehen. Der ganze Rest wird ignoriert, solange dort nichts steht.

Excel-Dateien speichern und wieder öffnen

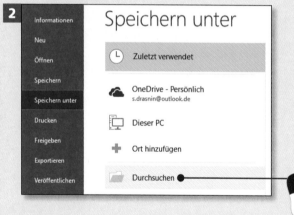

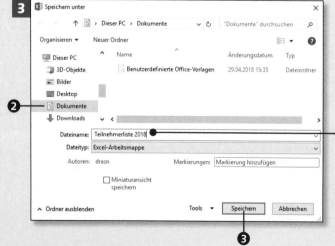

Ihre Arbeit in Excel sollte nicht verloren gehen; speichern Sie sie daher regelmäßig. Eigene und zugeschickte Excel-Dateien können Sie nach dem Öffnen weiterbearbeiten.

Schritt 1

Speichern Sie auch in Excel regelmäßig Ihre Arbeit. Klicken Sie dazu auf das Diskettensymbol oder klicken Sie auf **Datei ▸ Speichern ➊**.

Schritt 2

Haben Sie die Datei noch nie gespeichert, öffnet sich das Fenster **Speichern unter**. Klicken Sie hier auf **Durchsuchen**.

Schritt 3

Im neuen Fenster tippen Sie in das Feld **Dateiname** einen aussagekräftigen Namen. Als Ordner, in dem Ihre Datei gespeichert wird, schlägt Excel **Dokumente ➋** vor. Lassen Sie diese Einstellung so und klicken Sie auf **Speichern ➌**.

Schritt 4

Wenn Sie in dieser Datei weiterarbeiten und dann wieder auf die Diskette klicken, speichert Excel diese neue Fassung Ihrer Tabelle ohne weitere Fragen.

Schritt 5

Um eine Datei unter einem anderen Namen zu speichern, klicken Sie auf **Datei ▸ Speichern unter ▸ Durchsuchen** ❹. Geben Sie bei **Dateiname** einen neuen Namen ein ❺ und klicken Sie auf **Speichern** (siehe Schritt 3). Bei manchen Office-Versionen sehen Sie rechts das Kurzformular zum Speichern. Auch hier können Sie den Dateinamen ändern ❺ und auf **Speichern** ❻ klicken.

Schritt 6

Wenn Sie Excel öffnen, erhalten Sie eine Liste der zuletzt verwendeten Dateien. Um eine dieser Dateien wieder aufzurufen, klicken Sie den Dateinamen in dieser Liste einmal an.

Kann ich mehrere Dateien öffnen?

In Excel – wie auch in Word – können Sie mehrere Dateien gleichzeitig geöffnet haben. Wenn Sie mit dem Mauszeiger über das grüne Excel-Symbol in der Taskleiste fahren, sehen Sie Miniaturansichten der geöffneten Excel-Dateien. Um eine der anderen Excel-Dateien nach vorn zu holen, klicken Sie die Miniatur an.

Zellen autoausfüllen, kopieren und verschieben

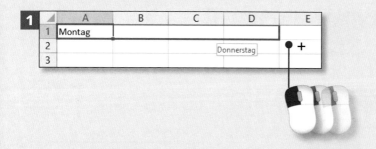

Reihen fortschreiben, Zellen kopieren oder verschieben – mit Excel kein Problem.

Schritt 1

Die Autoausfüllen-Funktion spart viele Arbeitsschritte. Schreiben Sie »Montag« in eine Zelle. Ziehen Sie das Quadrat unten rechts an der Zelle mit der Maus nach rechts, und Excel ergänzt die Wochentage.

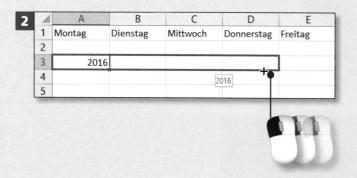

Schritt 2

Einzelne Zahlen und auch Formeln (siehe den Abschnitt »Rechnen in Tabellen« auf Seite 216) können Sie ebenfalls mit dem kleinen Quadrat in andere Zellen ziehen; sie werden dabei kopiert, nicht fortgeschrieben.

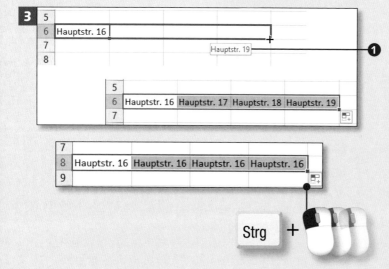

Schritt 3

Bei Adressen, also z. B. bei Straßenname und Hausnummer, führt ein Ziehen am kleinen Quadrat ebenfalls zu einer Fortschreibung ❶. Das ist jedoch nicht sinnvoll. Kopieren Sie die Zelle dann so: Ziehen Sie das Ausfüllkästchen bei gedrückter Strg-Taste weiter. Das Fadenkreuz hat nun ein weiteres kleines Pluszeichen und die Hausnummer wird einfach übernommen.

Schritt 4

Sie können eine Zelle auch an eine ganz andere Stelle kopieren. Greifen Sie mit der Maus den *Rand* der Originalzelle (nicht das Quadrat unten rechts!), sobald Sie den Vierfachpfeil sehen. Der Mauszeiger verwandelt sich in einen weißen Pfeil mit kleinem Pluszeichen. Ziehen Sie die Zelle bei gedrückter Strg - und Maustaste an den neuen Ort. Lassen Sie die Tasten wieder los.

Schritt 5

Zum Verschieben einer Zelle greifen Sie den *Rand* der Zelle und ziehen sie an den neuen Ort. Hier benötigen Sie keine weitere Taste.

Schritt 6

Mehrere Zellen verschieben Sie so: Markieren Sie die Zellen. Führen Sie den Mauszeiger über den Rand der Zellen, und drücken Sie die Maustaste, sobald Sie den Vierfachpfeil sehen. Ziehen Sie die Zellen mit gedrückter Maustaste an den neuen Platz. Klicken Sie dann an eine andere Stelle, um die Markierung wieder aufzuheben.

Tabellen erweitern

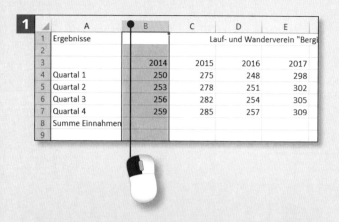

Eigentlich ist Ihre Tabelle fertig und dann kommen doch noch Daten hinzu. Lesen Sie hier, wie Sie eine Tabelle um Zeilen und Spalten erweitern.

Schritt 1

Sie haben die Zahlen eingegeben und stellen nun fest, dass Sie noch eine weitere Spalte benötigen. Im Beispiel wird eine Spalte zwischen A und B gebraucht. Klicken Sie auf das **B** über der ersten Spalte. Die ganze Spalte wird markiert.

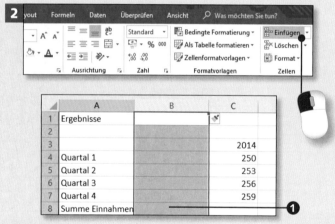

Schritt 2

Jetzt klicken Sie im rechten Bereich der Registerkarte **Start** auf die Schaltfläche **Einfügen**. Achten Sie darauf, den linken/oberen Bereich der Schaltfläche anzuklicken. Links neben der bisherigen Spalte B fügt Excel eine neue leere Spalte ein ❶. Die neue Spalte verschiebt die in Schritt 1 markierte Spalte nach rechts. Die neue Spalte hat die Breite der Spalte links neben ihr.

Schritt 3

Alternativ klicken Sie mit der *rechten* Maustaste auf die Spalte, neben der die neue Spalte benötigt wird. Im Kontextmenü klicken Sie auf **Zellen einfügen**.

Schritt 4

Auch neue Zeilen sind schnell eingefügt: Markieren Sie eine ganze Zeile,
indem Sie vorn auf die Zeilennum-
mer ❷ klicken. Klicken Sie auf der
Registerkarte wieder auf **Einfügen**.
Die neue Zeile schiebt die angeklickte (markierte) Zeile nach unten.
Das gleiche Ziel erreichen Sie mit
einem Rechtsklick auf die markierte
Zeile und einem Klick auf **Zellen
einfügen**.

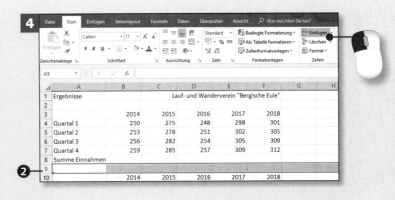

Schritt 5

Das Löschen von Zeilen funktioniert
ähnlich: Klicken Sie auf die Zeilen-
nummer ❸ der Zeile, die Sie löschen
möchten. Klicken Sie dann im rechten Teil der Registerkarte **Start** auf
Löschen. Schon ist die Zeile wieder
weg.

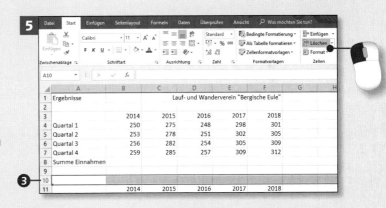

Schritt 6

Bei Spalten gehen Sie so vor: Wählen Sie die zu löschende Spalte an,
indem Sie auf den Spaltenbuchsta-
ben klicken. Klicken Sie dann auf
Löschen. Die Spalte ist verschwunden. Übrigens: Auch beim Löschen
können Sie mit Rechtsklick und
Kontextmenü arbeiten.

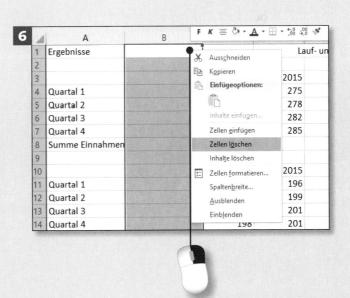

Rechnen in Tabellen

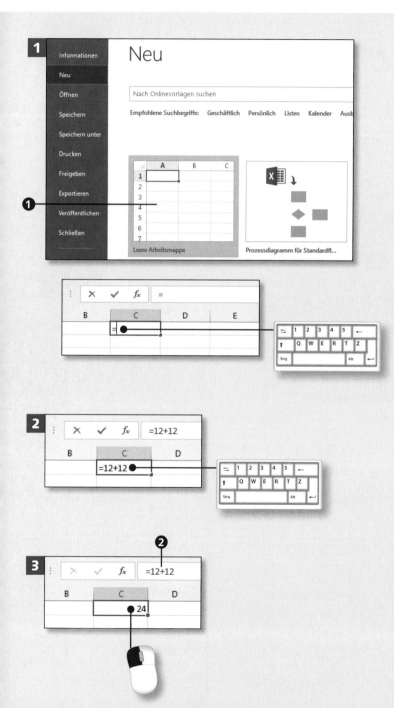

Excel nimmt Ihnen das Rechnen ab und hat immer die passende Formel parat.

Schritt 1

Öffnen Sie eine neue Excel-Datei, indem Sie auf **Datei ▸ Neu** und hier auf **Leere Arbeitsmappe** ❶ klicken. Lassen Sie Excel nun rechnen, indem Sie eine Formel eingeben. Formeln beginnen immer mit einem Gleichheitszeichen. Geben Sie also [=] (gleichzeitig [⇧]-Taste und [0] drücken) ein, *ohne* [↵] zu drücken.

Schritt 2

Tippen Sie eine Zahl ein, dann ein Rechenzeichen ([+], [-], [*] oder [/]) und schließlich wieder eine Zahl. Benutzen Sie keine Leerzeichen in Formeln, die sind unnötig.

Schritt 3

Drücken Sie [↵]. Excel schreibt das Ergebnis Ihrer Rechnung in die Zelle, in die Sie die Formel getippt haben. Klicken Sie die Zelle mit der Rechnung wieder an und achten Sie auf die Bearbeitungsleiste ❷: Dort ist die Formel ausgeschrieben. So können Sie stets kontrollieren, ob die Formel stimmt.

Schritt 4

Schreiben Sie in eine andere Zelle eine Zahl. In die Zelle darunter schreiben Sie eine weitere Zahl; drücken Sie jeweils ⏎ nach der Eingabe.

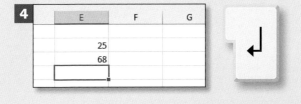

Schritt 5

Geben Sie jetzt = ein. Klicken Sie dann auf die erste eben eingetippte Zahl, geben Sie ein Rechenzeichen ein und klicken Sie die zweite Zahl an. Die Zahlen, die Sie anklicken, müssen nicht nebeneinanderstehen. Drücken Sie ⏎.

Schritt 6

Das Ergebnis steht in der Zelle mit der Rechnung. Klicken Sie die Zelle wieder an. Die Formel steht in der Bearbeitungsleiste ❸, aber diesmal nicht mit den tatsächlichen Zahlen, sondern mit den Namen der Zellen, in denen die Zahlen stehen. Doppelklicken Sie auf die Zelle mit der Formel: Die verwendeten Zellen werden markiert ❹. So sehen Sie, welche Zellen darin verwendet wurden.

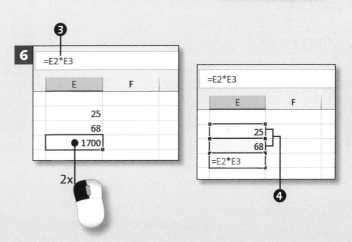

1.000er-Trennzeichen einfügen

Damit große Zahlen besser lesbar sind, schalten Sie die 1.000er-Trennzeichen ein. Markieren Sie die Zellen mit den Zahlen, und klicken Sie auf der Registerkarte **Start** in der Gruppe **Zahl** auf die Schaltfläche **000**.

Rechnen in Tabellen (Forts.)

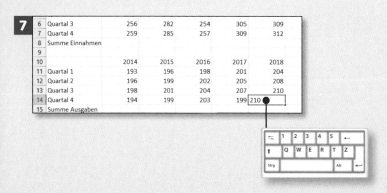

Schritt 7

Excel stellt viele Formeln selbst bereit, z. B. die Summe. Füllen Sie eine Tabelle mit Daten, die Sie auswerten möchten. Es sollen nun verschiedene Jahressummen gezogen werden.

Schritt 8

Klicken Sie in die Zelle, in der die Summe stehen soll ❹. Klicken Sie dann auf der Registerkarte **Start** auf das Symbol **Summe**.

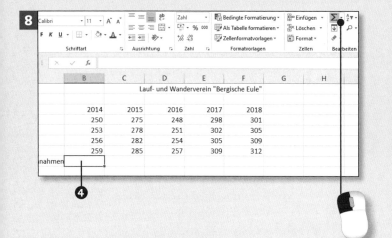

Schritt 9

Excel erkennt die Werte, die addiert werden sollen, automatisch ❺. Prüfen Sie, ob es sich auch um die richtigen Zellen handelt (siehe den Kasten unten). Klicken Sie dann noch einmal auf das **Summe**-Symbol oder drücken Sie ↵.

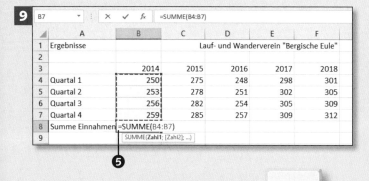

Ups! Datum mitgerechnet
Wenn in der ersten Spalte eine laufende Nummer oder ein Datum steht, markieren Sie die Zellen nach dem ersten Klick auf **Summe** selbst: Klicken Sie auf die erste Zahl, die miteinbezogen werden soll. Ziehen Sie die Maus mit gedrückter Taste bis zur letzten Zahl. Klicken Sie dann wieder auf **Summe**.

Schritt 10

In der Zelle steht nun die Summe ❻. Klicken Sie auf das Quadrat unten rechts an dieser Zelle, und ziehen Sie es bis zur letzten gefüllten Spalte nach rechts. So kopieren Sie die Formel schnell in die anderen Summenzellen. Die kopierte Formel rechnet in jeder Spalte mit den richtigen Werten.

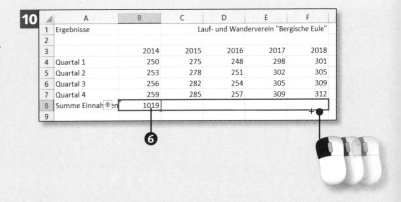

Schritt 11

Klicken Sie in die Zelle unter Ihren Daten ❼. Die Zahlen darüber sollen alle addiert werden. Eine leere Zeile über diesen Werten macht es Ihnen und Excel diesmal leicht. In so einem »klaren Fall« klicken Sie doppelt auf das **Summe**-Symbol rechts auf der Registerkarte **Start**.

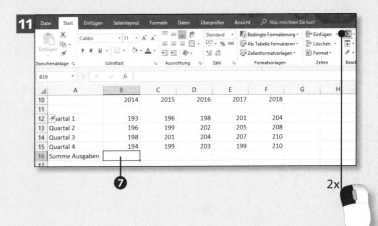

Schritt 12

Schon steht die Summe in der Zelle ❽. Kopieren Sie die Formel durch Ziehen des Quadrats an der Zelle mit der Formel. Ziehen Sie das Quadrat bis zur letzten gefüllten Spalte und lassen Sie die Maustaste dann los.

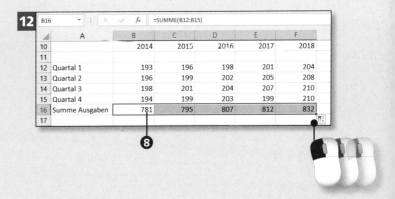

Rechnen in Tabellen (Forts.)

13

15	Quartal 4	194	199
16	Summe Ausgaben	781	795
17		= ●	

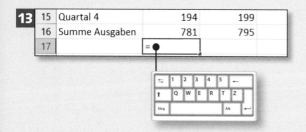

Schritt 13

In Zeile 8 wurde die Summe der Einnahmen eingetragen, in Zeile 16 die der Ausgaben. Um die Ausgaben von den Einnahmen abzuziehen, klicken Sie die Zelle unter der Ausgabensumme an und geben ⌑=⌑ ein.

14

7	Quartal 4	259	285
8	Summe Einnahmen	1019	1121
9			
10		2014	2015
11			
12	Quartal 1	193	196
13	Quartal 2	196	199
14	Quartal 3	198	201
15	Quartal 4	194	199
16	Summe Ausgaben	781	795
17		=B8-B16	

Schritt 14

Klicken Sie die Einnahmensumme in Zelle **B8** an. Drücken Sie die Taste ⌑-⌑, und klicken Sie dann auf die Zahl, die Sie abziehen möchten, hier die Ausgabensumme in Zelle **B16**. Drücken Sie jetzt erst ⌑↵⌑.

15

| B17 | ▼ | ⋮ | × | ✓ | fx | =B8-B16 ── ❿ |

◢	A	B	C	D
5	Quartal 2	253	278	251
6	Quartal 3	256	282	254
7	Quartal 4	259	285	257
8	Summe Einnahmen	1019	1121	1011
9				
10		2014	2015	2016
11				
12	Quartal 1	193	196	198
13	Quartal 2	196	199	202
14	Quartal 3	198	201	204
15	Quartal 4	194	199	203
16	Summe Ausgaben	781	795	807
17		238		

❾

Schritt 15

Klicken Sie noch einmal auf die Zelle mit Ihrer Formel: In der Zelle sehen Sie das Ergebnis ❾, während in der Bearbeitungsleiste die Formel steht ❿. Ziehen Sie die Formel mit dem Quadrat unten rechts an der Zelle nach rechts, um auch für die anderen Quartale das Ergebnis der Berechnung zu sehen.

14	Quartal 3	198	201	204	207	210
15	Quartal 4	194	199	203	199	210
16	Summe Ausgaben	781	795	807	812	832
17		238				
18						

Schritt 16

Um herauszufinden, wie viel im Durchschnitt pro Quartal eingenommen wurde, errechnen Sie den Mittelwert. Klicken Sie dazu unter die erste Summe, im Beispiel also in Zelle **B9**. Geben Sie ⌨ = ⌨ ein.

Schritt 17

Klicken Sie auf die Summe in der Zelle darüber, und geben Sie das Geteiltzeichen ⌨ / ⌨ ein. Dann tippen Sie eine »4« (für vier Quartale) und drücken ⌨ ↵ ⌨; so erhalten Sie den Mittelwert pro Quartal ⓫. Ziehen Sie die Formel nach rechts.

Schritt 18

Auch Zahlen, die nicht in derselben Tabelle sind, können Sie addieren, multiplizieren usw. Geben Sie wieder ⌨ = ⌨ ein, und klicken Sie auf die erste Zelle, die Sie mit in die Rechnung einbeziehen möchten. Drücken Sie dann ⌨ + ⌨ (oder ⌨ * ⌨, ⌨ - ⌨, ⌨ / ⌨) und klicken Sie unten ⓬ auf die andere Tabelle (siehe Schritt 12 im Abschnitt »Daten in Tabellen eingeben« auf Seite 206). Klicken Sie hier die nächste Zahl an. Drücken Sie dann ⌨ ↵ ⌨, um das Ergebnis ⓭ zu erhalten.

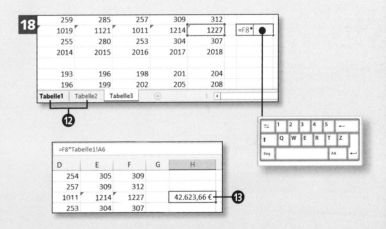

Schnell zur obersten Zeile

Tippen Sie »A1« in das Namensfeld ganz links auf der Bearbeitungsleiste und drücken Sie ⌨ ↵ ⌨, dann springt der Cursor wieder nach oben zur Zelle A1. Wenn Sie lieber mit der Tastatur arbeiten, drücken Sie gleichzeitig ⌨ Strg ⌨ + ⌨ Pos1 ⌨.

Tabellen verschönern und Daten sortieren

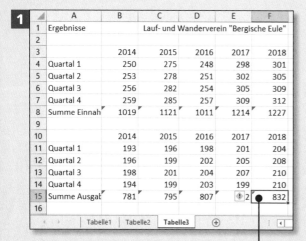

Formatieren Sie Ihre Tabelle anspre-chend. Excel bringt Vorlagen mit, die sie mit einem Klick verschönern.

Schritt 1

Tragen Sie Ihre Daten in ein Tabel-lenblatt ein, wie z. B. im vorherigen Abschnitt beschrieben.

Schritt 2

Verbreitern Sie zu schmale Spalten, indem Sie doppelt auf die Linien zwischen den Buchstaben **A** und **B** usw. klicken.

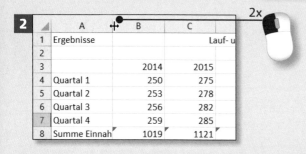

Schritt 3

Als Nächstes sollen die Überschrif-ten – hier die Jahreszahlen – mittig platziert werden. Klicken Sie Zeile 3 an, indem Sie auf die Zahl **3** vor der Zeile klicken ❶. Klicken Sie auf der Registerkarte **Start** auf **Zentriert**.

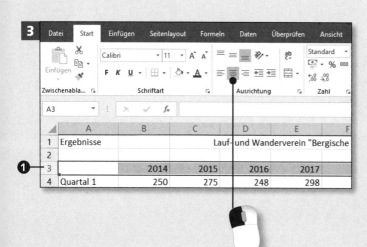

Spaltenbreite individuell ändern
Wenn Sie bei einer Spalte eine ganz bestimmte Breite einstellen wollen, greifen Sie die Linie zwi-schen den Buchstaben der beiden Spalten und ziehen sie nach rechts oder links. Die Spaltenbreite wird Ihnen beim Ziehen angezeigt. Excel ändert immer die Spalte links vom Doppelpfeil.

Schritt 4

Der Inhalt der Zellen ist zentriert ❷.
Um die Überschrift, im Beispiel in
Zeile 1, hervorzuheben, formatieren
Sie sie fett: Markieren Sie sie und
klicken Sie auf das **F** für *Fett* links auf
der Registerkarte **Start**.

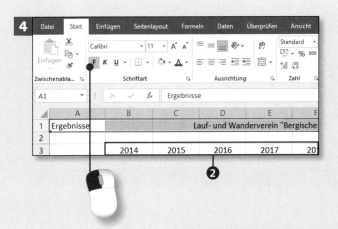

Schritt 5

Die Schriftgröße ändern Sie auch
gleich: Lassen Sie die Zeile noch
markiert, und klicken Sie auf das
größere **A** in der Gruppe **Schriftart**;
die Schrift in den markierten Zellen
wird nun pro Klick eine Stufe größer.
Passen Sie ggf. die Spaltenbreiten
wieder an; fetter und größerer Text
braucht mehr Platz.

Schritt 6

Geben Sie der Überschrift mehr
Platz: Klicken Sie auf die Linie
zwischen den Zeilen **1** und **2**, und
ziehen Sie sie mit gedrückter Maustaste nach unten. Excel zeigt Ihnen
dabei an, welche Höhe die Zeile
gerade genau hat ❸. Lassen Sie die
Maustaste wieder los.

Tabellen verschönern und Daten sortieren (Forts.)

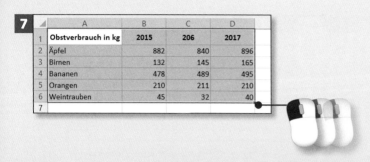

Schritt 7

Excel bietet Ihnen die Möglichkeit, Ihre Tabelle schneller zu formatieren. Diese Möglichkeit heißt sinnigerweise **Als Tabelle formatieren**. Markieren Sie zunächst Ihre Daten in der Tabelle. Dazu klicken Sie in die erste Zelle, hier *Obstverbrauch in kg*, und ziehen die Maus mit gedrückter Maustaste diagonal nach unten bis einschließlich zur Zeile mit den letzten Daten. Lassen Sie die Maustaste los, wenn alle Zellen markiert sind.

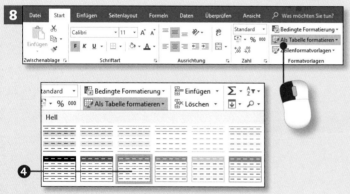

Schritt 8

Auf der Registerkarte **Start** klicken Sie bei **Formatvorlagen** auf **Als Tabelle formatieren**. Wählen Sie ein Design ❹ aus dem Katalog aus.

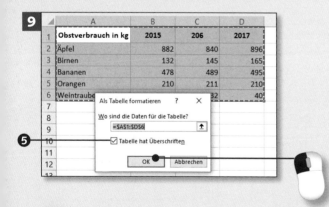

Schritt 9

Im nächsten Fenster fragt Excel, wo die Daten der Tabelle sind, und schlägt den markierten Bereich vor. Da Sie die Daten in Schritt 7 selbst markiert haben, ändern Sie hier nichts. Die Tabelle hat Überschriften, also lassen Sie das Häkchen vor **Tabelle hat Überschriften** ❺ stehen. Klicken Sie auf **OK**.

Sortieren in Tabellen ohne Formatvorlagen

Daten in Tabellen ohne Formatvorlagen sortieren Sie so: Markieren Sie die Tabelle. Klicken Sie auf der Registerkarte **Start** ganz rechts auf **Sortieren und Filtern ▸ Von A bis Z sortieren**.

Schritt 10

Klicken Sie eine Zelle Ihrer Tabelle an. Sie sehen jetzt das neue Design, da die Markierung der Tabelle aufgehoben wurde. Außerdem sehen Sie neben den Überschriften kleine Pfeile ❻. Damit können Sie die Daten schnell sortieren und filtern.

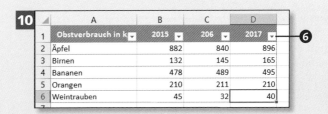

Schritt 11

Benötigen Sie die Pfeile zum Sortieren und Filtern nicht, können Sie sie ausschalten. Entfernen Sie auf der Registerkarte **Tabellentools/Entwurf** das Kästchen bei **Schaltfläche "Filter"**. Bei kleineren Bildschirmen klicken Sie erst auf **Tabellenformatoptionen** ❼ und dann auf **Schaltfläche "Filter"**.

Schritt 12

Möchten Sie der formatierten Tabelle weitere Zeilen hinzufügen, die das gleiche Design haben sollen, klicken Sie in die Zeile direkt unter Ihrer Tabelle. Geben Sie Text und/oder Zahlen ein. Sobald Sie ⏎ drücken, passt Excel die Formatierung an.

Sortieren in Tabellen mit Formatvorlage

In Tabellen, die Sie mit einer Formatvorlage formatiert haben, klicken Sie zum Sortieren auf den Pfeil an der Spalte mit den zu sortierenden Werten, z. B. Kategorien. Klicken Sie auf den Pfeil an der Spaltenüberschrift und dann auf **Von A bis Z sortieren**.

Diagramme einfügen – Daten veranschaulichen

Oft wird erst durch ein Diagramm deutlich, was die Daten einer Tabelle aussagen.

Schritt 1

Je nach Art der Daten in Ihrer Tabelle bietet es sich an, die Daten mit einem Diagramm zu verdeutlichen. Excel hilft Ihnen dabei und schlägt passende Diagramme vor. Zuerst markieren Sie Ihre Tabelle, genauer gesagt: die Daten in Ihrer Tabelle.

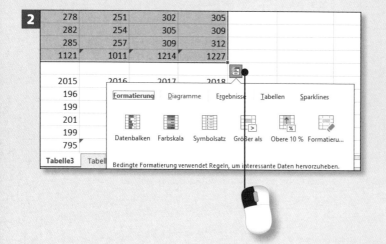

Schritt 2

Sie sehen an der rechten unteren Ecke das Symbol **Schnellanalyse**. Klicken Sie darauf und hier auf **Diagramme**. Excel zeigt Ihnen einige mögliche Diagramme. Klicken Sie eins an; das Diagramm wird neben oder vor Ihren Daten eingefügt.

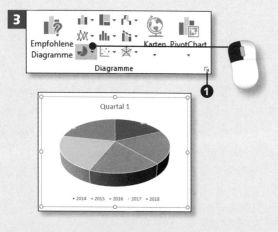

Schritt 3

Um ein anderes Diagramm zu verwenden, markieren Sie wieder Ihre Daten. Klicken Sie auf der Registerkarte **Einfügen** in der Gruppe **Diagramme** auf den passenden Typ. Sie können auch auf die Ecke ❶ bei **Diagramme** klicken. Im Beispiel wird ein *Kreisdiagramm* gewählt, um die Anteile an der Gesamtheit darzustellen.

Schritt 4

Gefallen Ihnen die Farben Ihres Diagramms nicht, färben Sie es neu ein: Über dem Menüband sehen Sie die Registerkarte **Diagrammtools ❷** mit den Unterregistern **Entwurf** und **Format**. Klicken Sie auf **Entwurf** und hier auf **Farben ändern**. Wählen Sie durch Klicken eine Farbkombination aus.

Schritt 5

Bei **Schnelllayout ❸** legen Sie fest, welche Erläuterungen an Ihrem Diagramm stehen sollen: **Legende**, **Diagrammtitel**, **Achsentitel**, **Datenbeschriftung**. Fahren Sie mit dem Mauszeiger über die verschiedenen Optionen; in der Vorschau sehen Sie, wie das Layout bei Ihrem Diagramm aussehen würde. Klicken Sie auf eine Option.

Schritt 6

Ganz links außen auf der Registerkarte **Diagrammtools/Entwurf** können Sie Diagrammelemente auch einzeln auswählen. Speichern Sie schließlich Ihre Datei.

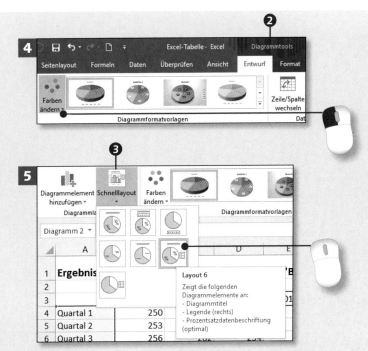

Diagrammdaten filtern

Klicken Sie Ihr Diagramm an. Rechts daneben finden Sie drei Symbole, das unterste steht für den Diagrammfilter – den klicken Sie an. Sie können hier einzelne Datenreihen durch Klicken auf die Häkchen abwählen, d.h., diese Daten tauchen im Diagramm nicht auf.

Spalteninhalt von Excel trennen lassen

In einer Spalte stehen Vorname und Name. Sie benötigen die Daten aber in eigenen Spalten. Bevor Sie nun jeden Eintrag von Hand ändern, lassen Sie Excel die Arbeit machen.

Schritt 1

Die Namensspalte soll aufgeteilt werden. Tragen Sie in die beiden Spalten rechts daneben die Spaltentitel ein, im Beispiel **Name** und **Vorname**. Wichtig: Falls direkt neben der Spalte mit den zu trennenden Daten bereits Spalten mit Inhalt sind, fügen Sie zunächst zwei leere Spalten ein.

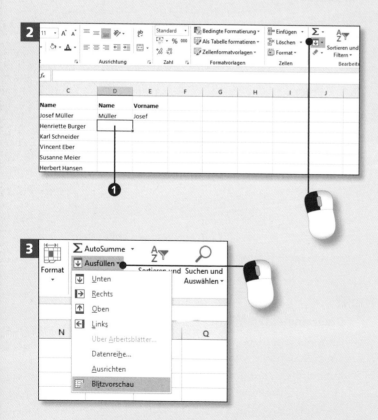

Schritt 2

Tragen Sie nur den ersten Namen von Hand in die entsprechenden Spalten ein und klicken Sie dann in die erste leere Zelle ❶ darunter. Klicken Sie nun ganz rechts auf der Registerkarte **Start** auf das Symbol **Ausfüllen**. (Bei großen Bildschirmen sehen Sie nicht nur das Symbol, sondern auch den Text **Ausfüllen**.)

Schritt 3

Klicken Sie auf die Schaltfläche und im Menü unten auf **Blitzvorschau**. Excel füllt den Rest der Spalte mit den korrekten Werten aus.

Schritt 4

Klicken Sie nun in die erste leere Zelle der zweiten Spalte und wieder auf **Ausfüllen ▸ Blitzvorschau**. Auch die zweite Spalte wird gefüllt. Die überflüssige Spalte können Sie nun löschen. Klicken Sie dazu mit der *rechten* Maustaste auf den Spaltenkopf (den Buchstaben) und im Kontextmenü auf **Zellen löschen**.

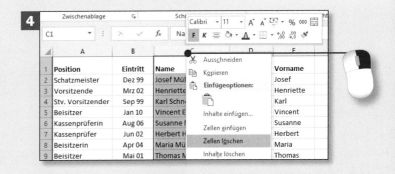

Schritt 5

Das Trennen klappt auch bei Zellen, die sowohl mit Text als auch mit Zahlen gefüllt sind. Im Beispiel stehen Ort und Jahr in einer Zelle, sollen aber in je eine eigene Spalte. Schreiben Sie die ersten Werte in die beiden Spalten und klicken Sie erst in die leere Zelle darunter und dann auf **Ausfüllen ▸ Blitzvorschau**.

Schritt 6

Wiederholen Sie diesen Schritt für die zweite Spalte; Excel füllt auch diese Spalte aus. Löschen Sie dann die überflüssige Spalte, die beide Werte enthält, im Beispiel Spalte C.

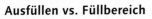

Ausfüllen vs. Füllbereich
In älteren Excel-Versionen heißt die Schaltfläche **Ausfüllen**, von der hier die Rede ist, noch **Füllbereich**.

Kapitel 9
Dateien und Ordner verwalten

Auf Ihrem Computer sammeln sich im Laufe der Zeit viele persönliche Dateien an: Texte, Excel-Tabellen, Fotos, Musik. Je mehr, desto unübersichtlicher wird es. Wie finden Sie bei 1.000 Bildern, die alle einfach unter »Fotos« abgelegt sind, ein bestimmtes Bild wieder? In diesem Kapitel lernen Sie, wie Sie Ihre Dateien besser in klar benannten Ordnern speichern.

Den Explorer kennenlernen

Der Explorer hebt Ihre Dateien für Sie auf. Er sortiert sie grob nach Musik, Dokumenten, Bildern, Videos und Downloads aus dem Internet. Um Ihnen die oft benutzten Ordner und Dateien schneller anzeigen zu können, bietet der Explorer den Schnellzugriff. Im Laufe der Zeit werden Ihre persönlichen Favoriten hier automatisch hinzugefügt.

Dateien im Explorer verwalten

Sie legen thematische oder chronologische Unterordner an, um stets den Überblick über Ihre Dateien zu behalten. Sie benennen Dateien und Ordner um und verschieben die »losen« Dateien in die richtigen Ordner. Was Sie nicht mehr aufheben möchten, löschen Sie.

Dateien, genutzte Apps oder Internetseiten wiederfinden

Sie wissen, wann Sie die Datei bearbeitet haben, aber nicht, wie sie heißt oder wo Sie sie gespeichert haben? Kein Problem, die Timeline und die Suchfunktion im Explorer helfen Ihnen, die Datei wiederzufinden.

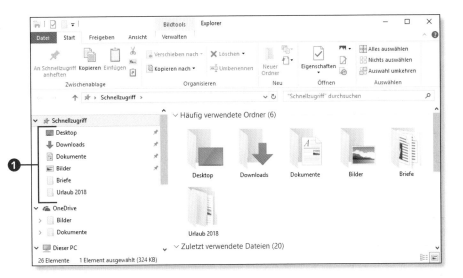

Bilder, Dokumente, Musik – der Explorer verwahrt Ihre Dateien in den passenden Hauptordnern, die im Schnellzugriff angezeigt werden. ❶

Legen Sie neue Ordner an, um eine Reihe Fotos darin zu sammeln. ❷

Dateien finden Sie in der *Timeline* oder mit der Explorer-Suche. ❸

Dateien und Ordner anzeigen lassen

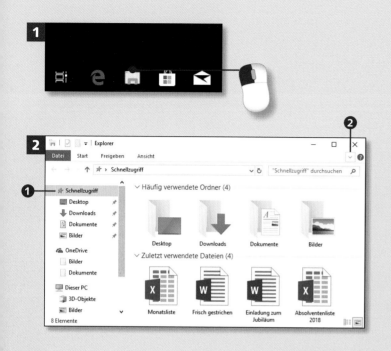

Windows bringt ein Programm mit, das Ihre Dateien und Ordner anzeigt, den Explorer.

Schritt 1

Öffnen Sie den *Explorer* durch einen Klick auf das Programmsymbol in der Taskleiste.

Schritt 2

Der Explorer wird mit der Seite **Schnellzugriff** ❶ geöffnet. Hier sehen Sie die Ordner, die Sie häufig verwenden. Darunter werden die zuletzt geöffneten Dateien angezeigt.

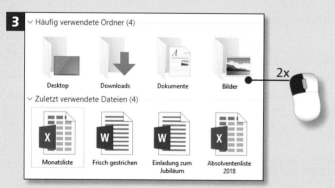

Schritt 3

Der Explorer sortiert alle Dateien in passende Ordner: Texte und Excel-Dateien finden Sie im Ordner **Dokumente**, Fotos in **Bilder**. Dateien, die Sie herunterladen, landen in **Downloads**. Musik und Videos werden in den gleichnamigen Ordnern aufbewahrt. Klicken Sie doppelt auf **Bilder**.

Das Menüband ist nicht zu sehen

Im Explorer ist das Menüband nicht immer standardmäßig eingeblendet. Da es aber viele nützliche Befehle enthält, sollten Sie es einblenden. Klicken Sie ganz oben rechts auf das Symbol **Menüband erweitern** ❷.

Schritt 4

Importierte Bilder listet der Explorer entweder in Unterordnern oder direkt im Hauptordner **Bilder** auf (siehe dazu Kapitel 6, »Fotos sortieren und bearbeiten«, ab Seite 136). Ein Doppelklick zeigt das Foto in der *Fotos*-App in ganzer Größe. Um zum Explorer zurückzukehren, klicken Sie auf das Schließkreuz oben rechts.

Schritt 5

Sie sehen gar keine Bilder-Miniaturen, sondern nur Datei- und Ordnernamen? Dann stellen Sie die Ansicht um: Klicken Sie im Menüband auf den Reiter **Ansicht** und hier auf **Große Symbole**. Schon sind die Bilder-Miniaturen wieder zu sehen. Falls Sie das Menüband nicht sehen, schalten Sie es ein, wie im Kasten auf der linken Seite beschrieben.

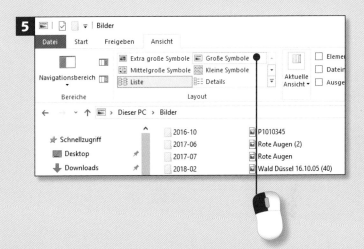

Schritt 6

Auf der Registerkarte **Ansicht** nehmen Sie noch weitere nützliche Einstellungen vor. Klicken Sie auf **Elementkontrollkästchen**, falls dort kein Häkchen zu sehen ist. Ihre Dateien sind nun mit Kästchen versehen, mit denen Sie sie leichter auswählen können (siehe den Abschnitt »Dateien und Ordner markieren und auswählen« auf Seite 236).

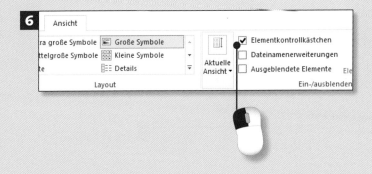

Dateien und Ordner anzeigen lassen (Forts.)

Schritt 7

Schalten Sie auch die **Dateinamen-erweiterungen** ein, falls sie nicht aktiviert sind. So erkennen Sie, um welchen Dateityp es sich bei einer Datei handelt. Bilder z. B. haben die Endung *.jpg*, Word-Texte *.docx* usw.

Schritt 8

Schauen Sie sich den *Navigations-bereich* in der linken Spalte näher an. Hier sind der **Schnellzugriff** sowie sämtliche Ordner und Laufwerke des Computers zu sehen. Sie können hier schnell zu einem anderen Ordner wechseln. Klicken Sie einmal auf **Dokumente**; jetzt sehen Sie im rechten Fensterteil alle Dokumente wie Excel-Dateien oder Texte.

Schritt 9

In jedem Ordner können Sie Unter-ordner anlegen, um z. B. Bilder zu sortieren. Einige Unterordner ent-stehen beim Importieren (siehe den Abschnitt »Fotos auf den Computer kopieren« auf Seite 138), andere sind von Anfang an da. Die Unter-ordner werden im Navigationsbe-reich nicht direkt angezeigt. So rufen Sie sie auf: Klicken Sie im Naviga-tionsbereich doppelt auf **Bilder**. Die Unterordner werden darunter angezeigt.

Schritt 10

Durch den Doppelklick haben Sie die Unterordner im Navigationsbereich links »hervorgelockt«. Um jetzt den Inhalt eines Unterordners anzuzeigen, klicken Sie doppelt auf den Ordner im *Hauptbereich* (rechter Fensterteil).

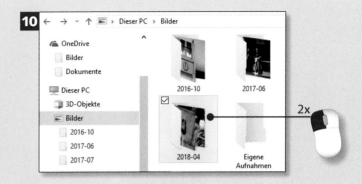

Schritt 11

Im Hauptbereich sehen Sie daraufhin den Inhalt des Unterordners. Um zurück zum Ordner **Bilder** zu kommen, können Sie entweder im Navigationsbereich auf **Bilder** oder in der Adressleiste auf den Pfeil nach links ❸ klicken. Auch ein Klick auf **Bilder** in der Adressleiste bringt Sie zurück.

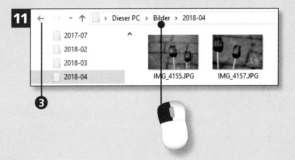

Schritt 12

In dieser Adressleiste, die das Menüband vom Navigations- und Hauptbereich trennt, sehen Sie immer, welcher Ordner gerade angezeigt wird: Ausgehend vom Computer, der **Dieser PC** ❹ heißt, wurde der Ordner **Bilder** ❺ geöffnet und darin der Unterordner **2018-04** ❻, dessen Inhalt Sie im Hauptbereich sehen.

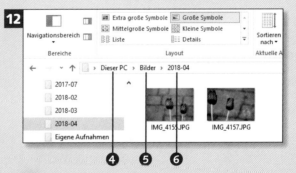

Linker und rechter Bereich des Explorers

Im rechten Fensterteil, dem *Hauptbereich*, sehen Sie im Allgemeinen den Inhalt dessen, was links markiert und damit hellblau hervorgehoben ist. Wenn links und rechts die gleichen Ordner zu sehen sind, heißt das, dass Sie den gleichen übergeordneten Ordner angeklickt haben. Es heißt *nicht*, dass die Inhalte doppelt vorhanden sind!

Dateien und Ordner markieren und auswählen

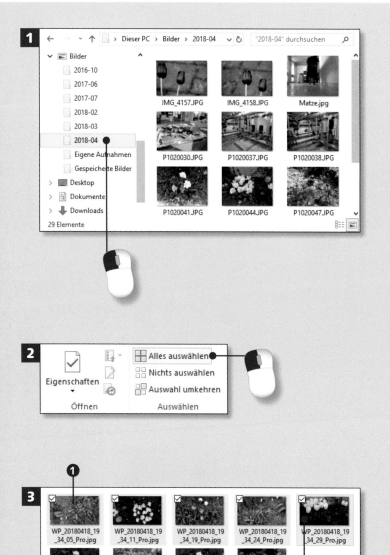

Sie sparen viele kleine Einzelschritte, wenn Sie Dateien richtig markieren und damit auswählen können.

Schritt 1

Öffnen Sie im Explorer einen Ordner mit vielen Dateien. Im Beispiel ist es einer mit Fotos.

Schritt 2

Alle Bilder sollen markiert werden. Drücken Sie gleichzeitig die Tasten Strg + A ; so markieren Sie alle Dateien auf einmal. Wenn Sie lieber die Maus nutzen, klicken Sie auf der Registerkarte **Start** ganz rechts auf **Alles auswählen**. Markierte Dateien sind hellblau hinterlegt.

Schritt 3

Ein anderer Fall: Nur ein paar nebeneinanderliegende Dateien sollen markiert werden. Klicken Sie das erste Bild ❶ an, und lassen Sie die Maustaste los. Drücken Sie ⇧ , und klicken Sie – bei gedrückter ⇧ -Taste – mitten auf das letzte Bild, das Sie markieren möchten. Jetzt lassen Sie die Tasten wieder los. Alternativ klicken Sie in die Kästchen an den betreffenden Bildern (siehe Schritt 6 der vorherigen Anleitung).

Schritt 4

Sie möchten Dateien markieren, die nicht nebeneinanderliegen? Hier hilft die Taste `Strg`. Drücken Sie `Strg`, und halten Sie sie gedrückt. Klicken Sie mit der Maus die Bilder an, die markiert werden sollen.

Schritt 5

Das Markieren mit `Strg` hat einen kleinen Haken: Wenn Sie die Maus bewegen, während `Strg` und die Maustaste gedrückt sind, legen Sie Kopien der Dateien an ❷ – das ist nicht immer erwünscht. Drücken Sie also `Strg`, und klicken Sie jeweils nur *kurz* auf ein Bild. Lassen Sie dann die Maustaste wieder los, und klicken Sie das nächste Bild an. Bewegen Sie die Maus nicht, während die Maustaste gedrückt ist!

Schritt 6

Machen Sie es sich also einfach und arbeiten Sie mit den Kästchen an den Dateien. Dabei ist es egal, wie weit die Dateien auseinanderliegen. Sie können auch scrollen, um weitere Dateien anzuklicken.

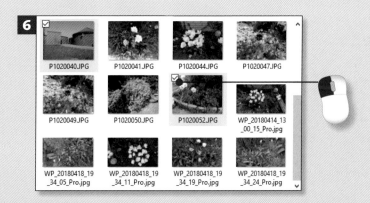

Richtig markieren

Wenn Sie Dateien markieren möchten, die nicht nebeneinanderliegen, klicken Sie in die Kästchen an den Dateien. Wollen Sie mehrere Dateien, die nebeneinanderliegen, mithilfe der `⇧`-Taste markieren, müssen Sie das erste und letzte Bild *mittig* anklicken (siehe Schritt 3). Hier helfen die Kästchen nicht!

Dateien kopieren, verschieben und löschen

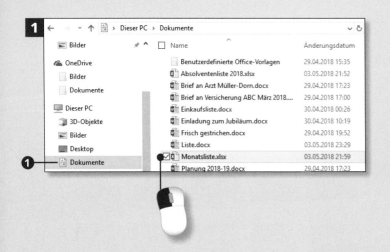

Dateien, die Sie an mehreren Stellen brauchen, kopieren Sie. Um Dateien besser wiederzufinden, verschieben Sie sie. Nicht mehr benötigte Dateien löschen Sie.

Schritt 1

Öffnen Sie den Explorer, und klicken Sie den Ordner **Dokumente** ❶ an. Die Excel-Datei *Monatsliste.xlsx* soll auf den Desktop verschoben werden, damit Sie schnell direkten Zugriff darauf haben. Klicken Sie dazu die Datei einmal an.

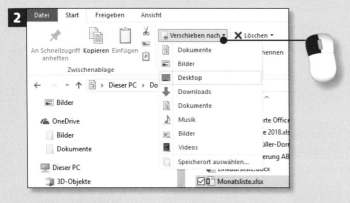

Schritt 2

Oben im Menüband klicken Sie auf der Registerkarte **Start** auf **Verschieben nach**. In der Auswahlliste klicken Sie auf **Desktop**. Ein kurzes Flackern, und schon ist die Datei verschoben.

Schritt 3

Die Datei ist nun auf dem Desktop ❷. Mit einem Doppelklick öffnen Sie sie. Kehren Sie zum Explorer zurück, indem Sie unten in der Taskleiste auf das Programmsymbol für den Explorer klicken. Je nach Einstellung sehen Sie auch den Namen des zuletzt angeklickten Ordners, hier **Dokumente**.

Schritt 4

Zum Kopieren einer Datei klicken Sie die Datei an und im Menüband auf **Kopieren nach**. Im Beispiel kopieren Sie ein Bild in den Ordner **Dokumente**, um Text und Bild zusammenzufügen. Das Bild ist nun in den Ordnern **Bilder** und **Dokumente** zu sehen.

Schritt 5

Soll die Datei in einen Unterordner, klicken Sie die Datei einmal an, und ziehen Sie sie mit gedrückter Maustaste in den Zielordner. Der Explorer zeigt Ihnen an, wo die Datei landen wird ❸, wenn Sie die Maustaste jetzt loslassen. Lassen Sie los, wenn der richtige Ordner genannt wird.

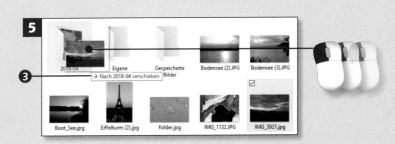

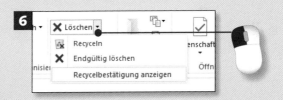

Schritt 6

Eine Datei löschen Sie auch über das Menüband auf der Registerkarte **Start**. Klicken Sie vor dem allerersten Löschen auf den kleinen Pfeil an der Schaltfläche **Löschen** und dann auf **Recycelbestätigung anzeigen**. Künftig fragt der Explorer immer nach einer Löschbestätigung. Klicken Sie dann die Datei an. Im Menüband klicken Sie jetzt direkt auf **Löschen** ❹. Bestätigen Sie das Löschen, und die Datei landet im Papierkorb.

Dateien umbenennen

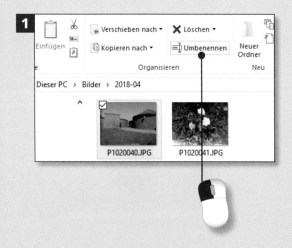

Wenn Sie z. B. viele Bilder von einer Kamera gespeichert haben, wird es unübersichtlich. Sehen Sie hier, wie Sie Bilder eindeutig betiteln.

Schritt 1

Öffnen Sie den Ordner, in dem die umzubenennende Datei liegt. Klicken Sie die Datei an. Auf der Registerkarte **Start** klicken Sie auf **Umbenennen**.

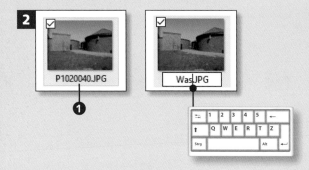

Schritt 2

Der Name des Bildes ist nun blau hinterlegt ❶. Tippen Sie ohne zu klicken den neuen Namen ein. Leerzeichen sind hier erlaubt. Der erste Buchstabe, den Sie tippen, ersetzt die blaue Markierung. Lassen Sie die Dateiendung, hier *.jpg*, unverändert! Zum Speichern drücken Sie ⏎ .

Schritt 3

Um alle Bilder eines Ordners auf einmal umzubenennen, drücken Sie Strg + A . Alternativ klicken Sie im Menüband auf **Alles auswählen**. Haben Sie nicht alle, sondern nur einige Bilder markiert (wie ab Seite 236 beschrieben), beachten Sie Schritt 6 dieser Anleitung.

Schritt 4

Klicken Sie auf **Umbenennen**. Der Name eines Bildes wird blau hinterlegt ❷. Tippen Sie den neuen Namen ein, und drücken Sie ⏎.

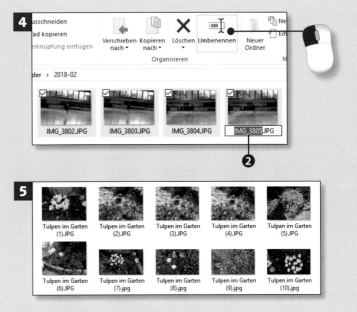

Schritt 5

Die markierten Bilder tragen nun den neuen Namen und eine laufende Nummer.

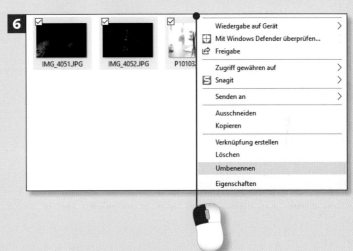

Schritt 6

Um den Effekt »Letztes wird erstes Bild« zu vermeiden, klicken Sie zum Umbenennen mit der rechten Maustaste auf das erste der markierten Bilder. Aus dem Kontextmenü wählen Sie **Umbenennen**. Jetzt geben Sie den neuen Namen ein und drücken ⏎. Die Bilder tragen nun die neuen Namen in der richtigen Reihenfolge ❸.

Rückgängig machen

Wenn Sie eine Datei aus Versehen verschoben, gelöscht oder falsch umbenannt haben und dies rückgängig machen wollen, drücken Sie gleichzeitig Strg + Z. So machen Sie Ihre letzte Aktion rückgängig.

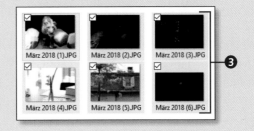

Ordner anlegen, verschieben und löschen

Sie können Ordner anlegen, um sie mit Dateien zu füllen. Ebenso können Sie sie verschieben und löschen.

Schritt 1

Öffnen Sie einen Hauptordner, in dem Sie einen neuen Ordner anlegen möchten. Im Beispiel wird der Ordner **Dokumente** geöffnet.

Schritt 2

Klicken Sie im Menüband auf der Registerkarte **Start** auf die Schaltfläche **Neuer Ordner**.

Schritt 3

Im Hauptbereich wird der Ordner angelegt. Im Namensfeld ist der Text **Neuer Ordner** schon blau hinterlegt. Tippen Sie, ohne zu klicken, den Namen ein. Bestätigen Sie den neuen Namen noch mit ⏎; jetzt ist der neue Ordner einsatzbereit.

Der Explorer sortiert alphabetisch

Wenn ein Ordner umbenannt oder ein neuer Ordner hinzugefügt wird, ändert sich die Reihenfolge beim nächsten Öffnen der Hauptordner so, dass die Ordner wieder von A bis Z sortiert sind. Um die Reihenfolge sofort zu ändern, drücken Sie F5 oben auf Ihrer Tastatur.

Schritt 4

Sie haben den neuen Ordner im falschen Hauptordner angelegt? Kein Problem, verschieben Sie ihn: Klicken Sie den Ordner einmal an. In der Menüleiste klicken Sie auf **Verschieben nach**. Wählen Sie einen Ort durch Klicken aus, hier **Bilder**. Der Ordner wird sofort verschoben.

Schritt 5

Auch mit der Maus können Sie Ordner verschieben. Klicken Sie den Ordner an, und ziehen Sie ihn mit gedrückter Maustaste zum Zielordner, hier **Urlaub 2018**. Sobald Sie die Meldung **Nach Urlaub 2018 verschieben** lesen, lassen Sie die Taste los.

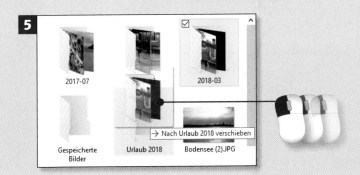

Schritt 6

Zum Löschen klicken Sie den Ordner an und im Menüband auf **Löschen**. Bestätigen Sie das Löschen. Wenn Sie auf den kleinen Pfeil klicken, können Sie den Ordner direkt endgültig löschen. Er landet dann nicht erst im Papierkorb. Je nach Bildschirmgröße finden Sie den kleinen Pfeil unter dem roten Kreuz oder rechts daneben.

Dateien suchen

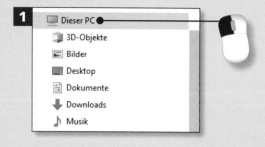

Dateien zu suchen und zu finden erleichtert Ihnen der Explorer.

Schritt 1

In welchem Ordner und auf welchem Laufwerk haben Sie die Datei nur gespeichert? Um auf dem ganzen Computer zu suchen, was wegen der Datenmenge länger dauern kann, klicken Sie links auf **Dieser PC**. Wenn Sie wissen, in welchem Hauptordner die Datei sein könnte, klicken Sie direkt diesen Ordner an.

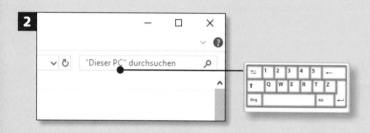

Schritt 2

Rechts neben der Adresszeile ist das *Suchfeld*. Geben Sie ein Suchwort ein, z. B. »Brief«. Der Computer beginnt sofort mit der Suche, erkennbar am grünen Fortschrittsbalken.

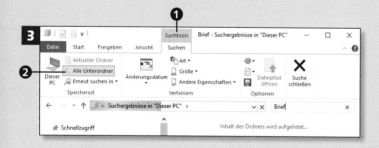

Schritt 3

Das Menüband zeigt jetzt das Register **Suchen/Suchtools** ❶. Im linken Bereich sehen Sie, dass in allen Unterordnern gesucht wird ❷. Die Suche kann lange dauern; im Beispiel ist der Explorer jedoch sehr schnell mit der Suche fertig, daher sind im Menüband keine weiteren Einstellungen nötig. Auch Ordner mit dem Suchbegriff im Namen werden aufgelistet.

Schritt 4

Der Explorer zeigt im Hauptbereich rechts das Ergebnis der Suche an. Je nach Suchbegriff sind auch viele Treffer möglich. Zu jedem Treffer werden einige Angaben gemacht; daran können Sie erkennen, ob die gesuchte Datei dabei ist. Im Beispiel ist sie gefunden. Sie verschieben sie in den Ordner **Dokumente/Briefe**.

Schritt 5

Wissen Sie nicht, in welchem Hauptordner die Datei liegt, machen Sie weitere Angaben, um die Suche einzugrenzen. Wenn Sie ungefähr wissen, wann Sie die Datei erstellt haben, klicken Sie auf **Änderungsdatum**. Wählen Sie einen Zeitraum aus; er erscheint hinter dem Suchbegriff.

Schritt 6

Kennen Sie den Dateityp, klicken Sie auf **Art**. In der Liste wählen Sie den Typ aus, z. B. **Dokument**. Hinter dem Suchbegriff steht nun *art:=dokument* ❸. Als Suchergebnisse werden alle passenden Dateien mit den Endungen *.docx*, *.txt* und *.rtf* angezeigt.

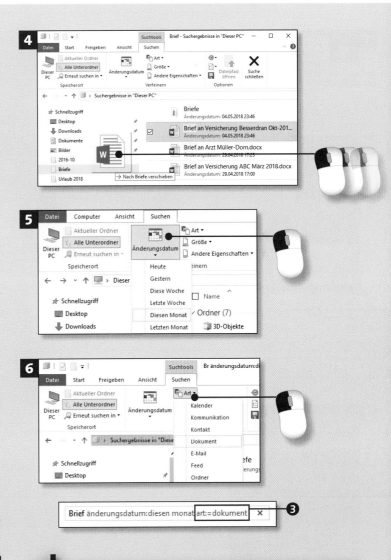

Dateitypen immer anzeigen lassen

Aus Sicherheitsgründen ist das Einblenden der Dateiendungen zu empfehlen, z. B. um als Bilder getarnte *.exe*-Dateien aus dem Internet zu erkennen. Zum Einblenden klicken Sie auf der Registerkarte **Ansicht** in der Gruppe **Ein-/ausblenden** in das Kästchen neben **Dateinamenerweiterungen**.

Mit der Timeline Dateien finden

Windows hält noch ein weiteres Werkzeug zum Finden von Dateien bereit: die Timeline, auch Zeitachse oder Taskansicht genannt.

Schritt 1

Klicken Sie auf das **Timeline**-Symbol rechts neben dem Cortana-Suchfeld.

Schritt 2

Sie sehen zahlreiche Kacheln auf dem Desktop »schweben«. Jede Kachel steht für eine von Ihnen in der letzten Zeit geöffnete Datei, Internetseite oder App. Wenn Sie auf eine Kachel klicken, öffnet sich das entsprechende Element.

Schritt 3

An der rechten Seite finden Sie eine Zeitleiste, mit der Sie sich einen bestimmten Tag oder Zeitraum anzeigen lassen können. Ziehen Sie den Kreis nach unten, um einen früheren Zeltraum aufzurufen.

Schritt 4

Wenn Sie nicht sicher sind, wann Sie mit einer bestimmten Datei gearbeitet haben, können Sie danach suchen: Klicken Sie oben rechts auf die Lupe ❶ und geben Sie Ihren Suchbegriff ein. Die Suchergebnisse bzw. eine Meldung, dass nichts gefunden wurde, erscheinen sofort im linken Bereich.

Schritt 5

Die Timeline zeigt standardmäßig nur einige Tage an. Möchten Sie den vollen 30-Tage-Zeitraum sehen, den die Timeline bieten kann, scrollen Sie in der Timeline ganz nach unten und klicken auf **Einschalten**.

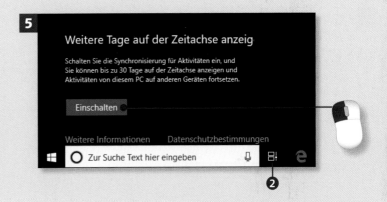

Schritt 6

Möchten Sie alle Aktivitäten eines bestimmten Tages ansehen, weil Sie wissen, dass Sie an diesem Tag die gesuchte Datei erstellt haben, klicken Sie bei diesem Tag auf **Alle Aktivitäten von [Anzahl Tage] anzeigen**. Um die Timeline zu schließen, klicken Sie wieder auf das Symbol ❷ in der Taskleiste.

Daten auf einen USB-Stick kopieren

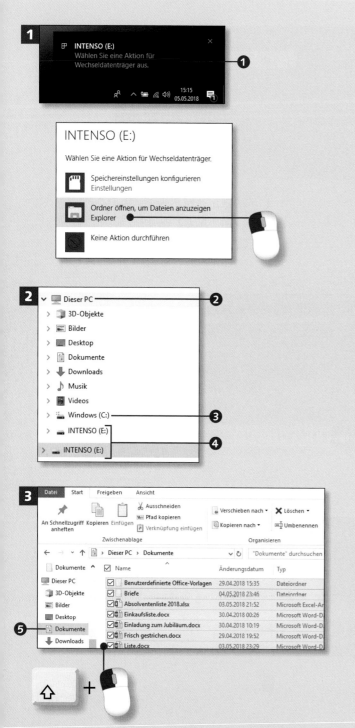

Sie können Dateien heutzutage bequem an andere Personen weitergeben, z. B. per USB-Stick.

Schritt 1

Schließen Sie den USB-Stick an (siehe Seite 266). Beim ersten Mal fordert Windows Sie auf, eine Aktion auszuwählen ❶. Klicken Sie auf **Ordner öffnen, um Dateien anzuzeigen**. Künftig öffnet Windows den Explorer mit dem Inhalt des USB-Sticks direkt, wenn Sie nichts anderes einstellen.

Schritt 2

Der Explorer wird geöffnet. Sie sehen links unter **Dieser PC** ❷ die angeschlossenen Laufwerke. Jedes Laufwerk hat einen Buchstaben (Ihre Festplatte hat z. B. immer den Buchstaben C ❸). Der USB-Stick hat hier den Buchstaben E ❹. Auch wenn der Buchstabe zweimal auftaucht, handelt es sich um denselben USB-Stick.

Schritt 3

Wechseln Sie zum Ordner mit den Daten, die Sie kopieren möchten: Klicken Sie ihn im Navigationsbereich an ❺, und markieren Sie im Hauptbereich die Dateien.

Schritt 4

Klicken Sie im Menüband auf der Registerkarte **Start** auf **Kopieren**.

Schritt 5

Scrollen Sie links im Navigationsbereich zum Laufwerksbuchstaben des USB-Sticks, hier **(E:)**. Klicken Sie darauf und dann im Menüband auf **Einfügen**. Die kopierten Dateien stehen nun rechts im Hauptbereich ❻.

Schritt 6

Bei Bildern sehen Sie evtl. nicht die Bilder-Miniaturen, sondern wie hier eine Liste mit Details. Um auch hier die Miniaturen zu sehen, klicken Sie auf **Ansicht** und dann auf **Große Symbole**.

Und umgekehrt?

Möchten Sie Dateien von einem USB-Stick auf Ihr Notebook kopieren, wiederholen Sie Schritt 1. Markieren Sie alle Dateien auf dem USB-Stick, und klicken Sie im Menüband auf **Kopieren nach**. Wählen Sie den passenden Ordner aus. Sollen die Dateien in einen Unterordner, klicken Sie im Menü **Kopieren nach** unten auf **Speicherort auswählen** und dann auf den Unterordner.

Kapitel 10
Spezielle Einstellungen vornehmen

Auf Ihrem Computer wurde Windows schon eingerichtet. Dabei wurden bestimmte Einstellungen wie die Farbe des Startbildschirms und das Bild auf dem Desktop festgelegt. Ändern Sie diese Einstellungen nach Ihren Wünschen. Nicht ändern sollten Sie das automatische Windows-Update, da es zur Computersicherheit beiträgt.

Die Optik ändern

Für den Desktop können Sie wechselnde Hintergründe einstellen. Auf dem Anmeldebildschirm lassen Sie sich Ihr Lieblingsbild anzeigen. Färben Sie das Startmenü neu ein.

Den Bildschirm anpassen

Hier sind sowohl die Bildschirmhelligkeit als auch die angezeigte Schriftgröße gemeint: Wenn Ihnen die Schrift zu klein vorkommt, ändern Sie die Standardeinstellung einfach auf eine größere Ansicht.

Den Computer aktuell halten

Betriebssystem und Apps werden laufend weiterentwickelt, um Sicherheitslücken zu schließen und noch benutzerfreundlicher zu werden. Sie haben ein Auge darauf, dass alle Updates installiert werden und Betriebssystem (Windows 10) wie auch Apps auf dem aktuellsten Stand sind.

① Die Optik des Startmenüs ändern Sie mit wenigen Klicks im Menü **Einstellungen**.

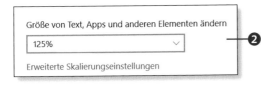

② Stellen Sie eine größere Schriftanzeige ein, um das Lesen zu erleichtern.

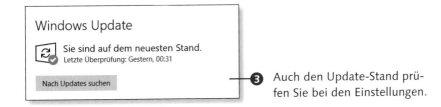

③ Auch den Update-Stand prüfen Sie bei den Einstellungen.

Desktop und Sperrbildschirm anpassen

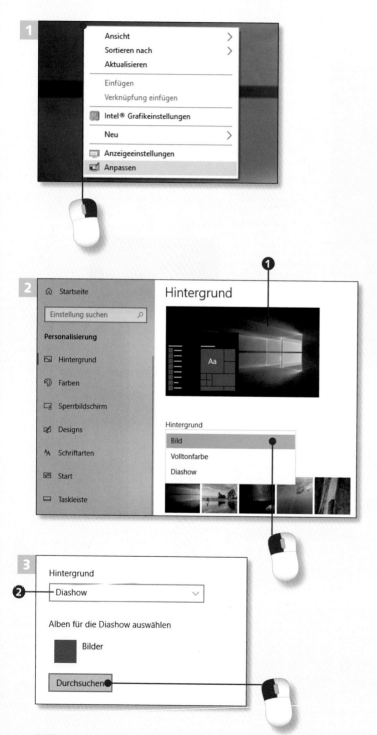

Desktop-Hintergründe sind wandelbar: Eine Diaschau Ihrer eigenen Bilder ist genauso möglich wie nur ein bestimmtes Bild. Auch den Sperrbildschirm können Sie anpassen.

Schritt 1

Klicken Sie mit der rechten Maustaste auf eine freie Stelle auf dem Desktop. Im Kontextmenü klicken Sie auf **Anpassen**. Windows öffnet die Einstellungen mit der Seite **Personalisierung**.

Schritt 2

Der Hintergrund, den Sie bisher immer auf dem Desktop gesehen haben, steht im Abschnitt **Hintergrund** an erster Stelle ❶. Darunter können Sie festlegen, ob Sie ein Bild, eine Diashow oder eine feste Farbe als Desktop-Hintergrund sehen möchten.

Schritt 3

Sollen Ihre eigenen Bilder im Wechsel angezeigt werden, wählen Sie **Diashow** ❷ aus. Darunter klicken Sie bei **Alben für die Diashow auswählen** auf **Durchsuchen**.

Schritt 4

Sofort wird der Ordner **Bilder** angezeigt. Klicken Sie einen Unterordner ❸ zum Auswählen an. Bestätigen Sie die Auswahl mit einem Klick auf **Diesen Ordner auswählen**. Die Vorschau wird angepasst.

Schritt 5

Legen Sie bei **Bildänderungsintervall** fest, in welchem zeitlichen Abstand die Bilder wechseln sollen. Sobald alle Bilder einmal zu sehen waren, fängt Windows wieder beim ersten an.

Schritt 6

Damit nicht immer die gleiche Reihenfolge gezeigt wird, schalten Sie die **Zufällige Wiedergabe** ein. Klicken Sie auf den Schieber **Aus**, dann springt die Anzeige auf **Ein**. Die Einstellungen werden direkt gespeichert.

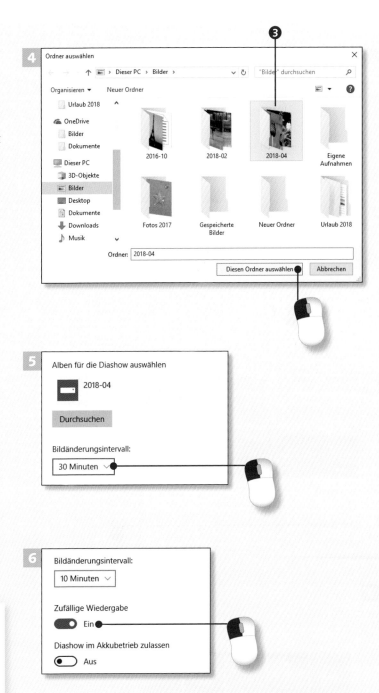

Bilder-Ordner vorbereiten

Legen Sie einen Ordner an, in den Sie alle Bilder kopieren, die Sie als Desktop-Hintergrund sehen möchten. In Schritt 4 wählen Sie dann diesen Ordner aus.

Schritt 7

Auch den Sperrbildschirm können Sie anpassen. Standard ist die
wechselnde Anzeige von Bildern.
Gelegentlich fragt Windows, ob Ihnen das Bild gefällt, um die Anzeige
weiter zu personalisieren. Rufen Sie
zum Ändern links die Einstellungen
für den **Sperrbildschirm** auf.

Schritt 8

Klicken Sie auf den Pfeil am Menü
Hintergrund und wählen Sie **Bild**,
wenn Sie ein Foto aus dem Micro-
soft-Angebot auswählen möchten.

Schritt 9

Soll es ein eigenes Foto sein, wählen
Sie im Menü **Hintergrund** wieder
Bild und klicken dann auf **Durchsu-
chen**. Wählen Sie ein Bild aus. Für
die Diashow klicken Sie im Abschnitt
Hintergrund auf **Diashow** und auf
Ordner hinzufügen. Weiter geht es,
wie in Schritt 4 beschrieben.

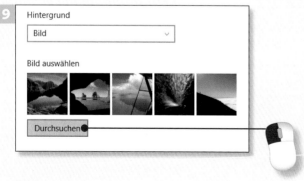

Schritt 10

Auf der Seite **Personalisierung** gibt es aber noch mehr zu entdecken: Klicken Sie auf **Farben**. Im Beispiel ist bisher ein Blauton als **Akzentfarbe** ausgewählt; mit diesem Blauton werden z. B. auf den **Einstellungen**-Seiten Elemente hervorgehoben und im Startmenü die Kacheln gefärbt.

Schritt 11

Wenn Sie die Diashow für den Desktop-Hintergrund eingestellt haben, können Sie auch die Akzentfarbe stets passend zum gerade sichtbaren Bild anzeigen lassen. Klicken Sie dazu in das Kästchen **Automatisch eine Akzentfarbe aus meinem Hintergrund auswählen**.

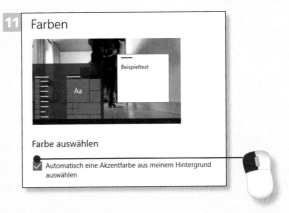

Schritt 12

Oder wählen Sie unter **Windows-Farben** Ihre Lieblingsfarbe aus. Diese Einstellung können Sie jederzeit wieder ändern. Zum Schließen der Einstellungen klicken Sie auf das Schließkreuz oben rechts.

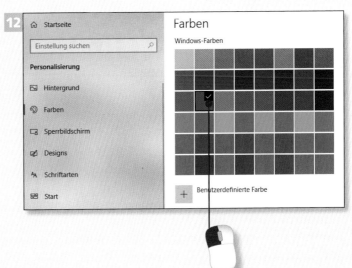

Helligkeit und Größe einstellen

Notebooks sind auf energiesparenden Betrieb ausgerichtet. Dabei kann es passieren, dass Ihnen der Bildschirm zu dunkel oder auch zu hell erscheint. Lesen Sie hier, wie Sie solche Einstellungen ändern.

Schritt 1

Klicken Sie mit der *rechten* Maustaste an eine freie Stelle des Desktops und dann im Kontextmenü auf **Anzeigeeinstellungen**.

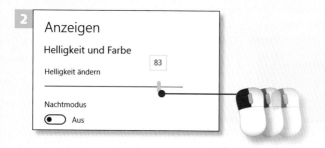

Schritt 2

Die Kategorie **Anzeigen** ist schon aktiviert. In dieser Kategorie ändern Sie sowohl die Größe von Text usw. als auch die Bildschirmhelligkeit. Mit dem Schieberegler **Helligkeit ändern** erreichen Sie stufenlos das Gleiche wie mit den Helligkeitstasten auf Ihrer Tastatur (siehe dazu den Abschnitt »Die Spezialtasten am Notebook verwenden« auf Seite 30).

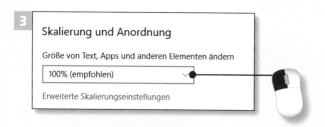

Schritt 3

Unter **Skalierung und Anordnung** regeln Sie die Größe von Text, Apps usw. Klicken Sie auf den Pfeil neben **100 % (empfohlen)**. Wählen Sie **125 %** aus dem Menü. Je nach Bildschirm sind maximal 125 %, 150 %, 175 % oder 200 % möglich.

Was macht der Nachtmodus?
Computerbildschirme strahlen blaues Licht aus, das auf Dauer nicht gut für die Augen und fürs Gehirn ist. Der Nachtmodus erhöht den Gelblichtanteil und erzeugt wärmere Farben. Das soll »angenehmer für Ihre Augen« sein und »Ihren Schlaf nicht stören«.

Schritt 4

Der Text im Fenster **Anzeigen** wird vergrößert, ebenso der Text der Symbole auf dem Desktop. Eine Meldung informiert Sie darüber, dass eine Abmeldung erforderlich ist (siehe Schritt 5). Je nach Computer erscheint unten rechts eine Meldung, dass einige Apps verschwommen angezeigt werden. Klicken Sie hier auf **Abbrechen**.

Schritt 5

Wenn Sie mit der größeren Schrift zufrieden sind, müssen Sie sich zunächst einmal abmelden. Klicken Sie dazu auf **Jetzt abmelden**. Windows meldet Sie ab und wieder an; geben Sie evtl. Ihre PIN bzw. Ihr Passwort ein. Öffnen Sie wieder die **Anzeigeeinstellungen** (siehe Schritt 1).

Schritt 6

Ist Ihnen die kleinere Schrift lieber, wiederholen Sie die Schritte 3 bis 5, nur klicken Sie diesmal auf **100 %**. Eine weitere Einstellung ermöglicht der Nachtmodus (siehe Kasten): Klicken Sie auf **Einstellungen für den Nachtmodus** ❶. Unter **Planen** stellen Sie den Schalter auf **Ein**. Auch diese Einstellung wird direkt übernommen. Klicken Sie auf das Schließkreuz ❷ oben rechts.

Windows-Updates prüfen und ausführen

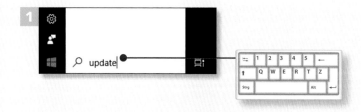

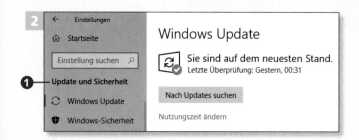

Updates schließen Sicherheitslücken und aktualisieren Programme. Auch Ihr Betriebssystem Windows wird von Microsoft regelmäßig mit Updates versorgt. Lesen Sie hier, wie Sie die Einstellungen überprüfen und Updates automatisch installieren lassen.

Schritt 1

Öffnen Sie das Startmenü, indem Sie die ⊞-Taste drücken oder auf das Windows-Logo links unten klicken. Tippen Sie jetzt einfach »update« – Sie müssen nirgends klicken und auch nicht auf Groß- und Kleinschreibung achten.

Schritt 2

Klicken Sie in der Ergebnisliste auf **Windows Update-Einstellungen**. In den Einstellungen wird die Seite **Update und Sicherheit** ❶ mit der Kategorie **Windows Update** geöffnet.

Patch Day

An jedem zweiten Dienstag im Monat veröffentlicht Microsoft seine Software-Aktualisierungen, die sogenannten *Patches* (Flicken). Damit werden Sicherheitslücken geschlossen sowie Weiterentwicklungen der Microsoft-Software installiert. Für gefährliche Sicherheitslücken stellt Microsoft Patches auch außerhalb der *Patch Days* bereit.

Schritt 3

Windows meldet, ob Ihr Gerät auf dem neuesten Stand ist ❷. Die Windows-Updates werden im Regelfall automatisch ohne Ihr Zutun installiert. Klicken Sie nun auf **Erweiterte Optionen**.

Schritt 4

Hier sehen Sie weitere Update-Einstellungen. Prüfen Sie, ob auch Updates für andere Microsoft-Produkte, wie z. B. das Office-Paket, automatisch installiert werden. Falls diese Option nicht aktiviert ist, klicken Sie auf den Schieberegler, sodass er auf **Ein** springt.

Schritt 5

Ein- bis zweimal im Jahr gibt es ein großes Update, das auch kleine Änderungen am Aussehen z. B. Ihres Desktops vornimmt. Wundern Sie sich also nicht, wenn z. B. die Symbole im Startmenü plötzlich anders aussehen oder neu angeordnet sind.

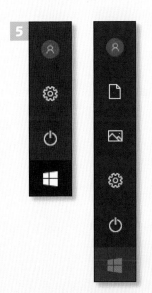

Schritt 6

Nach manchen Updates ist ein Neustart erforderlich, damit das Update vollständig installiert werden kann. Folgen Sie den Anweisungen, und schalten Sie den Computer nicht aus. Der Neustart, also das Herunterfahren und sofortige Wiederhochfahren, kann durchaus etwas länger dauern.

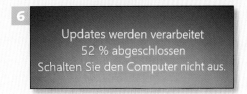

Programme auf den neuesten Stand bringen

Damit neue Sicherheitslücken ge-schlossen werden können, sind für alle Programme Updates nötig.

Schritt 1

Von Zeit zu Zeit erscheinen Up-date-Fenster des Adobe Acrobat Reader und von Java. Diese Up-dates sollten aus Sicherheitsgründen heruntergeladen und installiert wer-den; dazu klicken Sie unten in der Browserleiste auf **Ausführen** bzw. in Firefox auf den blauen Pfeil ❶ rechts oben.

Schritt 2

Genehmigen Sie die Installation. Achten Sie beim Installieren auf das Aktualisierungsfenster: Dort wird oft ein weiteres Programm mit angeboten, das Sie nicht benötigen. Entfernen Sie daher das Häkchen ❷. Klicken Sie auf **Weiter**.

Schritt 3

Folgen Sie den weiteren Anweisun-gen; bei Java-Updates sollte z. B. die alte Version deinstalliert werden. Klicken Sie auf **Deinstallieren**. Wenn Sie zweifeln, ob ein Update wirklich sicher ist, fragen Sie einen Spezialis-ten um Rat (siehe dazu Kapitel 13, »Probleme lösen«, ab Seite 290.

Schritt 4

Andere Programme wie der Internetbrowser Firefox werden ebenfalls
regelmäßig aktualisiert. Sie erhalten
meist nur die Meldung, dass ein Update installiert wird ❸ und dass Sie
das Programm nach der Installation
neu starten sollen. Klicken Sie dazu
auf **Zum Abschließen des Updates
Firefox neu starten**.

Schritt 5

Auch für Apps gibt es Updates.
Schauen Sie von Zeit zu Zeit in der
Store-App nach. Rufen Sie sie über
das Symbol in der Taskleiste ❹ auf.
Im Microsoft Store klicken Sie oben
rechts auf die drei Punkte und im
Menü auf **Downloads und Updates**.

Schritt 6

Wenn es Aktualisierungen für Apps
gibt, werden sie hier aufgelistet.
Klicken Sie am rechten Rand auf
Updates abrufen. Das funktioniert
nur, wenn Sie auf dem Computer mit
Ihrem Microsoft-Benutzerkonto an-
gemeldet sind. Den Verlauf können
Sie verfolgen ❺; nach Abschluss aller
Updates schließen Sie die App ❻.

Der Microsoft Store

Neue Apps können Sie nur über den Microsoft Store
beziehen. Sehr viele Apps sind kostenlos, für andere
müssen Sie bezahlen. Ein Klick auf eine kostenlose
App öffnet die App-Detailseite. Hier können Sie auf
Kostenlos klicken, dann wird die App installiert.

Kapitel 11
Zusätzliche Geräte verwenden

An Ihren Computer können Sie mehr als Maus und Drucker anschließen: Lampen, Ventilatoren und Kameras, alle mit USB-Anschluss. Praktisch sind auch externe Festplatten für die Sicherung Ihrer Daten und Ihres Systems. Nutzen Sie für all diese Geräte einen sogenannten USB-Hub: Er ist besonders sinnvoll, wenn Sie viele Geräte per USB-Kabel anschließen möchten. In diesem Kapitel lernen Sie, wie Sie die Geräte richtig anschließen und verwenden.

Flexibel Daten tauschen und für mehr Speicher sorgen

Externe Festplatten bieten viel Speicherplatz, sind dabei aber ziemlich klein. Damit sind sie ein ideales Sicherungs- und Speichermedium. Auch USB-Sticks bieten viel Speicherplatz. Sie sind deutlich kleiner als die Festplatten. Mehrere USB-Sticks können Sie an einen *USB-Hub* anschließen.

Webcam und Mikrofon nutzen

Notebooks haben meist sowohl ein integriertes Mikrofon als auch eine Kamera. Damit telefonieren Sie übers Internet (skypen) oder chatten in Foren. Bei PCs und zum besseren Hören und Sprechen, gerade beim Skypen, können Sie auch einen Kopfhörer mit Mikrofon anschließen.

Drucker installieren und Scanner verwenden

Schließen Sie Ihren Drucker an den Computer an; die Installation läuft bei neueren Modellen automatisch. Mit dem Scanner übertragen Sie Bilder aus Büchern oder alte Fotos auf Ihren Computer.

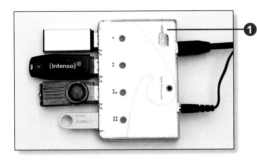

1 Mehrere USB-Sticks stecken Sie in einen USB-Hub, der mit dem Notebook verbunden ist.

2 Per Kopfhörer mit integriertem Mikrofon plaudern Sie übers Internet.

Gescannte Bilder speichert der Explorer auf Ihrem Computer. **3**

Eine externe Festplatte anschließen

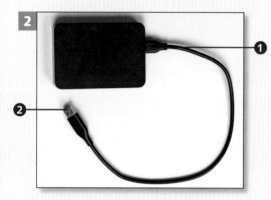

Zur Datensicherung sollten Sie Ihre Daten regelmäßig auf einer externen Festplatte speichern.

Schritt 1

Externe Festplatten bieten sehr viel Speicherplatz. Dabei sind sie meist nicht größer als 11 × 8 cm. Sie sind besonders geeignet, wenn Sie viele Fotos, viel Musik und/oder viele Hörbücher auf dem Computer speichern und diese Daten regelmäßig sichern wollen. Bei weniger Daten reichen USB-Sticks (siehe den Abschnitt »USB-Sticks anschließen und verwenden« auf Seite 266).

Schritt 2

Bei den kleinen Festplatten gibt es nur ein Verbindungskabel. Stecken Sie den kleinen Stecker des USB-Kabels an die externe Festplatte ❶. Das andere Ende ❷ stecken Sie in eine USB-Buchse am Computer.

Schritt 3

Achten Sie darauf, die richtigen Buchsen zu benutzen, damit weder Stecker noch Geräte beschädigt werden. Windows installiert den erforderlichen Treiber in Sekundenschnelle.

Blauer oder schwarzer Stecker?

Hat der USB-Stecker innen ein blaues Bauteil, handelt es sich um einen USB-3-Stecker. Geräte mit diesem Stecker können Daten schneller übertragen als die USB-2-Stecker. Schließen Sie solche Stecker und Sticks am Computer an die USB-3-Buchse an. Auch diese ist innen blau.

Schritt 4

Nach der Installation werden Sie ggf. aufgefordert, eine Aktion auszuwählen. Klicken Sie auf **Ordner öffnen, um Dateien anzuzeigen**. Jetzt können Sie Dateien auf die Festplatte kopieren oder verschieben.

Schritt 5

Markieren Sie die entsprechenden Daten auf Ihrem Computer, hier den Ordner **Bilder**. Klicken Sie auf der Registerkarte **Start** auf **Kopieren nach**; in der aufklappenden Liste wählen Sie unten **Speicherort auswählen** und hier den Namen der externen Festplatte ❸. Klicken Sie schließlich auf **Kopieren** ❹.

Schritt 6

Sind Sie fertig, ziehen Sie nicht einfach das Kabel ab; das kann zu Datenverlust führen. Klicken Sie auf dem Desktop rechts unten auf den kleinen Pfeil und dann auf das Symbol für den USB-Stecker ❺. Klicken Sie auf die Schaltfläche, die den Laufwerksnamen oder die Beschreibung enthält. Nach der Bestätigung ziehen Sie die Festplatte ab.

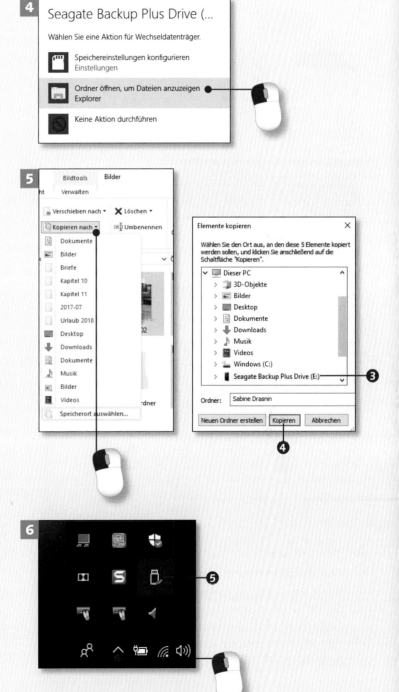

USB-Sticks anschließen und verwenden

USB-Sticks sind klein, können aber viele Daten für Sie speichern. Sie eignen sich bestens zur Sicherung Ihrer Daten oder Weitergabe vieler Fotos an Freunde.

Schritt 1

Im Handel gibt es zahlreichen Formen und Größen von USB-Sticks. Achten Sie bei Ihrer Auswahl darauf, dass Sie den USB-Stick gut handhaben können. Sehr kleine Sticks rutschen leicht aus der Hand oder lassen sich schlecht vom Computer abziehen.

Schritt 2

USB-Sticks können derzeit zwischen 4 und 512 GB Daten aufnehmen. Sticks mit viel Speicher kosten entsprechend mehr als solche mit wenig Speicherplatz. Stecken Sie den USB-Stick in eine USB-Buchse an Ihrem Computer.

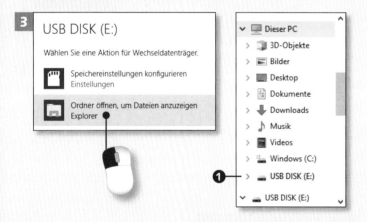

Schritt 3

Nach der kurzen Installation öffnen Sie den Explorer, oder klicken Sie auf **Ordner öffnen [...]**. Unter **Dieser PC** wird jetzt auch der USB-Stick ❶ angezeigt; der Name kann variieren. Bis auf einige wenige Systemdateien ist der Stick leer.

ℹ️ **Wie viel Speicher ist nötig?**

Wenn Sie »nur« Ihre Dokumente sichern möchten, die nicht viel Speicherplatz benötigen, greifen Sie zu einem 4- oder 8-GB-USB-Stick. Sollen viele Fotos auf dem Stick Platz finden, nehmen Sie einen mit mindestens 32 GB.

Schritt 4

Markieren Sie die Daten, die Sie auf dem Stick sichern möchten, und ziehen Sie sie mit gedrückter Maustaste zum USB-Stick links in der Navigationsleiste. Oder klicken Sie auf der Registerkarte **Start** auf **Kopieren nach ▸ Speicherort auswählen ▸ USB-Laufwerk ▸ Kopieren**.

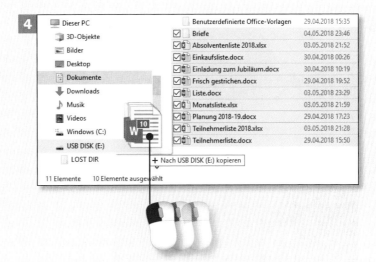

Schritt 5

Viele USB-Sticks können Sie sowohl am PC als auch am Smartphone oder Tablet anschließen; sie bringen zwei verschiedene USB-Stecker mit. Der kleine Micro-USB-Anschluss ❷ passt in die meisten Smartphone-Anschlüsse, der USB-2- oder -3-Anschluss ❸ passt in Ihren Computer.

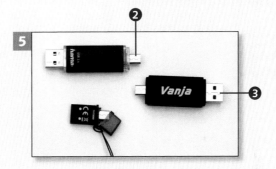

Schritt 6

Manche USB-Sticks haben zusätzlich einen Steckplatz für Ihre Kamera-Karte, den *Kartenleser*. Sollte der Kartenleser Ihres Computers nicht mehr funktionieren, können Sie die Kamera entweder per Kabel anschließen (siehe den Abschnitt »Fotos vom Smartphone importieren« auf Seite 142) oder den Kartenleser-USB-Stick nutzen. Der Computer erkennt nach dem Einstecken den Stick und öffnet den passenden Explorer-Ordner.

Kopfhörer verwenden

Ihr Notebook verfügt über eingebaute Lautsprecher. Wenn Sie aber etwas genau hören möchten, sollten Sie Kopfhörer verwenden.

Schritt 1

Bei Kopfhörern mit nur einem Stecker kommt dieser in die Buchse, die mit dem Kopfhörersymbol gekennzeichnet ist. Viele Notebooks haben meist nur einen einzigen, kombinierten Anschluss.

Schritt 2

Bei Kopfhörern mit Mikrofon und zwei Steckern stöpseln Sie den grünen Stecker in die Kopfhörerbuchse und den rosa Stecker in die Mikrofonbuchse. Der Computer meldet den Anschluss und bietet eine weitere Einrichtung an. Folgen Sie den Vorschlägen oder klicken Sie hier auf das Schließkreuz.

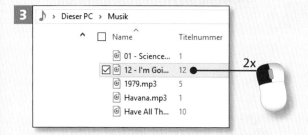
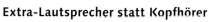

Schritt 3

Setzen Sie den Kopfhörer auf. Klicken Sie doppelt auf einen Musiktitel in Ihrem **Musik**-Ordner im Explorer oder klicken Sie ein *YouTube-Video* an. Die Musik hören Sie über die Kopfhörer und nicht über die Computer-Lautsprecher.

ℹ Extra-Lautsprecher statt Kopfhörer

Wenn Sie gern Musik oder Hörbücher hören, aber keinen Kopfhörer tragen möchten, können Sie auch externe Lautsprecher an Ihren Computer anschließen. Der kleine runde Anschlussstecker kommt dann in die gleiche Buchse wie der Kopfhörerstecker (Kopfhörersymbol bzw. **Out**).

Schritt 4

Passen Sie die Lautstärke an: In der Musik-App *Groove*, die sich beim Doppelklick auf einen Musiktitel öffnet, ziehen Sie den Kreis auf der Lautstärkeleiste nach rechts (lauter) oder links (leiser). Am Computer klicken Sie auf das Lautsprechersymbol ❶ und ziehen den Regler ❷ nach links oder rechts.

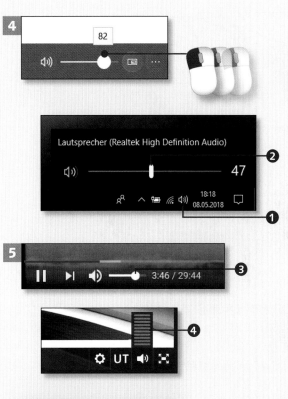

Schritt 5

Auch bei YouTube-Videos oder Beiträgen der Mediatheken gibt es ein Lautsprechersymbol. Fahren Sie mit dem Mauszeiger darüber. Klicken Sie auf die angezeigte Leiste; je weiter rechts ❸ bzw. oben ❹, desto lauter der Ton.

Schritt 6

Zum Testen des Mikrofons öffnen Sie *Skype* (siehe dazu den Abschnitt »Übers Internet telefonieren mit Skype« auf Seite 104). Rufen Sie den **Echo/Sound Test Service** auf und klicken Sie auf den Hörer oben rechts. Folgen Sie der Ansage. Wenn Sie dann Ihre Stimme hören konnten, ist alles in Ordnung.

> **i YouTube? Mediathek?**
>
> Eine sehr umfangreiche Sammlung an Musiktiteln und Filmen hat *YouTube* (www.youtube.com). Auch Mediatheken bieten Filme und Fernsehsendungen an (siehe den Abschnitt »Nachrichten im Internet lesen« auf Seite 90).

Einen USB-Hub anschließen

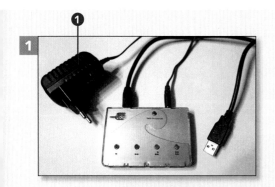

Ihr Notebook hat nur wenige USB-Buchsen, Ihr PC vorn oft nur zwei. Wenn Sie mehr USB-Anschlüsse benötigen, schließen Sie einen sogenannten USB-Hub an: Er bietet Platz für vier Geräte mit USB-Anschlusskabel.

Schritt 1

Bei den *USB-Hubs* gibt es solche mit eigener Stromversorgung (wie im Bild zu sehen) und jene, die Strom vom Computer beziehen. Falls Sie einen USB-Hub mit eigener Stromversorgung haben, stecken Sie das Netzteil ❶ in die Steckdose.

Schritt 2

Schließen Sie bei allen USB-Hubs das USB-Kabel an. Der kleinere Stecker gehört an den Hub, der größere in eine USB-Buchse an Ihrem Computer.

Schritt 3

Jetzt können Sie weitere Geräte anschließen, z. B. eine Kamera, Ihr Handy, USB-Sticks usw. Bei jedem Gerät ertönt eine Anschlussmelodie, und Windows zeigt sehr kurz das Installationsfenster.

Schritt 4

USB-Hubs gibt es in den verschie-densten Farben und Formen. Allen USB-Hubs ohne eigene Stromver-sorgung ist gemeinsam, dass sie überlastet werden können, wenn Sie daran viele Geräte anschließen, die ebenfalls keine eigene Stromversor-gung haben.

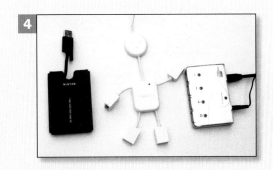

Schritt 5

Schließen Sie daher Geräte mit hohem Stromverbrauch wie externe Festplatten ohne eigene Stromver-sorgung direkt am Computer an. Sonst besteht die Gefahr, dass sie nicht genutzt werden können, weil sie nicht genug Strom bekommen.

Schritt 6

Jedes weitere Gerät, das Sie an Ihren Computer anschließen, benö-tigt Energie. Achten Sie daher bei Notebooks im Akku-Betrieb auf den Energieverbrauch (Batteriesymbol ❷ unten rechts in der Taskleiste). Smartphones laden nach dem An-schließen per USB-Kabel an den Computer ihren Akku; auch das sollte im Akku-Betrieb des Note-books nicht lange erfolgen.

Bei jedem Anschluss eine Installation?
Windows ist lernfähig und merkt sich die Geräte, die Sie an den Computer anschließen. Daher müssen diese Geräte nicht jedes Mal installiert werden, son-dern nur beim ersten Anschluss.

Einen Drucker installieren

Drucker auspacken, Kabel einstecken – fertig. Ganz so einfach ist es zwar nicht, aber Windows macht die Installation der Druckersoftware einfach. Um die Kabel richtig anzuschließen und die Druckerpatronen korrekt einzusetzen, lesen Sie bitte die Kurzanleitung Ihres Druckers.

Schritt 1

Packen Sie den Drucker aus, entfernen Sie die Schutzfolien und Sicherungen. Packen Sie die Farbpatronen aus, entfernen Sie auch hier die Sicherungsstreifen, und setzen Sie die Farbpatronen ein.

Schritt 2

Schließen Sie das Drucker-USB-Kabel sowohl beim Drucker als auch beim eingeschalteten Computer an, und schalten Sie den Drucker ein. Windows bringt schon sehr viele Treiber mit und startet nach dem Anschluss die automatische Installation ❶.

Schritt 3

Geben Sie im Startmenü »Dr« ein. Klicken Sie oben in der Liste auf **Drucker & Scanner**.

Schritt 4

Hier werden die angeschlossenen Geräte und vor allem der Drucker angezeigt. Wenn die automatische Installation geklappt hat, wird Ihr Drucker hier aufgeführt. Im Beispiel wurde ein *Brother*-Drucker ❷ installiert.

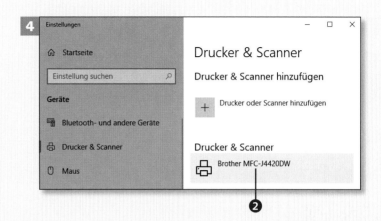

Schritt 5

Ist Ihr Drucker nicht aufgeführt, legen Sie die Drucker-CD/DVD in das DVD-Laufwerk. Sie wird in der Regel mit dem Drucker ausgeliefert. Bei der Windows-Frage nach einer Aktion klicken Sie auf **start.exe ausführen** oder **setup.exe ausführen**.

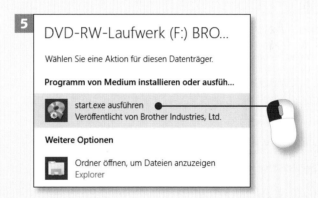

Schritt 6

Meistens gibt es dann eine einfache Installation oder – wie hier im Beispiel – die komplette Installation. Klicken Sie sie an und folgen Sie den Anweisungen.

Drucker mit Scanfunktion

Wenn Ihr Drucker auch scannen kann (siehe den Abschnitt »Einen Scanner einrichten und nutzen« auf Seite 274), nutzen Sie für die Installation die mitgelieferte CD (Schritt 5). Bei manchen Geräten wird der Treiber auch aus dem Internet heruntergeladen (auch bei Notebooks ohne DVD-Laufwerk).

Einen Scanner einrichten und nutzen

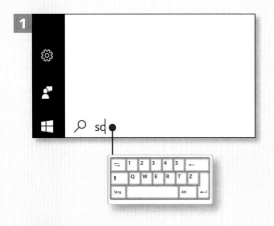

Scanner sind entweder Bestandteil von Multifunktionsgeräten oder eigenständige Geräte. Wenn Sie Fotos oder Dokumente scannen, machen Sie praktisch eine Kopie, die nicht ausgedruckt, sondern im Computer gespeichert wird.

Schritt 1

Schalten Sie den Drucker ein und verbinden Sie ihn per Kabel mit dem Computer. Öffnen Sie das Startmenü und geben Sie »sc« ein.

Schritt 2

In der Ergebnisliste klicken Sie auf **Windows-Fax und -Scan**. Ist Ihr Scanner selbst aufgeführt, klicken Sie darauf.

Schritt 3

Das Scan-Programm wird geöffnet. Ein Musterbild ist schon zu sehen. Klappen Sie den Deckel des Druckers/Scanners hoch. Legen Sie das Bild oder den Text, den Sie scannen mochten, auf die Glasflache (das *Flachbett*) des Scanners. Die Seite mit dem Bild bzw. Text kommt nach unten auf das Glas. Achten Sie auf die Kennzeichnung am Scanner, meistens gibt es eine »Hier anlegen«-Seite.

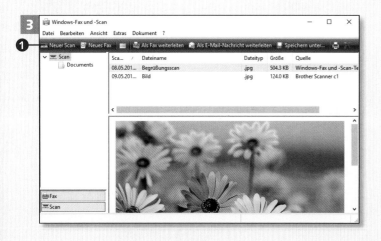

Schritt 4

Schließen Sie den Deckel langsam. (Wenn Sie ihn zu schnell schließen, könnte sich das zu scannende Bild oder Blatt wieder verschieben.) Zurück an Ihrem Computer klicken Sie oben links auf **Neuer Scan ❶**. Das Scan-Fenster wird geöffnet ❷.

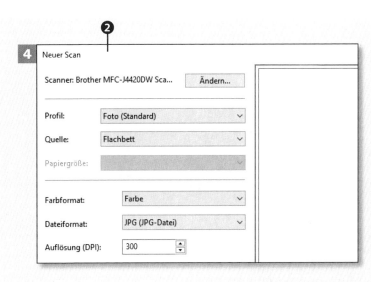

Schritt 5

Hier legen Sie fest, was Sie scannen: Ist es ein Bild, dann lassen Sie die Einstellung bei **Profil** unverändert. Machen Sie weiter mit Schritt 7. Möchten Sie ein Dokument scannen, klicken Sie auf den Pfeil am Feld und im Menü auf **Dokumente**.

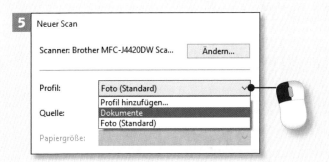

Schritt 6

Achten Sie darauf, dass bei Quelle **Flachbett** (= das Original liegt auf der Glasfläche) steht. Wenn nicht, klicken Sie auf den Pfeil und dann auf **Flachbett**. Der Scanner erkennt automatisch die richtige Größe.

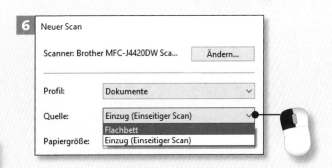

Keinen Scanner gefunden?

Findet das Scan-Programm keinen Scanner, erhalten Sie die Aufforderung, einen anzuschließen. Prüfen Sie, ob Ihr Drucker überhaupt scannen kann und ob er angeschlossen sowie eingeschaltet ist.

Einen Scanner einrichten und nutzen (Forts.)

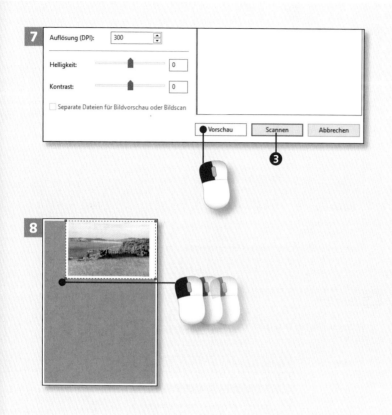

Schritt 7

Klicken Sie unten auf **Vorschau**.
Der Scanner tastet geräuschvoll die
Vorlage ab; lassen Sie den Vorlagen-
deckel Ihres Scanners in dieser Zeit
geschlossen. Sie sehen dann im rechten Teil des Scan-Fensters das Bild.

Schritt 8

Ziehen Sie bei Fotos den gestri-
chelten Rahmen mit gedrückter
Maustaste bis zum Rand des Fotos,
damit nachher nur das Bild und
keine große weiße Fläche gespeichert wird. Bei Dokumenten lassen
Sie den Rand unverändert. Klicken
Sie auf **Scannen ❸**. Erneut rattert
der Scanner das Flachbett entlang.

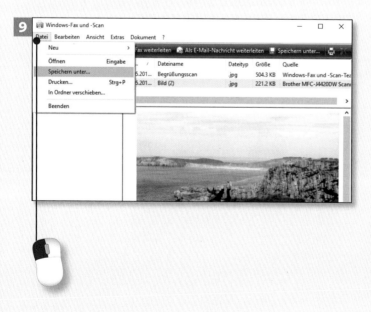

Schritt 9

Ist der Scan fertig, schließt sich das
kleine Scan-Fenster und Sie sehen
das Bild bzw. das Dokument im
Hauptbereich des Scan-Programms.
Speichern Sie die Datei: Klicken Sie
auf **Datei ▸ Speichern unter** und
geben Sie einen Dateinamen ein.

Eigene Scan-Programme
Viele Scanner bringen ein eigenes
Scan-Programm mit, das Sie natürlich auch nutzen können. Lesen Sie
dazu die Anleitung Ihres Scanners.

Schritt 10

Merken Sie sich, wo die Datei gespeichert wird: Im Beispiel ist es der Ordner **Dokumente\Gescannte Dokumente**. Um einen anderen Ordner auszuwählen, klicken Sie oben auf den vorgeschlagenen ❹ und in der Liste auf einen anderen Ordner. Egal, ob mit geändertem Ordner oder ohne: Klicken Sie dann auf **Speichern**.

Schritt 11

Wenn Ihr Scanner das zulässt, können Sie auch mehrere Seiten in einem Rutsch scannen. Klappen Sie auf der Oberseite des Deckels das Einlegefach aus und legen Sie die Blätter ein. Achten Sie auf die Richtung ❺: Am Gerät steht, ob die beschriftete Seite oben sein soll oder nicht.

Schritt 12

Klicken Sie – wieder am Computer – auf **Neuer Scan** und auf **Dokumente**. Bei **Quelle** ❻ belassen Sie **Einzug**. Legen Sie darunter die Papiergröße fest: **A4 210 × 297 mm**. Klicken Sie auf **Scannen**. Die Dokumente werden als mehrseitiges Bild gespeichert.

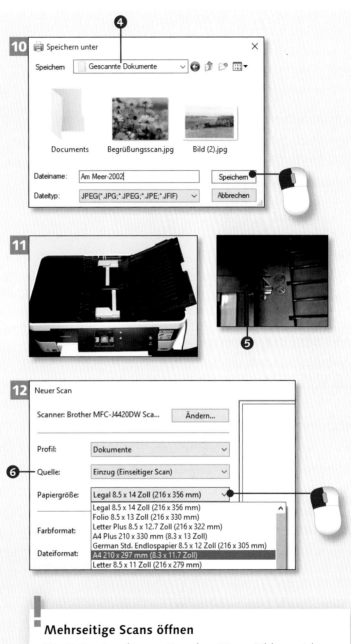

Mehrseitige Scans öffnen

Die *Fotos*-App kann mit mehrseitigen Bildern nicht umgehen. Klicken Sie zum Öffnen im Explorer mit der *rechten* Maustaste auf die Scan-Datei, dann auf **Öffnen mit ▸ Windows-Fotoanzeige**.

Kapitel 12
Für Sicherheit sorgen

Einige Sicherheitsfragen, die das Internet betreffen, kennen Sie bereits aus Kapitel 4, »Internet zu Hause und unterwegs«. Hier geht es um den Schutz auf Ihrem Computer. Auch um dieses Thema sollten Sie sich regelmäßig kümmern: Welche Daten geben Sie durch die Nutzung von Apps frei? Wie sichern Sie Ihre Daten? Und wie schützen Sie Ihren Computer vor Angriffen aus dem Internet?

Daten schützen
Microsoft sammelt gern Daten, aber das ist nur zum Teil notwendig. Bestimmen Sie über die Einstellungen, welche Daten Microsoft sammeln darf.

Mit der Firewall verteidigen
Microsoft bringt nicht nur das Schutzprogramm Defender mit, sondern auch die Firewall. Sie bildet den ersten Schutzwall gegen Angriffe aus dem Internet.

Datenverlauf sichern
Es muss gar kein Schädling sein, der Ihren Computer lahmlegt; auch technische Defekte können dazu führen, dass Sie nicht mehr an Ihre Dateien kommen. Erstellen Sie daher Sicherungskopien Ihrer Dateien, bevor etwas passiert. Windows hilft Ihnen dabei mit dem Dateiversionsverlauf.

Sie bestimmen, welche Daten Microsoft auf und von Ihrem Computer sammelt. **❶**

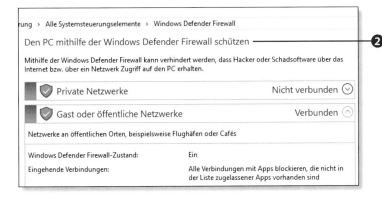

❷ Die Firewall ist die erste Schutzmauer für Ihren Computer gegen Schädlinge aus dem Internet.

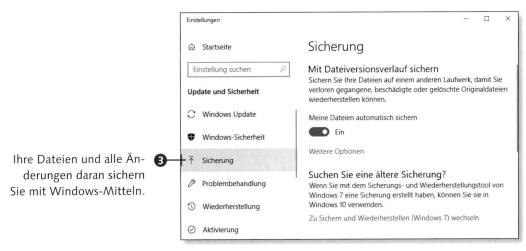

Ihre Dateien und alle Änderungen daran sichern Sie mit Windows-Mitteln. **❸**

Datenschutzeinstellungen

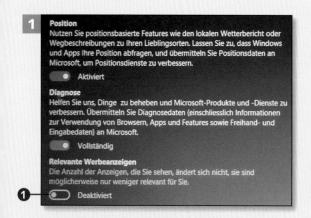

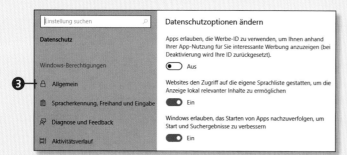

Welche Daten sammelt Microsoft von Ihnen? Können Sie die auch wieder löschen? Prüfen und optimieren Sie den Datenschutz auf Ihrem Computer.

Schritt 1

Bei der ersten Einrichtung von Windows und bei verschiedenen Updates werden Sie nach Ihren bevorzugten **Datenschutzeinstellungen** gefragt. Hier können Sie z. B. zustimmen oder ablehnen, ob Microsoft Ihnen Werbung schicken darf ❶.

Schritt 2

All diese Einstellungen können Sie jederzeit überprüfen und ändern. Dafür gibt es die *Windows-Einstellungen* auf Ihrem Computer und die *Microsoft-Konto-Einstellungen* im Internet. Zunächst die Windows-Einstellungen: Klicken Sie auf das Windows-Logo ❷ unten links und dann in der Leiste auf das Zahnrad.

Schritt 3

In den Windows-Einstellungen klicken Sie auf **Datenschutz**. In der linken Leiste ist die Option **Allgemein** ❸ aktiviert; im rechten Fensterteil prüfen Sie die einzelnen Einstellungen. Zum Ändern klicken Sie auf den entsprechenden Schalter.

Schritt 4

Sie können die übrigen Kategorien aufrufen und im rechten Bereich die jeweiligen Einstellungen durchsehen. Alle Abschnitte rechts verweisen auch auf die Microsoft-Konto-Einstellungen im Internet: Klicken Sie auf **Datenschutz-Dashboard**.

Schritt 5

Der Internet-Browser *Edge* öffnet sich mit der Microsoft-Konto-Seite. Klicken Sie auf **Melden Sie sich bei Microsoft an ❹** und geben Sie in den nächsten beiden Fenstern Ihre E-Mail-Adresse und Ihr Kennwort ein. Verwenden Sie die E-Mail-Adresse und das Passwort, das Sie auch beim Einrichten des Computers benutzt haben. Dann klicken Sie auf **Anmelden**.

Schritt 6

Von Zeit zu Zeit überprüft Microsoft, ob Sie auch wirklich Sie sind, und sendet Ihnen einen Einmal-Code per SMS auf Ihr Handy. Klicken Sie zunächst auf **Textnachricht an ****** und geben Sie die letzten vier Ziffern Ihrer Handynummer ein. Nach einer kurzen Zeit erhalten Sie eine SMS; die dort angezeigte Zahl geben Sie in das entsprechende Fenster im Internet ein.

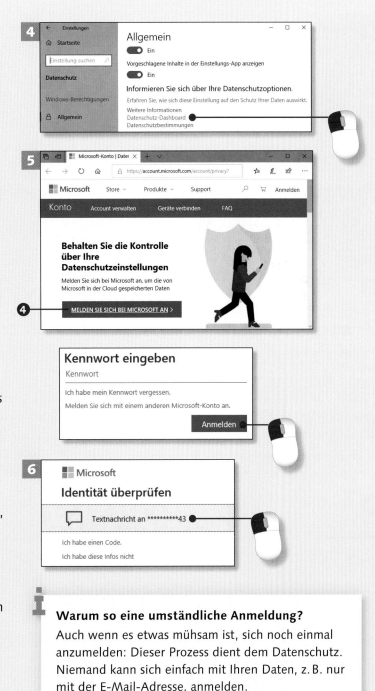

Warum so eine umständliche Anmeldung?

Auch wenn es etwas mühsam ist, sich noch einmal anzumelden: Dieser Prozess dient dem Datenschutz. Niemand kann sich einfach mit Ihren Daten, z. B. nur mit der E-Mail-Adresse, anmelden.

Datenschutzeinstellungen (Forts.)

Schritt 7

Haben Sie sich erfolgreich ange-meldet, können Sie Browserverlauf, Suchverlauf, Standort-Aktivität und weitere Bereiche überprüfen. Kli-cken Sie in einem Bereich auf [...] **anzeigen und löschen**.

Schritt 8

Sind dort bereits Daten vorhanden, können Sie sie löschen. Microsoft er-klärt Ihnen zunächst, was nach dem Löschen passiert – diese personen-bezogenen Daten sind dann weg. Da das der Sinn der Sache ist, klicken Sie auf **Löschen**.

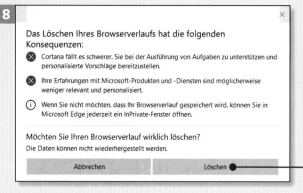

Schritt 9

Links sehen Sie wieder alle daten-schutzrelevanten Bereiche. Klicken Sie auf **Alle Datentypen**. Gibt es noch persönliche Daten hier, werden sie im rechten Fensterteil aufgelistet. Im Beispiel sind keine vorhanden.

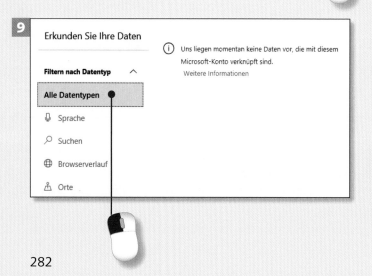

Browserverlauf
Der Browserverlauf speichert, wel-che Seiten Sie im Internet besucht haben und wann.

Schritt 10

Den Browserverlauf können Sie auch anders schnell löschen: Drücken Sie im Internetbrowser Edge gleichzeitig `Strg` + `H`; der Verlauf seit dem letzten Löschen wird angezeigt. Um ihn zu löschen, klicken Sie rechts oben auf **Verlauf löschen**.

Schritt 11

Soll der Browser-Verlauf gar nicht erst angelegt werden, klicken Sie in Edge auf die drei Punkte ❺ und unten in der Liste auf **Einstellungen**. Scrollen Sie etwas nach unten und klicken Sie im Abschnitt **Browserdaten löschen** auf **Zu löschendes Element auswählen**.

Schritt 12

Legen Sie fest, welche Daten gelöscht werden sollen. Wenn Sie z. B. weiterhin beim E-Mail-Konto nicht jedes Mal die E-Mail-Adresse eingeben möchten, setzen Sie bei **Formulardaten** ❻ kein Häkchen. Klicken Sie dann auf den Schalter **Diese Daten nach jeder Sitzung löschen**, sodass er auf **Ein** springt. Klicken Sie dann irgendwo auf die Internetseite links.

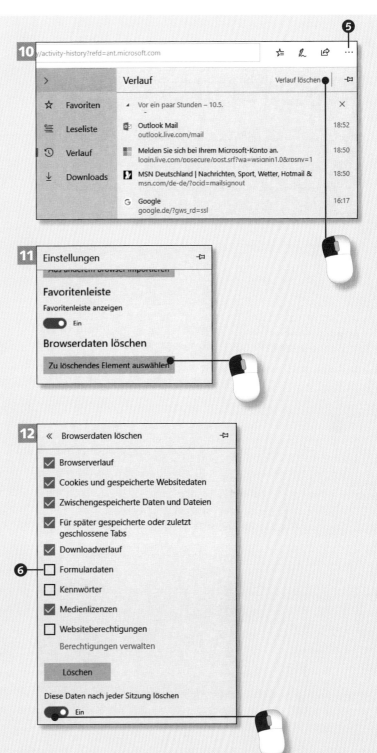

Zugriffsrechte für Apps

Bestimmen Sie selbst, welche App Zugriff auf die Kamera, Ihren Standort und weitere persönliche Daten erhalten darf.

Schritt 1

Apps benötigen bestimmte Berechtigungen, um sinnvoll zu funktionieren. Aber sie benötigen nicht alle möglichen Daten. Zum Regulieren klicken Sie im Startmenü auf das **Einstellungen**-Symbol und im zugehörigen Fenster auf **Datenschutz**.

Schritt 2

Scrollen Sie in der linken Spalte zum Bereich **App-Berechtigungen** ❶. Klicken Sie auf **Kamera**. Rechts sehen Sie, welche Apps auf die Kamera zugreifen, sie also einschalten dürfen. Klicken Sie bei allen Apps, denen Sie den Zugriff auf die Kamera nicht erlauben, auf den Schalter. Er springt dann auf **Aus**.

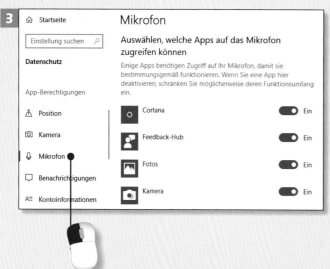

Schritt 3

Wechseln Sie links zur Rubrik **Mikrofon**. Auch hier stellen Sie rechts ein, welche App auf das Mikrofon zugreifen darf. Die Einstellungen werden ohne ausdrückliches Speichern sofort übernommen.

Schritt 4

Rufen Sie nun noch die Kategorie **Bilder** auf und legen Sie fest, welche Apps auf Ihre Fotos zugreifen dürfen. Schließen Sie dann die Einstellungen mit einem Klick auf das Schließkreuz oben rechts.

Schritt 5

Sichten Sie von Zeit zu Zeit Ihre Apps im Startmenü: Microsoft installiert mit manchen Updates neue Apps, die Sie vielleicht gar nicht benötigen. Sie erkennen Sie am Vermerk **Neu ❷**.

Schritt 6

Um eine App zu entfernen, klicken Sie mit der *rechten* Maustaste darauf und im Kontextmenü auf **Deinstallieren**. Klicken Sie dann zur Bestätigung erneut auf **Deinstallieren**. Die App verschwindet nach einem kurzen Moment aus der App-Liste.

Ich kann die App nicht deinstallieren!

Manche Apps sind eigentlich Programme (siehe den Abschnitt »Apps starten, nutzen und beenden« auf Seite 54). Sie lassen sich nicht über das Kontextmenü deinstallieren, sondern führen Sie zur Systemsteuerung. Klicken Sie in der Liste auf den Programmnamen und oben auf **Deinstallieren**. Bestätigen Sie das Entfernen. Achten Sie darauf, wirklich nur das eine Programm zu deinstallieren!

Wichtige Daten automatisch sichern

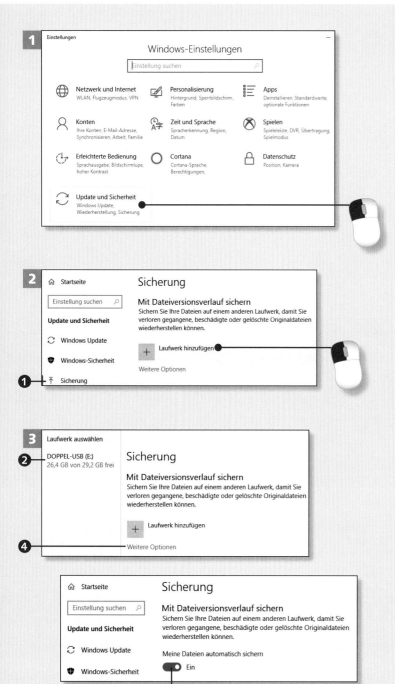

Damit Ihre Daten nicht verloren sind, wenn Ihre Festplatte kaputtgeht, sichern Sie Ihre Dateien auf USB-Sticks oder externen Festplatten. Windows arbeitet parallel dazu mit dem Dateiversionsverlauf.

Schritt 1

Schließen Sie eine externe Festplatte oder einen USB-Stick mit viel freiem Speicherplatz (mindestens 30 GB) an. Schalten Sie dann den *Dateiversionsverlauf* ein: Drücken Sie ⊞ + Ⓘ auf Ihrer Tastatur zum Öffnen der Einstellungen. Hier klicken Sie auf **Update und Sicherheit**.

Schritt 2

Links klicken Sie auf die Kategorie **Sicherung** ❶. Im Hauptfenster wird der Bereich **Mit Dateiversionsverlauf sichern** angezeigt; klicken Sie hier auf **Laufwerk hinzufügen**.

Schritt 3

Ein kleines Fenster zeigt die angeschlossenen Geräte (*Laufwerke*) an ❷; klicken Sie auf das gewünschte Laufwerk. Windows schaltet den Dateiversionsverlauf sofort ein ❸.

Schritt 4

Klicken Sie auf **Weitere Optionen**
❹ und auf **Jetzt sichern** ❺. Während die Sicherung läuft, legen Sie
fest, wie lange die Sicherungen
aufgehoben werden sollen. Klicken
Sie dazu auf **Immer (Standard)** und
in der zugehörigen Menüliste auf **Bis
Platz benötigt wird**.

Schritt 5

Unter **Meine Dateien sichern** ❻
wählen Sie **Täglich**. (Wenn Sie den
ganzen Tag an einer Datei arbeiten, belassen Sie die Sicherung bei
Stündlich.) Wenn die erste Sicherung abgeschlossen ist, sehen Sie
wieder die Schaltfläche **Jetzt sichern**. Schließen Sie das Fenster.

Schritt 6

Um eine Version wiederherzustellen, klicken Sie im Explorer auf das
Sicherungslaufwerk. Auf der Registerkarte **Start** klicken Sie auf
Verlauf ❼ (wird der Ordner nicht
gefunden, klicken Sie auf den kleinen Pfeil ❽). Windows zeigt die
aktuellste Sicherung an. Soll alles
wiederhergestellt werden, klicken
Sie direkt auf den grünen Pfeil. Für
einzelne Dateien klicken Sie auf den
betreffenden Ordner, darin auf die
Datei und dann auf den Pfeil.

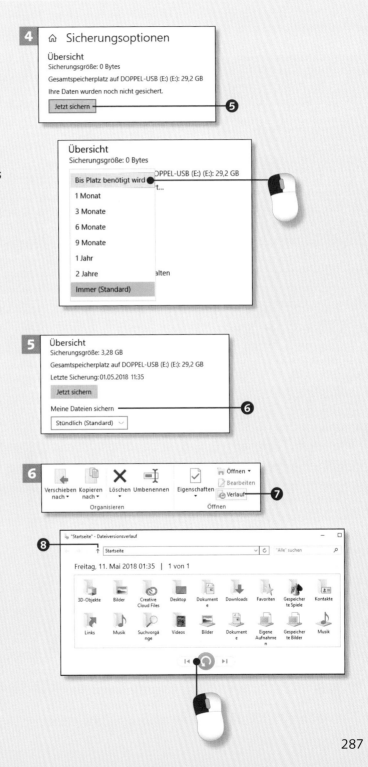

Weitere Maßnahmen für die Computersicherheit

In den Abschnitten »Die vorinstallierte Schutz-App ›Defender‹« auf Seite 76, »Windows-Updates prüfen und ausführen« auf Seite 258 und »Programme auf den neuesten Stand bringen« auf Seite 260 haben Sie schon einiges darüber erfahren, wie Sie Ihren Computer sicher halten. Hier finden Sie zwei ergänzende Tipps.

Schritt 1

Prüfen Sie, ob an Ihrem Computer die *Firewall* (»Brandschutzmauer«) eingeschaltet ist. Sie schützt vor Angriffen aus dem Internet. Drücken Sie dazu gleichzeitig [Strg] + [I].

Schritt 2

Geben Sie im Suchfenster »Firewall« ein. Windows zeigt Ihnen noch während der Eingabe erste Suchergebnisse; klicken Sie in der Liste auf **Firewallstatus überprüfen**.

Schritt 3

Das Fenster **Windows Defender Firewall** zeigt mittels grünen oder roten Symbolen, ob die Firewall eingeschaltet ist. Ist alles grün, müssen Sie nichts tun. Ist alles rot, klicken Sie auf **Empfohlene Einstellungen**. Windows schaltet die Firewall wieder ein.

Schritt 4

Auf Probleme mit der Firewall werden Sie auch von Windows hingewiesen: Ein kleines Fenster unten rechts zeigt Ihnen Probleme an; klicken Sie in diesem Fall auf die Meldung, und die Firewall wird ohne weitere Nachricht aktiviert.

Schritt 5

Ein trotz Firewall vorhandenes Einfallstor sind E-Mails. Öffnen Sie möglichst keine E-Mails von Unbekannten. Wenn Sie doch eine geöffnet haben, klicken Sie nie auf die Links darin! Seriöse Anbieter geben Ihnen die Möglichkeit, selbst die im Link genannte Seite im Internet aufzurufen, also die Adresse einzutippen ❶, wenn dies einmal erforderlich sein sollte.

Schritt 6

E-Mail-Absender können gefälscht werden. E-Mails von scheinbar bekannten Unternehmen stammen oft von Betrügern. Prüfen Sie, ob Sie mit dem vermeintlichen Absender etwas zu tun hatten. Klären Sie durch eine Google-Suche, ob es gerade wieder eine Spam-Welle mit diesem Pseudo-Absender gibt.

i

Aber die E-Mail ist an mich gerichtet!

Findige Betrüger kaufen Adressdatenbanken im Internet und passen ihre Mails mit den Daten so an, dass Sie sich persönlich angesprochen fühlen. Wenn Sie nichts gekauft haben, müssen Sie auch keine Rechnung zahlen, auch wenn der Betreff der Mail »Mahnung« oder ähnlich lautet!

Kapitel 13
Probleme lösen

Ein Computer und die Software, die darauf läuft, sind nicht perfekt. Immer mal wieder treten Probleme auf, für die Sie auf verschiedenen Wegen Lösungen finden. In diesem Kapitel erfahren Sie, wie Sie im Internet und in der Windows-Hilfe auf Ihrem Computer nach einer Lösung suchen.

Hilfe im Internet finden
Im Internet finden Sie meist eine Lösung für das Computerproblem durch eine allgemeine Suche oder durch gezielte Suche in Foren und Blogs. Wenn alle diese Seiten nicht weiterhelfen, fragen Sie selbst in einem Forum nach.

Anleitungen in der Windows-Hilfe lesen
Die Windows-Hilfe kann bei vielen Einstellungsproblemen und vor allem bei Fragen zu Word, Excel & Co. helfen.

Einen örtlichen PC-Support finden
Einige Computerprobleme sollte besser eine Fachfrau oder ein Fachmann lösen. Sie finden sie in den Gelben Seiten, im Internet und in den Anzeigenteilen der örtlichen Zeitungen.

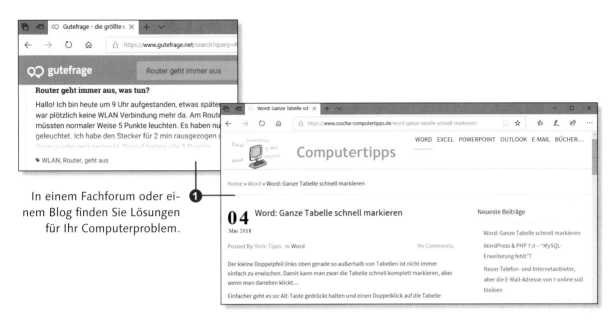

In einem Fachforum oder einem Blog finden Sie Lösungen für Ihr Computerproblem. ❶

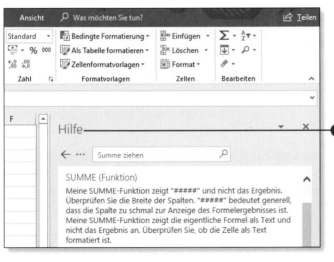

❷ Die Hilfe gibt Anleitungen bei einigen Computerproblemen, z. B. in Excel.

Einen Computerberater vor Ort finden Sie in den Gelben Seiten oder anderen Telefonbüchern – online und offline. ❸

Hilfe übers Internet suchen

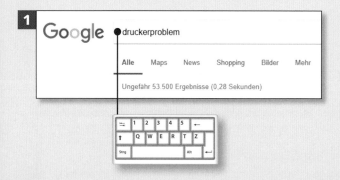

Ihr Computerproblem sollte nicht zu kurz beschrieben sein, da Sie sonst viele unpassende Suchergebnisse erhalten, aber auch nicht zu genau, da die Trefferquote dann zu klein ausfällt.

Schritt 1

Ihr Drucker tut plötzlich nichts mehr? Wenn Sie im Internet-Browser in das Adress- und Suchfeld »druckerproblem« eingeben, erhalten Sie ca. 53.500 Treffer. Grenzen Sie die Suche ein. Geben Sie z. B. den Druckerhersteller mit an.

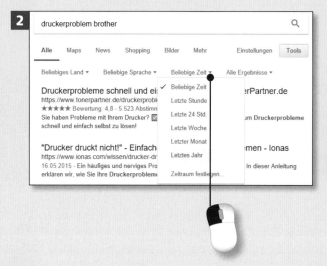

Schritt 2

Unter den Suchergebnissen finden sich auch viele alte Einträge, die bei einem neuen Drucker eher nicht helfen können. Lassen Sie sich also nur die Beiträge des letzten Jahres anzeigen. Öffnen Sie dazu unter der Suchleiste **Tools** ❶. Klicken Sie auf **Beliebige Zeit ▸ Letztes Jahr**.

Schritt 3

Die Zahl der Treffer reduziert sich deutlich. Wenn Sie hier bereits einen Treffer sehen, der Ihnen interessant erscheint, klicken Sie ihn an (siehe dazu den Abschnitt »Mit Google im Internet suchen« auf Seite 86).

Achtung, versteckte Werbung!
Vermeiden Sie Suchergebnisse mit Kaufangeboten. Zum Teil handelt es sich hierbei um unseriöse Seiten, die oft nur schwer von seriösen zu unterscheiden sind.

Schritt 4

Sie können aber auch erst den Suchbegriff verfeinern: Beschreiben Sie das Problem genauer, z. B. »Drucker reagiert nicht«. Setzen Sie die Wörter in Anführungszeichen, dann sucht Google nach genau dieser Wortkombination. Die Treffer werden weniger und passen besser zu Ihrem Problem. Werden es zu wenig Treffer, entfernen Sie die Anführungszeichen wieder.

Schritt 5

Schauen Sie sich die verbliebenen Treffer an. Kommt ein Suchbegriff gar nicht vor, wird das unter den Ergebnissen vermerkt: **Es fehlt: druckerproblem ❷**. Wenn Sie ein Ergebnis angeklickt haben und wieder zur Liste zurückkehren möchten, klicken Sie oben links auf den Pfeil nach links.

Schritt 6

Hilfreich können Lösungsvorschläge von Computernutzern sowie Firmen-Hilfeseiten sein. Im Beispiel wird die Lösung der Computerzeitschrift *chip.de* angeklickt.

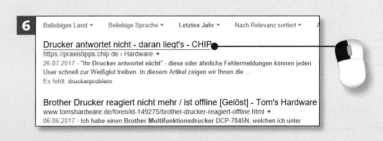

Wonach nicht gesucht werden soll

Wenn Sie bestimmte Begriffe bei der Suche ausschließen möchten, tippen Sie den Suchbegriff ein, dann nach einem Leerzeichen ein Minus und direkt danach den unerwünschten Begriff. Ein Beispiel: »Computer y und z vertauscht -Preisvergleich«.

Hilfe übers Internet suchen (Forts.)

Schritt 7

In diesem Beispiel schreibt ein *chip.de*-Mitarbeiter einen Artikel mit Tipps. Gleichzeitig wird ein kurzes Video ❸ mit den Problemlösungen angeboten, das automatisch startet. Erschrecken Sie also nicht, wenn plötzlich jemand spricht. Bei vielen Hilfevideos ist etwas Werbung vorgeschaltet.

Schritt 8

Auch viele Hilfeforen sind im Internet zu finden, denn: Es gibt fast kein Computerproblem, das nicht schon jemand anders hatte. In einem Forum helfen Nutzer anderen Nutzern. Oft aufgerufen werden z. B. das Forum *gutefrage.net*, das sich *Ratgeber-Community* nennt, und das *win-10-forum*. Nicht immer ist es einfach, den eigentlichen Tipp unter der ganzen Werbung zu finden.

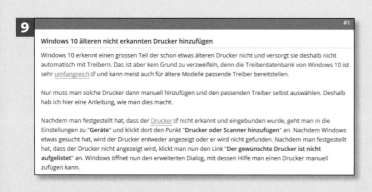

Schritt 9

Haben Sie eine Lösung für Ihr Problem gefunden, setzen Sie sie um. Bei Lösungen aus einem Forum denken Sie stets daran, dass hier viele Laien schreiben, die schon einmal ein ähnliches Problem lösen konnten. Diese Lösung muss nicht unbedingt die richtige für Ihr Problem sein; gehen Sie daher mit Bedacht vor.

Schritt 10

Eine weitere Hilfequelle sind sogenannte *Blogs*, die von kundigen Nutzern mit Anleitungen und Erklärungen gefüllt werden. Hier können Sie in den Kommentaren Fragen stellen, die die Blogbetreiber in der Regel zügig beantworten.

Schritt 11

Gab es bisher keine hilfreiche Lösung, fragen Sie selbst nach. Melden Sie sich in einem Forum an, z. B. bei der Microsoft Community (*answers. microsoft.com/de-de*). Zum Anmelden wählen Sie einen Anzeigenamen und bestätigen Sie die Verhaltensregeln (*Netiquette*). Klicken Sie dann auf die Rubrik **Teilnehmen** ❹ und hier auf **Eine Frage stellen**.

Schritt 12

Tippen Sie Ihre Frage in das Fragefeld ❺ ein und wählen Sie eine **Kategorie** ❻. Klicken Sie dann auf **Absenden**. Sie erhalten per E-Mail eine Nachricht, wenn jemand auf Ihre Frage geantwortet hat – leider kann das auch durchaus länger dauern.

10 Probleme mit Computer-Programmen? Hier finden Sie Lösungen!
So vielseitig Programme wie Word, Excel, Thunderbird usw. sind - manchmal bringen sie einen zur Verzweiflung. Hier gibt es Antworten auf viele Fragen.

Word-Tipps E-Mail-Tipps Excel-Tipps Internet-Tipps

11 Microsoft | Community

Startseite Kategorien ⌄ Teilnehmen ⌄ ❹

So beteiligen Sie sich Eine Frage stellen
Eine Diskussion starten

12 Betreff *

Details *

ⓘ Dies ist eine öffentliche Community. Veröffentlichen Sie aus Datenschutzgründen keine persönlichen Informationen wie E-Mail-Adresse, Telefonnummer, Product Key, Kennwort oder Kreditkartennummer.

B *I* U ⎯ ▤ ▤ ▤ ▤ Übersch... ▾ ▤ ▤ ▤ ∞ ▦ ▦ ❺

○ Eine Frage posten
Brauchen Sie Hilfe bei einer technischen Frage? Brauchen Sie Unterstützung? Wählen Sie diese Option, um die Community zu fragen.

○ Eine Diskussion veröffentlichen
Sie haben keine Frage, sondern möchten Ihre Meinung kundtun? Möchten Sie Tipps oder einen Rat weitergeben? Wählen Sie diese Option, um eine Diskussion mit der Community zu beginnen.

Kategorie: *
- Auswahl treffen - ❻

☑ Benachrichtigung senden, wenn jemand auf diesen Post antwortet

Absenden Abbrechen

Forenregeln (Netiquette)

1. Erst mit der Suchfunktion des Forums prüfen, ob die Frage schon einmal beantwortet wurde.
2. In ganzen Sätzen schreiben, Groß- und Kleinschreibung beachten, maximal ein Ausrufezeichen verwenden (besser gar keines).
3. Höflich und geduldig bleiben.

Die Windows-Hilfe nutzen

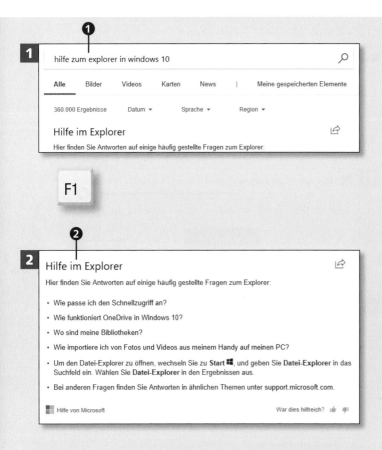

Auch Ihr Computer bietet Hilfe; mit F1 rufen Sie sie auf. Abhängig von Ort und Programm öffnet sich eine passende Hilfeseite.

Schritt 1

Öffnen Sie den Explorer. Drücken Sie die Taste F1; die Windows-Hilfe wird im Internet geöffnet. Genauer gesagt wird eine Seite mit Suchergebnissen zur Windows-Hilfe geöffnet, und Windows hat automatisch die Suchanfrage »hilfe zum explorer in windows 10« eingetragen ❶.

Schritt 2

In einem Kasten finden Sie mehrere Tipps unter dem Oberbegriff **Hilfe im Explorer** ❷. Die häufigsten Fragen werden mit blauem anklickbaren Link aufgelistet, der zu den Antworten führt.

Schritt 3

Öffnen Sie Word. Drücken Sie erneut F1. Für die Office-Programme Word, Excel, PowerPoint usw. hält Microsoft eigene Hilfeseiten vor. Sie können entweder auf eine der Top-Kategorien ❸ klicken oder in das Suchfeld einen Suchbegriff eingeben. Mit ⏎ starten Sie die Suche.

Schritt 4

Klicken Sie ein Ergebnis an; die Hilfe öffnet daraufhin den passenden Eintrag. Um wieder zu Word zurückzukehren, klicken Sie auf das Schließkreuz oben rechts.

Schritt 5

In den Office-Programmen haben Sie noch eine weitere Hilfemöglichkeit: das Eingabefeld **Was möchten Sie tun?** ❹, das immer zu sehen ist. Je nach Fenstergröße wird der Text kürzer und lautet dann **Sie wünschen...** Tippen Sie Ihren Suchbegriff ein; verschiedene Lösungen und weitere Hilfemöglichkeiten werden angezeigt.

Schritt 6

Windows bietet manchmal auch von selbst Hilfe an: Haben Sie z. B. die Internetverbindung verloren, listet Windows entsprechende Tipps auf. Offline, natürlich.

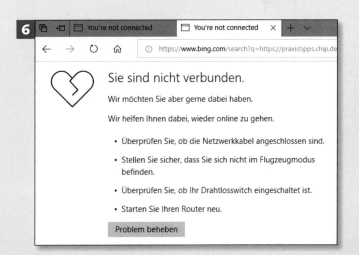

Keine Hilfe mit ⊞F1⊞ bei den Apps

Wenn Sie gerade eine App nutzen (z. B. *Fotos*, *Mail* oder *Wetter*), tut sich beim Drücken von ⊞F1⊞ gar nichts. Die Hilfe finden Sie dann über das Internet, wie im vorigen Abschnitt beschrieben.

Einen Computerberater vor Ort finden

Für manche Computerprobleme brauchen Sie eine Anlaufstelle vor Ort. Doch wie finden Sie diese Hilfe? In diesem Abschnitt erhalten Sie einige Tipps.

Schritt 1

Der Klassiker sind natürlich Branchenbücher wie die *Gelben Seiten*. Unter dem Stichwort »Computer« werden Sie für Ihre Region einige Anbieter finden.

Schritt 2

Wenn Sie den Computer noch benutzen können und ins Internet kommen, suchen Sie dort. Geben Sie in den Internetbrowser »PC-Service« ein. Beantworten Sie die Frage, ob Google den Standort verwenden darf, mit **Ja ❶**.

Schritt 3

Sie erhalten Ergebnisse aus Ihrer Umgebung. Bei den Ergebnissen achten Sie auf die Begriffe *Service*, *Beratung* und *vor Ort*. Finden Sie ein Ergebnis interessant, klicken Sie es an. Sagt Ihnen das Angebot zu, rufen Sie den Anbieter an. Fragen Sie auch nach Stundensatz, Fahrtkosten und Sonderkonditionen.

Schritt 4

Auch die Gelben Seiten und ähnliche Angebote finden Sie im Internet. Geben Sie z. B. »Gelbe Seiten« in den Browser ein. Auf der Seite selbst tippen Sie Ihren Ort ❷ ein. Als Suchbegriff verwenden Sie nur »Computer« ❸; genauere Suchbegriffe führen hier zu weniger Treffern. Rufen Sie interessant klingende Anbieter an.

Schritt 5

Die bereits im ersten Abschnitt beschriebenen Internetforen können ebenfalls bei der Suche nach einem PC-Berater helfen. Es handelt sich um ganz subjektive Empfehlungen und Erfahrungen – vergleichbar mit der Empfehlung, die ein Bekannter Ihnen gegeben hat, nur dass Sie im Internet die empfehlende Person nicht kennen.

Schritt 6

Nicht zuletzt können Sie auch in den lokalen Anzeigenblättern nach einem PC-Berater suchen. Viele Anbieter schalten Anzeigen. Im Anzeigenteil schauen Sie unter der Rubrik »Computer« nach einem Anbieter. Sagt Ihnen die kurze Beschreibung zu, rufen Sie den Anbieter an.

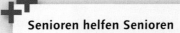

Senioren helfen Senioren

Viele ZWAR- und Seniorengruppen sowie örtliche Seniorenräte bieten anderen Senioren Hilfe am Computer an. Meist gibt es wöchentliche Treffen, viele Helfer sind auch telefonisch zu erreichen

Glossar

Antivirensoftware		Antivirenschutz, Internetschutzpaket, Antivirensoftware, Antivirenprogramm – sie alle haben ein Ziel: Ihren Computer vor Viren, Trojanern usw. zu schützen. Einfache Schutzprogramme schützen nur vor Viren. Nutzen Sie immer ein Internetschutzpaket, damit Sie auch beim Surfen im Internet geschützt sind.
App		Windows bietet viele Anwendungen, die auf eine Thematik spezialisiert sind: *Fotos, Nachrichten, Mitteilungen, Spiele, Wetter, Karten* usw. Diese Anwendungen werden *Apps* genannt. Einige Apps sind auf Ihrem Computer vorinstalliert, viele weitere können Sie über den Microsoft Store beziehen. Microsoft nennt Programme ebenfalls *Apps*, auch wenn sie anders installiert werden und mehr Funktionen bieten.
Captcha		Wenn Sie Forenbeiträge schreiben oder sich für ein E-Mail-Programm anmelden, müssen Sie meist eine Reihe Zeichen (*Captcha-Code*) eingeben. Damit wird sichergestellt, dass Sie ein Mensch sind und nicht eine automatisierte Software, die sich missbräuchlich anmelden will.
Dateityp	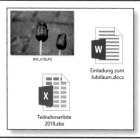	Jede Datei wird in einem bestimmten Format gespeichert, damit sie mit dem passenden Programm auch wieder geöffnet werden kann. Jedes Format hat eine eigene Dateiendung nach dem Dateinamen und dem Punkt: Bilder z. B. werden meist als *.jpg* oder *.bmp* gespeichert. Texte aus Word werden mit *.docx* und Excel-Tabellen mit *.xlsx* gekennzeichnet.
Desktop		Der Desktop (»Schreibtisch«) ist die erste Oberfläche, die Sie nach dem Start Ihres Computers und nach dem Schließen aller Programme sehen. Vom Desktop aus starten Sie Programme; Sie können hier Verknüpfungen zu einzelnen Dateien anlegen und z. B. den Papierkorb schnell aufrufen.

Begriff	Bild	Erklärung
Einstellungen		Mit der Tastenkombination ⊞ + Ⅰ kommen Sie zu den Einstellungen. Hier definieren Sie das Aussehen von Windows, die Energiesparoptionen, das Update-Verhalten und vieles mehr.
Hardware		Bei Computern werden mit »Hardware« alle Teile bezeichnet, die man anfassen kann: Bildschirm, Tastatur, Festplatte, Lüfter usw.
Kachel		Apps (und Programme) werden im Startmenü in Form von farbigen Flächen angezeigt. Diese Flächen heißen »Kacheln«. Sie lassen sich personalisieren, sodass z. B. auf der Kachel der *Fotos*-App Ihre Bilder wechselnd angezeigt werden. Die Größe der Kacheln können Sie selbst einstellen. Auch die Reihenfolge können Sie verändern.
Kontextmenü		Bei vielen Gelegenheiten steht Ihnen mit dem Kontextmenü schnell eine Auswahl von zur Situation passenden Möglichkeiten zur Verfügung. Sie rufen das Kontextmenü mit einem Klick auf die rechte Maustaste an der Stelle auf, an der Sie das Menü benötigen.
LAN		LAN steht für *Local Area Network* und bedeutet *lokales Netzwerk*. Das kabelgebundene Netzwerk per Netzwerkkabel verbindet den Computer und den Router, der wiederum die Verbindung zum Internet herstellt. Das drahtlose Netzwerk heißt *Wireless LAN* (siehe WLAN).
Link	Office & Co. – Bücher von Vierfarben https://www.rheinwerk-verlag.de/computer-office/ **Vierfarben** jetzt im Rheinwerk Verlag! Bei uns finde iPhone, iPad, Tablets, Smartphones, Samsung & C Mac & Co. · Windows 10 · Outlook · iPhone und iPa	Ein Link (oder auch *Hyperlink*) ist ein elektronischer Querverweis zu einer Stelle, die durch einen Klick auf diesen Link aufrufbar ist. Meist sind Links durch Unterstreichung und eine besondere Farbe hervorgehoben.

Glossar

Livevorschau		In den Office-Programmen steht Ihnen beim Formatieren die Livevorschau zur Verfügung. Wenn ein Objekt angeklickt ist und Sie mit der Maus über eine Schaltfläche zum Formatieren fahren, wird Ihnen das Objekt so angezeigt, als ob Sie die entsprechende Formatierung schon ausgewählt hätten.
Microsoft-Konto		Windows bietet die Möglichkeit, die Apps *Mail*, *Kalender*, *Kontakte* und *Nachrichten* zu verbinden. Um sie zu nutzen, benötigen Sie ein Microsoft-Konto. Das ist eine E-Mail-Adresse, die Sie Microsoft nennen und bei der alles zusammenläuft.
Microsoft Office		Microsoft bietet mit den Office-Programmen ein Bürosoftwarepaket an: Word als Textverarbeitung, Excel als Tabellenkalkulation, PowerPoint zur Erstellung von Präsentationen, OneNote für Notizen und – bei größeren Paketen – Microsoft Outlook als E-Mail- und Organisationsprogramm.
Newsletter		Newsletter heißt übersetzt *Nachrichtenbrief*; das ist auch der Ursprung der elektronischen Newsletter. Mit ihnen verbreiten Unternehmen, Kirchen, Vereine usw. ihre Neuigkeiten auf schnellem Weg per E-Mail.
Papierkorb		Gelöschte Dateien, Verknüpfungen und Ordner landen erst einmal im Papierkorb. Von dort können sie wiederhergestellt werden. Der Papierkorb sollte regelmäßig geleert werden; dazu klicken Sie mit der rechten Maustaste auf die Desktop-Schaltfläche und dann auf **Papierkorb leeren**.
Plug & Play		Einfach einstöpseln und nutzen – das ist mit »Plug & Play« (Einstecken und Abspielen) gemeint. Egal, ob Drucker, externe Festplatte oder Kopfhörer: Sie stecken den Stecker in den Computer und können das Gerät kurz danach nutzen, ohne erst aufwendige Installationen vornehmen zu müssen.

Programm		Ein Programm, genauer: Computerprogramm, hat bestimmte Aufgaben und kann festgelegte Arbeitsschritte ausführen. Das Programm Word z. B. bietet zahlreiche Funktionen rund ums Textschreiben. Programme werden über eine DVD oder mit einer Installationsdatei aus dem Internet installiert, nicht aus dem Microsoft Store heraus. Microsoft nennt Programme trotzdem auch *Apps*, z. B. im Startmenü.
QuickInfo		Damit Sie wissen, welche Aktion oder Funktion sich hinter einer Schaltfläche verbirgt, wird Ihnen nach kurzem Verharren über der Schaltfläche ein kleines Feld mit einer Information angezeigt: die QuickInfo.
Registerkarte		Wie bei Karteikästen mit Registerkarten aus Pappe trennen Registerkarten bei Programmen verschiedene Bereiche. So können platzsparend viele Schaltflächen auf verschiedenen Registerkarten angeordnet werden. Die oben immer sichtbaren, beschrifteten Bereiche der Registerkarten heißen *Reiter*.
Router		Die Verbindung ins Internet stellt bei drahtlosen sowie kabelgebundenen Netzen zu Hause der Router her. Viele Computer erkennen den Router automatisch und versuchen sich mit ihm zu verbinden. Sie müssen dann nur noch die Zugangsdaten Ihres Internetproviders eingeben.
Schaltfläche		Durch das Klicken auf eine Schaltfläche wird eine Aktion ausgelöst, z. B. wird ein markierter Text zentriert. Auch im Internet finden Sie zahlreiche Schaltflächen. Sie werden auch *Buttons* oder *Knöpfe* genannt.
Scrollen		Bei langen Texten in Word, zum Bewegen in Apps oder auf langen Internetseiten verschieben Sie den sichtbaren Ausschnitt so, dass Sie auch den Rest der Bildschirminhalte sehen können. Neben dem Mausrad können Sie dazu den Scrollbalken (auch *Bildlaufleiste* genannt) nutzen: Ziehen Sie ihn langsam in die gewünschte Richtung.

Glossar

Software		Software ist bei Computern das, was Sie nicht anfassen können. Genauer werden darunter die ausführbaren Apps, Programme und die Daten verstanden. Die Software steuert die Hardware.
Spam		Spam (auch *Junk-Mail* genannt) ist der Massenversand nicht angeforderter Werbe-E-Mails. Auch Phishing-Mails, mit denen Sie dazu verlockt werden sollen, Ihre vertraulichen Daten auf einer gefälschten Seite einzugeben, zählen zum Spam. Häufig strotzen solche Spam-Mails vor Fehlern; es gibt aber auch täuschend echte Spam-Mails.
Sperrbildschirm		Der Sperrbildschirm erscheint beim Hochfahren des Computers und kann mit einem Tastendruck ausgeblendet werden. Wenn Sie z. B. die *Mail*-App mit Ihrem Microsoft-Konto aktiviert haben, sehen Sie bereits auf dem Sperrbildschirm die Anzahl neuer E-Mails.
Spyware		Spyware ist Spionagesoftware, die auf Computern gegen den Willen des Benutzers Daten ausspäht und an den Absender der Software übermittelt.
Startmenü		Im Startmenü werden die App- und die Programm-Kacheln angezeigt. Von hier starten Sie die Apps mit einem Mausklick. Sie rufen das Startmenü mit der Taste ⊞ auf Ihrer Tastatur oder mit einem Klick auf das Windows-Logo links unten auf Ihrem Bildschirm auf. Über das Startmenü schalten Sie den Computer auch aus.

Taskleiste		Die Taskleiste ist die Leiste am unteren Bildschirmrand auf dem Desktop. Hier sehen Sie die Symbole der Apps, die angeheftet wurden, und die Symbole der gerade geöffneten Apps. Im rechten Teil der Taskleiste finden Sie weitere Anzeigen, z. B. Uhrzeit und WLAN-Verbindung.
Trojaner		Trojaner sind Programme, die sich auf einen Computer als scheinbar nützliches Programm einschleusen und dann ihre schädliche Tätigkeit beginnen: Sie benutzen den gekaperten Computer als Spam-Schleuder oder blockieren wichtige Funktionen, um dann ein kostenpflichtiges Hilfsprogramm anzubieten.
VGA – DVI – HDMI		Bildschirme und Fernseher benötigen eine besondere Schnittstelle am Computer, damit die Bilddaten möglichst verlustfrei vom Computer an den Bildschirm übertragen werden. Alte Anschlüsse sind vom Typ VGA, neuere vom Typ DVI. HDMI wiederum ist eine Weiterentwicklung von DVI: Damit können sowohl Bild- als auch Tondaten digital übertragen werden.
USB		USB ist die Abkürzung für *Universal Serial Bus*. USBs sorgen dafür, dass externe Geräte mit dem Computer verbunden werden. Das ist auch bei laufendem Betrieb möglich.
Vierfachpfeil		In Word und WordPad können Sie Bilder und andere Objekte leicht verschieben. Sobald Sie das Objekt angeklickt haben und mit der Maus darüber verharren, sehen Sie den Vierfachpfeil. Greifen Sie mit gedrückter Maustaste das Objekt, und verschieben Sie es an die gewünschte Stelle. Möchten Sie dagegen die Größe des Objekts ändern, verwenden Sie die Ziehpunkte.

Glossar

Virus		Ein Computervirus ist ein sich selbst verbreitendes Computerprogramm. Es schleust sich in andere Programme ein, infiziert sie und vermehrt sich so. Ein aktiver Virus kann dem Computer durch Änderungen am System schaden.
Wechsel-datenträger		Als Wechseldatenträger werden alle Geräte und Medien bezeichnet, auf denen Sie Daten speichern können und die nicht Bestandteil des Computers sind: externe Festplatten, USB-Sticks, Speicherkarten, DVDs usw.
Windows-Hilfe, Office-Hilfe		Die Windows-Hilfe rufen Sie mit der Taste F1 auf. Sie leitet auf eine passende Suche-Seite im Internet weiter. In den Office-Programmen wird mit F1 die passende Hilfe mit kurzen Anleitungen zu verschiedenen Themen, die Word, Excel usw. betreffen, geöffnet.
WLAN		WLAN ist die Abkürzung für *Wireless Local Area Network*, auf Deutsch: *drahtloses lokales Netzwerk*. Der Computer stellt per Funktechnik eine Verbindung mit dem Router her und zeigt die Stärke der Verbindung mit dem Viertelkreis an. Je mehr Linien »dick« sind, desto besser ist die Verbindung.
Ziehen		Durch das Ziehen an Ziehpunkten von Objekten können Sie diese vergrößern oder verkleinern. An den Ecken sind die Ziehpunkte rund, an den Seiten sind es Quadrate. Die Punkte vergrößern und verkleinern das Objekt; mit den Quadraten werden die Proportionen verändert.

Stichwortverzeichnis

Stichwortverzeichnis

Stichwortverzeichnis

Stichwortverzeichnis

Stichwortverzeichnis

Stichwortverzeichnis

Stichwortverzeichnis

»Bild für Bild und Schritt für Schritt – mit Merkhilfen am Seitenrand«

407 Seiten, broschiert, in Farbe, 19,90 Euro
ISBN 978-3-8421-0468-6
www.rheinwerk-verlag.de/4671

Der ideale Windows-Kurs für Späteinsteiger

Diese Anleitung zum aktuellen Windows ist sehr verständlich geschrieben und in gut lesbarem Großdruck verfasst. Zum wahren Vergnügen wird dieser Lernkurs vor allem dank der Kurzzusammenfassungen, der komfortablen Merkhilfen am Seitenrand und vielen wichtigen Hinweisen zu Sicherheit und möglichen Stolperfallen. Für alle, die sich Windows und seine tollen Möglichkeiten ohne weitere Hilfe aneignen möchten. Natürlich komplett in Farbe!

»Kreativ sein mit Formen, Farben, Text und Fotos – so geht's!«

285 Seiten, broschiert, in Farbe
19,90 Euro
ISBN 978-3-8421-0374-0
www.rheinwerk-verlag.de/4558

Die digitale Zeichenschule für jedermann

Jeder kann zum Künstler werden – ganz einfach am Computer oder Tablet mit Windows 10. Begeistern Sie mit individuellen Grußkarten, schönen Porträtfotos und DIY-Geschenken, und lernen Sie alles Wissenswerte für die Umsetzung eigener Projekte. Die Gestaltungsprofis Jörg Rieger und Markus Menschhorn führen Sie in den Praxisworkshops Schritt für Schritt ans Ziel. Und geben Ihnen für Ihre Projekte das nötige Know-how mit auf den Weg.

»Klar, verständlich, informativ: Dieses Lexikon spricht Ihre Sprache!«

430 Seiten, broschiert, in Farbe,
14,90 Euro
ISBN 978-3-8421-0154-8
www.rheinwerk-verlag.de/3807

Computer, Internet und Smartphone von A-Z

Ihr Computer oder Mobiltelefon meldet sich ständig mit unverständlichen Forderungen zu Wort, der Besuch im Elektronikfachmarkt ist regelrechter Stress, und die Gespräche der Kinder und Enkelkinder klingen oft nach Kauderwelsch? Dieses Wörterbuch spricht Ihre Sprache und hilft Ihnen über alle Verständnishürden im digitalen Alltag hinweg.

»Die WhatsApp-Anleitung im Hosentaschen-format«

136 Seiten, broschiert, in Farbe,
9,90 Euro
ISBN 978-3-8421-0435-8
www.rheinwerk-verlag.de/4625

Ganz einfach starten und alle Möglichkeiten von WhatsApp nutzen

Alle Welt nutzt WhatsApp, den Messenger zum kostenlosen Versand von Nachrichten, Fotos und Videos. Mit WhatsApp können Sie sich in der Familie und in Freunde-Gruppen austauschen und sogar per Bild telefonieren. Doch wie richten Sie sich ein Profil in der App ein, wie behalten Sie den Überblick über Ihre Chats? Ist es ratsam, den eigenen Standort zu senden, und wie lassen sich unerwünschte Kontakte blockieren? Mit diesem Ratgeber sind Sie von Anfang an sicher und mit Spaß dabei.

Komplettes Inhaltsverzeichnis im Web!